感情と意味世界

松永澄夫
Matsunaga, Sumio

東信堂

まえがき

未来社会を描いたＳＦで、必要な物資その他がいつでも供給され、突発的災害も起きないように管理されている等の快適な環境で、しかし感情の乏しくなった人間たちが蠢《うごめ》いている、そういう像を示されると、私たちはどう反応するか。「人間味のない」「もはや人間ではなくなった生き物」の世界と受け止め、こういうのは真っ平だ、と思うのではないか。それは、感情が人を苦しめ、人を傷つける、或る種の感情を懐いたことを恥ずかしく思う、あるいは自分の感情をもてあます等のことがあっても、さまざまな感情を味わう生であるからこそ「人間らしく」生きている、と考えるからではないのか。私がいま書いたばかりの文章にみえる「苦しめられる＝苦しむ」「傷つく」「恥ずかしい」という言葉が既に感情の幾つかを指すのであり、「そういうことがあっても」という言い回しの含意は、できればそういうことはないで欲しい、というのだろう。それでも、そのような感情も一つももつことがないとするなら、それは生きることを平板なもの、どうでもいいものにしてしまう。大きな喜びと苦悩、ささやかな嬉しさ、細々《こまごま》した心配、不安、高まる希望、そういうものが彩る生活であればこそ、人は自分の生を生きていると思うのではないか。

だから私は、人が生きるとはどういうことか、その有りようを言葉で明確に描くということを、さまざまな局面に焦点をおきつつ為してきながら、ずっと、感情についても書かなければ、書きたいと思ってきた。

感情を主題にして書かれた本は夥《おびただ》しい。自分の感情と、あるいは人の感情とどう付き合うかの指針を示そうとする、悩み解決型。感情をどうコントロールすれば、スポーツで、仕事で成功するか等のマニュアル本的なもの。エッセー風に、あれこれの有名・無名の人物たちの折に触れてのさまざまな感情の生起、あるいは感情の隠蔽のエピソードの数々を紹介して、人々の共感を呼ぶ本。

学術的なものもある。自分の執筆のために当然に私は学術的な本にかなり当たってみた。論じることが不可欠なものとして感情を扱う幸福論、道徳における感情の役割を論じるもの。人間が感情をもつ動物へと進化してきたその経緯の解説。感情の脳科学。集団的感情のメカニズムの分析とその力の働き方を論ずる社会学や政治学の書物。どういう感情種が、いつごろ、どういう社会で生まれたかを示そうとする歴史的観点からの著作。文化の違いと感情のもち方、表し方、隠し方の違いを教えてくれるもの。諸感情と表情や体の有りよう全般との関係を論じる本も、立場を異にして、さまざまにある。さまざまな感情がどのように生まれ、どのような役割をもち、さまざまな感情の位置関係はどのようなものかを示そうとする、さまざまな立場の感情の心理学。あれこれの感情を巡る数々の実験を紹介する、やはり心理学に属する本。他の人の感情が分かるか、分かるとすればどのようにして、どの程度にか、あるいは分かったと思えるのはどういう場合か、ロボットは感情をもち得るか等を論じる本。感情の病理を扱う研究書。

それらからさまざまなことを教えられた。が、そのうちに(特に心理学の本には)うんざりするようになった。さまざまな感情を分類したり、或る幾つかの種の感情について微に入り細をうがったりの記述をどれほど読んでも、著者(あるいは書物で紹介されている研究者たち)が人間の経験において感情というものはどういう位置を占めると考えているのか、読み取れないのである。確かに、体と感情との関係、認知と感情との位置関係、文化と感情との関係等についての論など沢山ある。けれども、肝腎の見取り図を明瞭に提示していると思えるものには出会わなかった。

実のところ、感情について、読者の興味を持続させつつ、人間の経験における感情の位置を明瞭に描くには、どういう順番で書けばよいのか、これと思う仕方が見つからないでいた。ところが、或る特殊な主題との関連で感情についても考察した論稿を書き(本書第1章)、更にその姉妹編となる論稿(第2章)を書いたら、どうすればよいか分かった気がした。そこで書いたものが、本書で最も長く、全体の三七パーセントほどを占める第6章である。そして、これら三篇の内容を補うものとしてちょうど役立つと考える既発表の三つの論稿を第3、4、5章として間に配して一書にすることで、私が描きたい内容をより滑らかに読者に伝えることができるのではないかと考えた。(なお、実は第1章、第2章は、私が勤務する大学での私の事情で、本書第6章を書き上げた前後に、学内機関誌に印刷・掲載の運びとなっている。）

第1章と第2章では、表題からすると「精神」の概念が主題となっていて、本書の主題「感情と意味世界」とはどう関係するのか、と訝《いぶか》しく思われる向きもあるだろう。また、これらの章は精神医学という、私たちの日常世界からは些《いささ》か遠い話題から入っていて、その点でも読者を戸惑わせるかも知れない。しかし、第一点に関して言えば、本文で理由とともに述べるが、私は「精神」という概念は積極的には使わないのであり、その上で敢えて「精神」とは何なのかと問えば、いわゆる精神の本体は想像する力にあり、しかるに、想像は意味世界を開くのだ、と考えている。だから、これら二つの章も、基本的には、人は意味世界に生きるのだ、ということに関する考察なのである。

次に、第1章、第2章が精神医学の話題を取っかかりとしているという、第二点について。第1章では、精神医学が扱う精神の病理は、人の意味世界との関わり方の或る特殊さとして捉えることができるのではないかということを論じている。そして第2章は特に、精神の病理を「心理的問題を抱えるゆえの自由の病理」と捉え、その病理では「自己の確立」が危ぶまれるとする考え方を取り上げることにより、一方では「心理＝感情」に踏み込み、病理を離れて一般的な事柄として、感情というものが如何に意味世界に関わっているものかを示そうとし、他方で意味世界における自己の象《かたど》りに感情が関わる様をみようとしている。こういうわけで、二つの章は、『感情と意味世界』という本書全体の主題への、特殊だけれども適切な入り口となっていると考える。繰り返すが、第1章を成す論稿を書いたことが、本書の構想を開いてくれた。少し特殊な切り口のものであるが、おつきあい願えれば、と希望する。

さて、自己の象《かたど》りについて考察した第2章を受けて、第3章として、人が一意味事象として自己像をつくってゆく有りようを描いた論稿を配した。人は「移りゆくものでしかない現在」に生きながら、時の推移を越えて或る程度は持続する意味世界を（そこでの諸々の変化を含めて）生き、その世界の中に自分自身の像を位置取らせるのである。そして第4章に宛てたのは、意味世界は常に価値世界であるということを、言葉に即して論じた論稿であり、第5章は言葉と感情との関わりを考察した論稿である。

それから、あと一つ。本書で取り上げている感情の種類が余りに少ないことに、どういうこと？　と思われる方々がいらっしゃるに違いない。そもそも本書では、さまざまな感情について、それらのそれぞれが「どういうときに生じ、どういう特徴をもつか、また、他の種類の感情とどういう関係にあるか」などの考察[1]はしていない。本書の眼目は、感情が、人の経験においてどのような位置にあるのかを明らかにすることにある。その位置は、本書の表題「感情と意味世界」が告げているように、感情が意味世界と関わっていることに着目することによって明らかになる。というのも、人は動物の一種であるから、或る構造とそれに見合ったさまざまな機能をもつ体として物的環境の中で物的諸事象と交渉しつつ生きるのだが、それだけでなく意味世界をも生きるものであり、すると、感情の意味世界との関わりが示せるなら、意味世界の成立に関わる人間に特有の事柄と感情との関係も理解でき、人間の経験における感情の位置も明らかになることが期待できるわけだからである。

体の感覚と物象（物的世界を構成するさまざまなもの）の知覚という経験のエレメントがあり、その人間の知覚には想像の契機が潜み、その想像が羽搏《はばたく》くことで意味世界が開かれる。しかるに、諸々の意味事象はそれぞれ（正負いずれであれ）価値を纏《まと》っていて、体として生き延びつつ人は、それらの価値群とさまざまな仕方で関わりながら、時の推移を貫いて生きるものとして自己を主張する。その自己像も、各自が紡ぐ意味世界の中で位置取りしつつ象られるのである。だが、その都度《つど》の自己を満たすものは何か。感情である。感情というものは、意味が含む価値を人が感受する際に人の側で生じる反響である。そして感情はまさに人の宝物として現われる。繰り返すが、哀しみや苦悩さえ、憂鬱や挫折感、淋しさですら、それらが感情であるゆえに受け入れるべきであり（というより感情は人のその都度の有りようの中心を成すのであり）、それらをも含めた感情こそが人の生きることに内容を与え、結局は生きることの歓び、生きることの肯定へと人を誘う。この「歓び」というのがまさに感情の一種であり、「肯定」という判断も価値判断であり、それゆえ既に或る感情的響きをもっていることに注意したい。（だから、感情を、どういう役に立つか、という機能の観点から論じる研究書は多いが、確かに機能はあるにしても、機能抜きで、感情を感情そのこととして受け止める態度も必要である。）

なお、章の配列は、もちろん内容上の関連を考慮して決めているのだが、読者におかれては、詳細目次をご覧になって、自分に最も興味深いと思われる章から読んでいただいてかまわない。

それから、本書での括弧書きの多用について一言。すっきりした論旨を追いたい読者の方々は、括弧を読み飛ばしていただきたい。（そのようにしても話がつながるように書いているのはもちろんである。あるいは、括弧を飛ばすことで論がスッと流れる、そのことを目指して、長くなる文の一部を括弧に入れている場合もある。）そうして、できれば、その後、括弧書きの中も読んでいただきたい。

それだったら括弧書きは註に回せばよいではないか、という意見も出るだろうことは承知している。しかし、註だと、読者が本文の該当箇所との対応を見つけなければならないなど面倒が出てくる。やはり括弧書きを記したその箇所で是非とも記したかったことを私は書いている。けっこう重要な内容のものも多い。ただ、文章の流れとしては、括弧の中に入れるべきだと判断したものである。ご理解いただければ幸いである。

大目次

感情と意味世界

詳細目次　感情と意味世界

装幀 桂川 潤

感情と意味世界

第1章　「精神」という概念について（1）

——「精神医学と価値の問題」を契機として——

第1節　本章の主題と筆者の立ち位置

(1) 本章の主題

本章執筆の切っ掛けは、京都を中心とした精神科医の方々から、「精神医学と価値」という主題で話をしていただけないか、という依頼があったことである。なぜ、この主題なのか、ということは、精神医学の現状についての、その方々の或る判断があったわけだが、それについてはここで記さない。あれこれ長すぎるお話をさせていただいたが、その後、他の著作を書く傍《かたわ》らで、この主題についても時折に考える内に、結局のところ次のような方向を明瞭に意識するに至った。すなわち、私たちは「精神」という概念で何を考えるべきなのか、これについてなら自分は発言できる、ということである。そこで本章の主題は、「精神医学と価値の問題」を契機として「精神」という概念について考える、というものになった。ここには、筆者の立ち位置がどういうものであるかが関係している。

（2）筆者の立ち位置

私（筆者）は、そうして、本書の読者のうち大多数の人々も恐らく、精神医学の専門家ではない。

専門家ならざる私のような人間には、二つの種類の経験がある。一つは、乏しいけれども、いわゆる軽度の「精神疾患」の人、その中のそのまた少数の疾患種類の誰かに、偶々《たまたま》出会うという経験。ただし、同じ人に何度も出会う場合でも、その「出会う」ということは「深く接する」というようなものではない可能性が高い。もう一つは、精神科医ないし研究者たちの記述を通して実にさまざまな事例について知ることができるということ。「事例」という言葉は不謹慎かも知れないが、精神科医や研究者たちが精神の病を認めた人々の言動やその人々との遣り取り等について（場合によってはその長い年月における経過にわたって）詳しく記したものは、読者にとっては、その人々それぞれに実際にどのように接するのが望ましいか、という課題をもった個別の具体性のもとで現われずに、幾らか抽象的レベルでの事例という資格のもとで知られるしかない。

私たちは一般に実に多くの事柄について、自分が直接に経験しないことを、その事柄について書かれたものを通じて、想像したり理解したりすることはできる。そして、どのような話題の場合でも、想像や理解は、記述した人の書き方のもとでの、読む側の想像や理解である。だから、この場合だけが特別だ、というわけではない。ただ、精神医学関係の書物の場合は特にこの事情を強く考慮しなければならない。というのも、叙述する事例の選択においてもそうだが、更に、叙述するに当たって書き手は、自分がもっている「精神の病等」についての見解ないし理論を背景にすることで内容を得ている言葉を用いる方向にゆかざるを得ないからである。重要な言葉であるほど、或る見解、或る理論を色濃く反映したものになりがちである。そこで私が思うに、さまざまな理論を、その理論が考案される基となった諸事例とともに、学説史の形で勉強することが重要なこととなる。（その場合でも、諸学説の紹介仕方や批評等が拠って立つ著者たちそれぞれの考えに注意を払う必要がある。）

以上を断った上で、私に何が発言できるのか。幾ら勉強しても、たとえば精神科の医師が自分の豊富な経験をもとにさまざまな学説の妥当性その他を判断する、そのようなことは私にはできない。だから、勉強の内容の一部を紹介しても無益である。受け売りと、それに対する無責任な感想の吐露にしかならない。だが私は、「精神医学」に携わる専門家も非専門家も一様に使う「精神」という言葉、概念というものによって私たちは何を考えればよいのか、その点に焦点を置いた考察をすることはできる。考察がなぜ必要かというと、この点について私は専門書の勉強によって必ずしも明確な教示を得られずにいるからである。

もちろん専門家ならざる人々が既に日常の生活で、精神の病とも無関係に「精神」という言葉を無造作に使い、用を足しているわけで、その限りで「精神」という言葉に何を意味させたがっているかは、必要な程度にははっきりしている。ただし、この分かりは、その都度に言えるというに過ぎない。使われる状況や文脈で言葉の中身は微妙に(時には大きく)変わってくる。日常の言葉というものはそういうものである。引き換え、少し明確に考えようとすると、曖昧さが露呈する。

言葉の意味がその都度に確定するなら、それでいいではないか、それ以上に何を求めるのだ、という意見もあるだろう。だが、私はこの意見に安住したくない。「精神」という言葉が表現しようとしている事柄は人間のどのような有り方を捉えようとしているのか、的確に言い表したい。この欲求は、私がずっと哲学と呼ばれる仕事をやってきたことに基づく。そしてこれが、いわゆる「精神の病」に関連しては二つの種類の経験をしてきたという立ち位置と並ぶ、もう一つの私の立ち位置である。

「精神」という概念は、哲学でも重要なものとして役割を果たしてきた。けれども、実は私自身はこの概念を積極的に用いることは控えてきた。余りに多くの伝統を引きずっているし、しかも内容が不明瞭過ぎるからである。だから、この概念ないし「精神」という言葉なしで、さまざまなことを論じてきた。そして、私が重要だと考える他の少なからざる言葉には一つずつ、その言葉が表そうとするものがどういう事柄であるのか、その事柄が他のさまざまな事柄とどういう位置関係にあるかを示す仕方で、明確な内容を盛り込むよう努力してきた。

それで、私自身はこれからも「精神」という言葉なしでもやっていけると思わないわけではないのだが、この機会に、日常生活でも各種評論等でも人々によって屢々《しばしば》使われるこの概念にどういう位置取りを与えればよいのか、試みようと考えたわけである。この機会というのは、「精神医学と価値」という主題について考えてみた機会に、ということであり、精神医学で言う「精神」というものを一つの材料にしようというわけである。

そこで、このような意図ゆえに本章では、専門書で教えてもらう精神の病や障害の実に多様な事例がどう分類されるのが相応《ふさわ》しいかとか、それらの特色をどう解釈すべきか、また、どういう理由でそれぞれの状態に人がいるのか、といったことには注意を払わない。そもそも、そのような作業は私には無理である。私にとって、病の個々の種類がどうかということは問題ではない。一般に（従って精神の病からも離れて）「精神」ということで何を理解すべきなのかを探ることに本章の眼目があるのであって、その手掛かりとして、後で紹介する、私が直接に僅かに知っている、精神の病にあると思われる人、つまりは、周囲の人々が「自分の理解できない世界、自分とは別の世界を生きているのではないのか」という印象をもつ人、その印象ゆえに「精神の病を患っているのではないか」と思ってしまう人に焦点をおいて、考察を進める。その考察は第3節（4）以下で行うが、その前に、精神医学と価値という主題について、幾らかの考察を行う。

第2節　体の不調と医学

(1) 体の不調と手当て・病気の概念

人は自分の体を、好不調という価値評価を伴って経験する。体ないし体の局部自身が価値的相貌をもって感覚という仕方で現われるのである[1]。そして、負の事柄として体の不調を覚える場合、その状態から脱しようとさまざまな試みをなす。疲労には休息や睡眠、下痢には食事制限というように。その対処の中で、体を相手とした積極的な手当てというものもある。怪我をしたときの止血、毒蛾に刺された皮膚への薬草の擦り込みなど。（寒いから厚手の服を着る、咽が渇いたから水を飲むなども、体の状態に応じた対処ではあるけれども、寒さや渇きは体の調子が良好なときでも生じることだから、ここでの例には若干、相応しくない。だが、体がいつでも自ら或る価値様相のもとで経験されるということを示す良い例ではある。）

それで、手当ては、不調を体験する本人によってなされるとは限らない。そして、手当てが専門的知識と技術をもった人によってなされるとき、それは広い意味での「治療」と呼んでいいだろう。ただし、典型的な治療の概念は「病気」の概念に対応していると思われ、しかるに怪我や虫刺されのたぐいは「病気」とは考えない。けれども、現代の病院、医院で行われていることを等し並みに治療行為だとみなすなら、治療概念の拡張は許されよう。そうして、病院等の施設で診療や治療を行う人々の代表を「医師」と呼び、彼らのさまざまな実践（つまりは「医療」）の基盤となるものを「医学」と呼ぶなら、医学の概念も病気の概念にのみ対応するだけでない、より広いものとして理解することもできる。

病院等に掲げられている診療科目名のさまざまがそのことをあからさまに示している。産婦人科に至っては、妊娠、出産という健全な事柄に関するサポートを医師などが受け持っている。そして、産婦人科医師の役割のうち、胎児の生育経過における胎児と母胎双方における不測の事態の発見とその事態への対処という面は、健康診断や病気の早期発見等が普通の事柄になっている現代の医療状況につながっている。しかるに、この状況には、健康と病気の区別が曖昧になっていること、そうして、それはどういうことか、という重要な問題が潜んでいる。脇道に入るが、この問題は精神の病という規定の有り方にも絡んでいるので、かいつまんで言えば次のようなことである。

（2）体の病気と健康——本人の体験と生理学的根拠に基づく判断——

体の不調一般は、その本人による経験の事柄である。そうして、医療が主としてターゲットとしている病気というものの概念も、①「人が病気の状態にあるものとして自分の体を経験すること」、これを抜きには生まれようがない。病気の手当や治療というのも、この経験あって初めて出番があるはずである。だが、現代の医療においては、②本人の訴え、ないし自覚なしの病気という考えも流通している。「健康診断による早期発見」というスローガンが当たり前に受け入れられていることが、この流通を示している。病気は経験するもの、「患うもの」であるはずなのに、その患いの経験なしに「見つけるもの」でもあるかのようである[2]。

この考えの根拠にあるのはどういう事態か。現代医学が生理学を基礎にしているという事態である。右記①で言う病気に対応する生理的状態を調べ、その調査を踏まえ、人の生理的状態から病気の有無を判断し、できるなら、その状態に介入する仕方で治療しようとするのである。（この対応はどのようにして認められるか、という論点、それから、多数の人々に関するデータの統計的処理の意義をどう受け止めるべきか、という論点があるが、考察は割愛する。）

生理学については二つのことを確認する必要がある。第一に、現代生理学は基本的には価値中立的な学問であること。詳論は省くが、一七世紀以降の近代科学の理念と方法を基本的には引き継ぐ仕方で営まれる以上は、そうでしかあり得ない。ただ第二に、それでいて「生きているもの」を相手にする限りで、「生命」自身が携える或る価値次元にも関わらざるを得ない。この価値次元は、根本的には、生きるとは次の時間にも生きようとすることであるということ、そうして、雌雄に分かたれた生物種では個体は誕生から死へと向かう不可逆の過程を辿るが子孫を残そうとするものであることから発している。因《ちな》みに、医療のための医学というものの方は明確に或る価値理念をもっているのだが、その医学と結びつく仕方で近代生理学は一八世紀後半に誕生し発展し始めたのでもあった。病気と健康との対比、あるいは生き続けることと死に至ることとの対比が、体の生理においてはどのような違いに対応するか、これを調べることが生理の研究を動機づけたし、また、極めて有用であったのである。（生理学というと体内部の生理的機構にばかり関心を向けるかのようであるが、生理学の発展過程では、体の生理を、体が置かれた環境との関係でどう考えるべきか、という問題意識のもとでの研究もあった。——ただし、この研究は、実験・観察をなす場合には、事柄上、人間よりは他の動物に関してなされることが多かった。——が、そのことの意義についての考察も、ここでは省く。なお、環境との関係に注意を払うということは、今日の医療施設で、患者を取り巻く環境をどのようなものにするのが望ましいか、等の問題にもつながる。）

さて、生理学が発展し、それに医学が依拠するようになると、健康と病気とのきっぱりした区別が薄れてくる。根本的理由は、病気の人自身の体験に代わって、当人の生理学的データに基づいて医師等の専門家が下す判断の方に重きがおかれるようになることにある。本人は、体の或る状態、通常ではない仕方での辛い状態を病気として訴える。訴えるというそのことが判断に等しい。この状態を体験していないときに病気を言い出すはずがない。だが、医師等は、人の生理の或る状態に、病気の兆候や発症の証拠、あるいは将来に病気になる可能性の程度を読み込む。その背後には、当の人に先立って多くの人々について認められてきた事柄の統計に基づく病気観がある。そして、本人が病気だと思ってもいない、別の言い方をすれば、健康であると考えているのに、検査によって或る病気を見つけることもする。

こうして、健康と病気とはそれぞれどういう状態なのかがあやふやになる。何年後かの発症の高い確率が言われると、発症していないのだから未だ病気ではないとも言え、けれども、少なくとも既に異常である、だから健康だとは言えない、とも、なりそうである。医学の立場からの病気観を人が受け入れるのは、健康から病気へというのは、多くの場合に時間的過程であるからだろう。そこで、現時点で体の強い不調を覚えていないのに専門家によって「病気が見つけられ」、あるいは将来の病気の可能性を指摘されると、何らかの処置を受ける気になる。その処置自身が体の負担になるということがある場合ですら、そうなのである。人には、将来のより良き価値的状態を希望して当座の負の状態を耐えようとする、という傾向がある。

(このことは、現在だけでなく長い時間全体にわたるコストという観点からもみることができる。また、病気の早期発見のための健康診断制度や予防医学は、もちろん「病気とは患う当人にとって負の事態だ」という価値的観点をとって成立しているのではあるが、もう一つの価値的観点も採用している。それは、社会経済の観点から、健康維持のコストや医療のコストなどを考える、というものである。そして、病人への対応を中心とした病院の他に、さまざまな施設もみられることになる。純然たるスポーツ施設の傍らで健康保持のための運動教室などがある。薬と普通の食品との間に、健康に良い、あるいは、或る症状を改善することを謳った健康食品あるいはサプリメントの一大市場が現われる。そうして、これらの現象は当然に、人々の健康維持や病気の治療等のために政府や行政が負担するコストの観点の他に、より大きくは、さまざまなビジネスの観点から評価される価値事象となっている。検診を受けない社員とその上司の賞与をそれぞれ一五パーセントと一〇パーセント減額するという措置を取った会社――ローソン――すらあり、その理由も、健康を維持できる社員の生産性と社員が病気になることで生じる会社の負担等の経済的観点からのものだそうである[3]。)

(3)「不調」「病気」「障害」「異常」の諸概念

さて、以上では体の「不調」という大きい括りと、その中での「病気」という概念とを考えたが、「障害」や「異常」という概念にも気を留めておこう。後での精神の病についての考察に関係してくるからである。

人は小さな怪我からは回復するが、大きな怪我だと決定的ダメージを受けることもあり、そのダメージに留まる状態を私たちは「障害」として押さえることがある。たとえば事故による足の切断や失明の後の状態である。翻《ひるがえ》るに、生来の足の不具合や盲目等も障害として捉えるのが一般的である。しかるに、事故で失明した人に視力を取り戻させるための手術は医療行為である。他方、コンタクトレンズを手に入れるためにも医師の診断書が必要とされ、近視の人の角膜をレーザーで薄く削って屈折率を調節し視力を快復させる処置（レーシック）は医療行為と見なされるが、私たちは近視や遠視そのことは病気とは認めない、むしろありふれたことと理解する。（とは言え、「私たちは、眼鏡は医療器機と考えます」という広告を電車内に掲示している眼鏡店もある。）だが、乱視には（本人は気づかないこともあるが）「異常」という診断がつくこともある。色盲、色弱だと、一層、異常のカテゴリーに入れられがちであろう。また私たちは、結膜炎は「病気」だと考えるが、目の一時的充血や翳《かす》みなどは、目の「不調」ではあるが病気とは考えないし、障害の概念も適用しない。（この場合、病原菌が引き起こすことが分かっている不具合の場合は病気と考えるということがあるのだろう。）

不調、病気、障害、異常等の諸概念を人々は（必ずしも明確ではないが或る程度）どのように使い分けているのか。一つには程度という観点。もう一つは時間的推移の有無の観点であるように思われる。前項で述べたように、健康（ないし普通、あるいは正常）と病気との間のグレーゾーンが認められるようになったことには、病気とは本人の体験として生じるという本来の判断基準に加わって、医学による外的判断基準が生まれたことに理由があるが、健康から病気へ、逆方向の病気から快復へ、という「時間経過による変化」という要素も与っている。（この時間要素は、慢性的病気と言われるものにおいても認めるべきであると私は考える。）しかるに、体の不具合が固定的なものだと見なされるとき、その不具合の程度や人々に見受けられる頻度によって、障害や異常の概念の振り分け的な適用を受けるのではないか。ただ、私たちはこれら一連の諸概念を或る典型を想い浮かべることにおいて区別するが、実際の適用は必ずしもきっぱりとできるものではない。問題にしている事態を典型と照合し、典型との一致の程度や距離感によって大雑把に判断するしかない場合も多い。（なお、或る事柄の異常——たとえば痛み、それから後述のエンジン音——というものは、何か隠れているもの——たとえば病気、エンジンの故障——の発見につながる、そういう文脈での異常概念というものもある。この場合、異常の概念と病気の概念とは並列におかれるものではない。)

第3節　精神の病という判断と価値の問題

(1)「精神科」という診療科名

さて、診療科名の多くは、内科、外科のような大雑把なものも含めて、胃腸科、眼科、耳鼻科、皮膚科、泌尿器科など、体のどの部分に不具合があるかに応じたものになっている。(「癌の治療」を謳う医療施設だと、さまざまに違う体部位であっても癌である限り扱うだろうが、先立って癌が見つかる段階では、胃癌、皮膚癌、膀胱癌等に応じた診療科が対応するだろう。なお、小児科は異なる概念のもとにある。また婦人科は、見かけは小児科のような区分原理に従っているようであるが、実際にはやはり体の或る部分に焦点をおいた診断科名であろう。)このことを念頭に、「精神科」という科名を考えると、どうか。

胃腸、眼等が何であるかは、体の或る部位としてはっきりしているが、「精神」というものは捉えどころがないものではないか。それでいて、体の健康、体ないし体の或る部位の不調、病気、異常、障害の諸概念と同じように、精神の健康と、精神の不調、病気(以下では言葉の響き、或るニュアンスゆえに「病《やまい》」という表現の方を採用する)、異常、障害という諸概念は確かにある。また、対応して、精神医学を始めとする学問や、これらの概念群を適用できる人を相手の各種の実践、施設等もある。そこで、私たちが精神の健康や病等をどのような事態だとして考えているのかをみることで、これら諸概念の共通項である「精神」というものの核心を探ってゆきたいし、また、精神の医学が関わる価値とはどのようなものかを考えてみたい。

健康、不調、病気等の諸概念を体と精神との両方に適用するとは、体(ないし体部位)のさまざまな有り方と精神のさまざまな有り方との両方に同じような種類の価値評価を下すということである。しかし他方で、諸概念を誰が誰に適用するのかという観点から事態を眺めると、体の場合と精神の場合とで違いがある。この点を筆者は、精神医学が関わる価値の問題という観点から眺め、かつ「精神」ということで人々が何を考えているのかを明確にするための手掛かりとしたい。

(2)病の認識と負の価値の体験とは同じか・両者の分離の可能性

体の場合、健康、不調、病気のいずれも、第一には本人が自分自身の体の状態として、しかも或る価値的相貌のもとで（自分自身にとってどのような価値的状態かとして）認める事柄である。日々、あるいはその都度その都度、体をどのような状態のものとして感じるのか、というのが基本にある。その中の特に病気という状態について言えば、確かに現代では、本人の自覚無き病気を医師等が早期発見するという、非常に新しい状況が生まれてはいる。つまり体の或る負の価値の状態の体験と病の認識との分離もみられる。そして、後者の「病気」という認識内容自体は価値評価を含むが、それは純然たる認識の問題であって、その価値的状態は実際に体験されているわけではない。そしてこのことは、認識者が本人とは別の人に変わることによって生じている。しかしそうであっても、本人の体験が第一義のものであるということに変わりはない。医師による早期発見の努力も、診断の相手たる本人がいつか病気を辛いもの等として体験するだろうことを見越すからこそなされるのである。そして何より、繰り返しになるが、医師による判定は、第一義で言う病気には一般にどういう生理的状態が対応するか、このことの調査ができてきたということに裏付けられるものである。つまりは、本人が体験し認めるものとしての病気の概念がないなら、「自覚無き病気」という概念自身が生まれるはずはなかった。

では、精神に関してはどうか。或る人が精神の病の状態にいるとして、病の種類によっては、その状態を当の人が必ず認めるわけではない、別の言い方をすれば自覚しているとは限らないのである。（精神の単なる不調——病の概念を適用しない不調——は、誰もが本人として訴えることがあるだろう。後述。）病ゆえに或る辛さを経験し、それを訴える場合でさえ、そのことは病を自覚していることに等しいわけではない。

筆者のところにかつての教え子が相談だと言って訪れ、「ＮＨＫがいつも放送で私のことを世の中に言い触らしていて、それが苦痛で堪らない、どうしたら止《や》めさせられるだろうか」と、辛い悩みを訴えたのだが、彼に病の自覚（病識）はなかった。

ＮＨＫがおかしいと思い込み、体の病気のときに思うように「自分があるべき（ないし望む状態）状態にない」と思うことはしないし、だから、そのようにＮＨＫについて思う自分自身の有り方を負の価値の事態として悩むというのではないのだった。（もちろん、妄想という精神の病から癒えれば、悩みは消えるわけだが、彼は妄想の方はそのままで――妄想状態にあることに気づかないのだから、そのままにするしかない――、ＮＨＫに関わる悩みから逃れることの方だけを望んでいるのであった。）

実のところ、「精神の病」という概念は古くから、むしろ本人の自覚なきところに周りが認めるものであった。しかも、「本人による自覚症状のない体の病気」を判断するのは医師のような専門家であるのだが、「精神の病」の場合には周りの普通の人々が判断するのである。そしてその判断は、誰かの体が病気で苦しんでいるときに、そのことを周りの人が（やはり専門家である必要はなく）見て取るときの判断とは有りようが違う。では、どのような判断であり、また、判断に伴う価値評価はどのようなものか。

（3）「精神の病」を誰が認めるのか

まず判断の方だが、「変だ」という直感的な判断である。先に私が体について、大した意味を与えられていない「異常」という言葉に触れておいた理由は、ここにある。精神の病では「異常」ということがクローズアップされるのである。

さまざまな事柄に関わるさまざまな種類の「変」というものがある。しかるに、多くの場合、変ということの中身がどのようなものかは分かる。寒いという明確な内容が「夏なのに」という文脈の中では変な気象とされる。寒さがどのようなものであるかは、通常とされる暑さがどのようなものであるかと全く同様に分かるのである。或る音がどのように聞こえるかその内容がはっきりしているからこそエンジン音としては変だと判断される。通常の音も変な音も聞こえるものとしては同じ性格であり、ただ、通常とは「いつも」「当たり前」のことで、頻度が中心にあり、「変」とはその基準との比較で「変」であると判断されるのに過ぎない。ただ、人工物の場合には「通常である」ものはそのようであるのが望ましいとして設計されるのだから、通常から外れる「変」とは望ましくないという価値判断になる。（あるいは発見された異常は、望ましくないことのシグナルとなる。医者が人の生理的データのうちに発見する異常が病気のシグナルとなるのも同様である。この場合の異常の概念は、先に指摘したように、或る状態を「病気」とみなすか「障害」や「異常」等に分類するか、という話題における異常の概念とは観点を異にしている。もちろん、二つは大いに関係しているのではあるが。）夏の寒さの場合、夏は暑いという前提で生活を営もうとしている人は、こういう人だけが、異常事態に負の価値評価を与える。

　ところが、周りの人が誰かに関して精神の病を疑うときの「変」とは、その人が（その人自身にとって）どういう状態にあるかを、自分（その人を外からみる自分）はよく分からない、理解できているわけではない、そういう仕方で、「変」だと思う。一般の人を理解できるようには理解できないことが「変」なのである。（この「変だ」ということには差し当たり価値評価は付いてこないことに注意しよう。）そして、むしろ、どういうことなのかよく理解できない、不思議な感じがするということこそが、病を認めることとそのこととの判断の根拠をなしていると思われる。また、だから第一に、本人よりは周りの人が「精神の病」を認めることが多いのであろうし、第二に、その認める人とは専門家である必要がないのだろう。

　では、精神科医を始めとする専門家たちはどのように考えているのだろうか。「精神医学にとって正常／異常の問題は、精神医学が厳密な科学として成立するための必須の事項となっている[4]」という叙述がある。専門家も普通の人と同じように「変」という思いから出発するのだ、ということではないのか。そして「精神の異常」という言葉は余りに当たり前の前提を表現しているかのごとく、無造作に使われている場合もあるようである。なお、「精神科」を担当する今日の医師やその他のスタッフたちは、自分たちが相手にするものを引っくるめて「精神障害」や「精神疾患」という言葉で表現する傾向がある。体に関して一応は区別できる、「病気」「障害」「異常」の三概念が精神に適用されると、融合してしまいがちである。なお、障害には発達障害と判断されるものがあり、この概念の含みは検討すべきだが、本書では行わない。それから「疾患」の概念であるが、これは狭い意味で用いられるときには生物学的な基礎をもち、従って薬物投与による治療という方針に親和的なものである[5]。

（4）精神科医と患者（1）

精神科医は、「精神医学」というものをバックグラウンドとしてもっている。そして、漠然と人の精神の異常を認めるのではなく、根拠に基づいて診断し、可能なら、治療その他を試みるという目標をもっているはずである。すると一つには、精神医学は判断の根拠を明示できることを標榜するものだろうが、その根拠とはどのようなものか、という問題がある。体の病気に関して生理学が引き受ける役割を、何が果たすのか、という問題である。もう一つは、治療等の目標がもつ意義である。

前者については、既に述べた「専門家ならざる私の立ち位置」ゆえに、本書で積極的に考察するものとはなり得ない。そこで若干のことを註で、註としては異例に長くなるが、述べる6。ただ、そもそも「精神」という概念の内容をどう考えるべきかについての考察はなすことができる。そして、この考察こそ本章の主たる眼目になる。

第二の問題について。体の病気の場合、病気に苦しむ人、あるいは本人には自覚がないものの検査によって病気だと診断されたり発病のおそれがあると見なされたりする人の、不具合を無くす、もしくは軽減する、ときに、予め不具合が生じないようにすることが治療等の目標で、その価値は、当の人自身の立場から言える価値である。（先に述べた「社会的コスト」等の価値もここから派生するものでしかない。）しかしながら、精神の病の場合は複雑である。

私がどの日であれ午後遅い時間に駅に行くと決まって見かける青年がいて、彼は大抵はニコニコしてハミング調で歌っており、時々何か実況中継ふうに喋っている。また、胴体に派手な模様が描かれた或る種のバスがくると彼はそれに必ず気づき、顔を輝かせ「バババンパ、パンパン」みたいな楽しげな声を上げる。彼を見て私は、「普通ではない」、或る種の精神の病にある人だろうと思う。そして、そのように思うのは私だけではない。話題にして確かめるということを誰とでもするのではないが、人々が一致してそのように思っているのは、彼を見る人々の様子から推測して、間違いない。

さて、このような彼についての思いとはどのようなものか、その分析は今は措いて、青年は何か辛い状態にいるのだろうか、と問うてみよう。私には、そうは思えない。だが、私は青年が子どもの頃から知っているというか、見かけている。ずっと以前、母親らしき人と一緒にいて、養護学校のバスが来ると乗り込んでいた。すると、母親は精神科医も含めた専門家に相談し、専門家のアドバイスに従ったのだろう。

本人はつゆも思いつかないだろうが、母親が相談するのはなぜか。自分の子がこの社会で生きづらいだろうと思ったからに違いない。だが、青年が、人類の初期の状態のように、いわば野生の動物と余り違わない仕方で生きている時代にいたら、どうだっただろうか。食べ物を手に入れる等の生きるに必要なことを楽々とこなしていたのかも知れない。生きづらいことなどなかったかも知れない。

実のところ、青年は現代日本の社会的環境にも適合した行動も楽々している。たとえば車道は歩かない。自販機で飲料を買って飲むこともする。ただ、買うためのお金を稼ぐことなどを考えると、青年の状態はハンディキャップであり、母親の目からはマイナスの価値的状態にあると映るだろう。ただ、そのハンディキャップということを青年が意識するか、苦しむか、それは別問題である。周りの人々からの助力があれば、ハンディキャップは克服されて幸せに暮らしていけるかも知れない。（助力する人の彼に対する価値判断がどのようなものか、という話題があるが、ここでは論じない。）

精神科医は多くの場合に、次のように考えているに違いない。「患者は精神科医のもとに解決策を求めてやってくる。彼らはなにか助けになることをしてほしいと求める[7]。」そして、註6で言及した生田氏は、次のように言う。「患者は、苦しむものとして、臨床の場に現われる[8]。」「臨床の場において起きるのは単に症状の消失ではない。……精神科医が目指すものは、そのような症状の欠如態にあるのではない。目標とすべきは、もし症状に苦悩しなければ決して得られなかったであろうような何かを、自分が獲得できたと実感されるような状態なのである。だからそれは、症状の欠如態ではなくて、むしろ自己の充実態である[8]。」

しかし、そもそも誰かが精神科の医師等の診察を受ける、更に治療の試みを受け入れるという状況にどのようにして入ってゆくのか、という先立つ事柄がある。本人に病の自覚（病識）がなければ、精神科医の門を叩かない。すると、この場合、他の人、周りの人々が病気を考え、ないし疑い、医師への受診を促す、ないし医師のところに連れて行くのである。

駅前の青年の場合には、「本人」に苦しみがあるわけではないが、青年の状態を望ましくないと判断した母親が青年を連れて行ったに違いない。また、本人が何かで苦しんでいるときでも、多くの場合に、他の人の関与があって精神科医との出会いがあるのだと思われる。解決策を求めて精神科医のもとに患者がやってくると述べたクラインマンが著書の冒頭で紹介する患者の場合も、「本人が嫌がったにもかかわらず、内科の医師たちは彼女を神経衰弱と診断して精神科外来に紹介した[9]」結果として、クラインマンは患者に出会ったのだった。

（5）精神科医と患者（2）

ところで他方、アメリカの映画や文学作品では、金持ちが精神分析医のところに気軽に赴くシーンが屡々見られるし（掛かり付け医さえもっている）、現今アメリカでは、自分は上がり症で不安に負けるような性分なのにビジネスの場で明日は重要なプレゼンテーションがある、そこで、度胸をもって壇上に上がれるような薬を処方してくれと、精神科医を訪ねる人々がいるそうである。（通常の能力の強化、増強を目指して使用する、スマートドラッグもこの延長上にある。）これはどういうことか。誰にでもある精神の不調（自分自身で覚え、その状態を価値的には望ましくないと考える一人称的経験）と精神の病とを連続的に捉える、そういう態度なのだろうか[10]。

精神分析的精神療法については、ガミーは次のように批評している。

> 医学は価値中立的であるとフロイトは主張していた。医師にとって価値というものがあったとしても、その唯一のものは、生を維持し、人々から病気を取り除くということであった。しかし、精神分析的精神療法を受けている患者は、自殺傾向がない限り、一般的には、生命を失う危険はない。その代わりに精神分析家は、患者が人生を生きる仕方を改善することを追求してきた。それは……理的意味においての改善である。しかし、何年も精神分析を続けることによって、分析家とその患者は、なぜある人生の生き方が他の生き方よりよいかについてわかったのだろうか？[11]

映画で見るたぐいの精神分析を受けることを好む人についても、それから抗鬱剤のような薬物を気軽に求める人の場合にも、私たちは直感的に、その人は精神の病を患っているのではないと思うのではないか。ただ、後者の場合、或る薬物の出現が、「神経症」であれ「鬱病」であれ、いわば自称「精神病患者」を作りだしているかにみえる。翻って、精神分析について右記の批評を書いたガミーは、精神分析家たちは「人間皆が神経症であると考え、自分たちは人類一般の神経症の改善を目指していると考えた（傍点は引用者である私による）」とコメントしている。

人は一般に酷い気鬱ぎや、何かをやろうとしてもできない無気力、ないしは、もっとどうにもならない、自分の感情や意志をコントロールできない状態に陥っていると感じることがある。そして、誰かに相談したりすることもある。しかるに、この状態について人は、自分自身でも周りの人々も、「精神の病」を疑うという意味での「変だ」という感じ方はしない。精神の不調（自分自身で覚え、その状態を価値的には望ましくないと考える一人称的経験）とは一般的なことなのである。しかるに近年は、職場によっては、鬱病につながりかねない過労等をチェックするための半年ごとのアンケートとその内容次第でなす産業医との面談等の仕組みもある。この仕組みは体の健康診断と似ている。この仕組みには、誰にでもある精神の不調が亢進するその先に精神の病を位置づける、という考えがあるように推測できるし、現今では徐々に主流になりかねない状況もあるように思える。

だが、このような考えは、精神の病の概念をなし崩し的に拡張してゆくことにならないか。実際、このような仕組みの導入は医療保険などの制度ともつながっているのだと思われる[12]。しかるに保険診療の現場で、たとえば喫煙の多い人を肺癌予備軍と捉えるか、禁煙しようとしてもできない、自分の意志をコントロールできない精神障害につながるものとして捉えるか、という議論があるそうである。寝るときにも煙草が放せない中毒となると後者だ、等の議論である。これらの議論を紹介してくれた精神科医は、将来、厚生行政上の指針によっては、何か精神上の問題を抱えていない人はほとんどいない、という、笑い話にもならないような状況になることだってあり得るのかも、というようなことを口にした。背後には、勤勉に労働に勤《いそ》しむ人々から成る社会のようなものを良しとするような価値観も働いているのかも知れない。精神の病にある人に対する印象として最初に述べた「変だ」ということの内容をすり替えて、或る社会に適応する人々からすれば、適応が不得手な「外れた」人は「変だ」というふうに。

（誰もが変だということになれば、差別的マイナス評価はなくなるだろう、ということにはならない。職場でのチェックという制度の趣旨からすれば、「変」というのには負の価値評価がなされている。翻って、精神の病にある人について「変だ」という印象をもつ場合、それは純然たる不思議さの感じであって、そこだけに徹すれば価値評価とは無縁なのである。）

（6）治療は何を目指すのか

考えるに、どの時代でも多くの社会で、周りの人々が、「この人は変だ」と思うそのことが、その人にとっての不具合を作りだすということはある。何が狂気と見なされたかは文化、時代等によって異なるという議論、考察は盛んだが、制度的に精神科医という専門家が或る人が精神病かどうか判断をする、そのような時代、社会における一つのエピソードとして、次のものを紹介する。一九世紀末のアメリカで、やってきた普通の移民で、ドイツ語で幾ら自分のことを説明しても通訳がいずに分かってもらえず、何かのことで精神病と診断され精神病院に送り込まれ、その後はどのようにしても病院から出ることができなくなり、心身ともに酷い状態に陥ってゆく、このような人々で一杯の精神病院に潜入した女性記者の報道記事である[13]。これらの人々は精神を病んでいたのではない。しかし、外部からなされた精神病との判断が地獄の苦しみへの第一歩であった。（なお、収容所生活を送る中で本当に精神を病む人々が多数出たが、それは別の話である。）

一般に、本人にとっての価値的観点から自分がどのような状態にあるのか、これとは別に、周囲の人々から人がどのように価値評価されるか、ということがある。人は誰だってさまざまな観点での周りの人々からの評価に晒されている。特にどのような意味であろうと少数者であるということがハンディキャップとなることは多い。それで、精神の病との関連では、たとえば奇声を発するということが人々に迷惑だと感じられるような場合もあるだろう。暴力を奮うとなると深刻であろう。

（といっても、世間で頻発する暴力のほとんどは、殺人も含めて、いわゆる精神の病とは関係なく行われているのであることは言うまでもない。なお、或る精神科医は、将来、精神科医の仕事は、カウンセラー的なものと、或る種の精神薬の処方、量の調整という仕事に分極化する形で痩せ細る可能性があるが[14]、精神の病に関連して暴力的傾向等があり、その理由で社会から隔離されることが望ましいと判断された人々を収容する施設の番人という役割はなくならないだろう、と私に語った。これは悲しい現実なのだろうか。)

奇声を発する本人は、そのことで過敏な感覚による苦痛を逃れているのかも知れない。ならば、他の人にとっては負の価値評価を受ける事柄が、本人にとってはプラスの価値をもつことなのである[15]。奇声を発することを禁じられたりすることが苦痛となる場合もある。もちろん、禁じるのではなく、奇声を発するということを本人が必要としなくなり、かつ本人が幸福な感情をもてる、そういう状態に導くという意味での治療が可能であるなら、それは本人にとっても、奇声を迷惑だと考える人にとっても、治療は価値ある行為なのであろう。

しかしながら、専門家(ないし先立って周りの人々)から精神の病や異常を認められた人その人が自分の状態に不具合を感じていないときに、その状況に介入することの価値とは何なのか、という大きな問題がある。価値の問題はさまざまな価値文脈を同時に考慮しなくては扱えないが、この本人にとっての価値の問題を第一に考慮すべきはずだが、それがどういうものか、必ずしもはっきりしない場合もある[16]。

第4節　いわゆる「精神世界」をどう考えるか

(1) 物的世界・社会的環境・意味世界

さて、或る社会に暮らす大多数の人々とは何らかの点で違うという理由で人が不具合の状態に陥る、ということは数限りなくある。その「違う」ということがハンディキャップになる(それどころか集団から排除される傾向になる)可能性が高いということである。相違点にはさまざまなものがある。しかしながら、人々から精神の病を疑われる人が「自分たちとどこか違う人だ」と言われる場合の「違う」ということは、独特な仕方のものであるように思われる。

先に私は、駅前の青年が「普通ではない（＝違う）」という印象をもつ、と述べた。この印象を別様に表現してみると、青年は私とは「別の世界に生きている」ように思える[17]。

もちろん、青年と私とは同じ場に居合わせるのだから、その意味で二人に共通の世界を言うことはできる。駅前のロータリーと幾つものバスの停留所、ベンチ、喫煙コーナー。飲み物の自販機。通路に沿って樹木の列、花壇。これらは第一に物的世界であるが、青年と私とは物的には同じ世界に居る。彼がベンチに座っていれば私は座ることができない。また、強い陽射しのときに青年は街路樹の陰に居るのだから、彼も私と同様、そのとき暑いと感じる世界に居るのだろう。雨だと駅の階段前の広いアーケード下に陣取るし、歩くときに水溜まりを避けるのも、同じように経験される物的環境を言ってよいことの証左となる。恐らく、バスの車体の斜めの線が赤いとか、そのような内容をもつものとしての世界も、青年と私とに共通であるに違いない。（或る哲学者たちは、暑さや赤さの経験は主観的なもので一人ひとり別ものだ、と言うにしても、その主張は或る意味で正しいがトリビアルである。また、その主張を検討できるものにするためには或る重要な前提を認めなければならないことに、主張者は無頓着である[18]。）

それから、青年が自販機を利用すること、車道は歩かないことを述べたが、彼は、自販機や車道という、社会によって与えられた役割をもつ物的なものの役割に適合して活動しているのだから、彼が生きる世界は第二に私と共通の社会的環境でもある。社会という私にも見通せないものがつくっている世界の少なくとも或る部分は、彼と私とで同じように生きている。（翻って、自販機などは見たこともない国から来た人は、自販機という環境構成要素を或る社会的役割を果たすものとして理解できないかも知れない。だが、それでも私はその人が、青年が私には理解できない別の世界を生きているのではないのかという印象をもつ、そういう意味での別世界の人だとは思わない。）

それから、未だある。青年が実況中継ふうに喋っているときに彼が何を考え、何に熱中しているかは、私は一応分かる。そう思う。喋っている内容が野球の試合のようだし、その喋り方の様子から、そう思えるのである。また、バスを見つけたときの彼は「楽しげだ」と表現したが、青年のそのときの心持ちがそう表現できる状態でいるのは間違いないと私は思う。

その意味では私は理解している、分かる気がする。そして、私自身も同じような経験をする。

しかし、以上に述べたすべてのことにも拘わらず、青年は私とは「別の世界に生きている」ように思えるのである。どういうことだろうか。彼のあれこれの断片的言動についての理解が問題ではない。彼が全体として私自身が生きる世界から離れた世界を生きているような気がするのである。その世界とはもちろん物的世界のことではない。内面と言ってもよいが、それを人は「精神世界」と呼んだりする。だが、その「精神世界」ということで正確には何を理解すべきなのか。

子どもが夢中で実況中継の真似をしていることがある。それを見て（ないし聞いて）、私は可愛いなと思ったりするが、変だとは思わない。駅前の青年と子どもとでどこが違うのか。子どもは、私が見る、あるいは見ているのに気づくと、顔を赤らめたりする。他方、青年の視野に私の姿が入ったに違いないという場合でも、彼は私には全く無頓着である。見ていない、気づきもしないのか、それも分からない。私が見ても、目を合わせるということがないのである。お気に入りらしいバスがくると、いち早く気づくのに、である。

では、彼と私との間ではコミュニケーションが成り立たないということが問題なのだろうか。（そして、そのことが私の側からは彼について理解できない部分があるという印象になるのだろうか。）しかし、彼が子どもの頃、母親に手を振っているのを何度も見たことがある。さまざまな患者の事例を述べた書物では、精神の病と見なされて施設で暮らす人が、職員の表情に極めて敏感であり、職員の気を惹くためにさまざまなことをする、などのことも述べられている。

ＮＨＫの放送で悩む元学生についてはどうか。彼と私は普通に挨拶をし、会話し、会話が成り立った。「どういうときにＮＨＫがあなたの悪口を言っていると思うわけ？」と私が尋ねると、彼はその質問の意味を分かって答えた。その答の内容が普通ではないにせよ、である。そして、彼は私が述べてはみた理屈も理解はした。そして実は彼自身も、ＮＨＫが自分の悪口を言い触らすようなことがあるはずがないと思わないわけではない、そういう時もあると言うのである。ただ、だけれども、実際にＮＨＫはそういうことをしている、悔しくてしょうがない、と彼は言う。

この例も、コミュニケーション不全に焦点をおくべきではないことを示唆している。では、何が問題か。コミュニケーションが問題になるよりもっと深い次元での意味世界の有りように、いわゆる「精神の病」は関係しているように思える。私の考えでは、駅前の青年や元学生らにとっての「意味世界の有りよう」の独特性に鍵があるように思われる。しかるに、元学生の感情の有りようも問題になっているのだから、私は当然、人の感情についても、意味世界抜きでは成立しないと考えることになる。

人々は気軽に「精神」という言葉を使う。だが、この言葉で何を理解しているのだろうか。さまざまにある。それらの列挙や分析はここではしない。「精神」という言葉が用いられるときに共通に前提されている事柄は何なのだろうか、と問うてみて、一気に答だけを述べる[19]。

私は、人は動物として物的環境を生きるのだが、また意味世界を生きるものであり、意味世界を生きるとは、意味が価値をもつ世界を生きるということに他ならないと考える。そして、その意味世界に関わる働きこそが「精神」と呼ばれるものの中核を成すと思う。このことは、一般に「精神」という概念が、人間を他の存在、物体や動物から区別するもの、人間に独自のものを指すと考えられていることからも頷《うなず》ける見解だと思う。ただし、私は意味世界を成り立たせるのは想像だと考える。

(2)想像が生じさせる意味事象・意味世界の成立

想像こそは他の動物にない人間に特有の能力だと思われる。(ずっと以前からこのように考えてきた私は、チンパンジーの研究者である松沢哲郎氏が、人間は「想像する」力をもつことにおいてチンパンジーと違う、と言い切っているのを読んだとき[20]、ほっとした。)人は物的世界の中で、体の感覚と物象の知覚という、圧倒的に稠密《ちゅうみつ》で現実性の強度が高い「現われ」とともに「意識」の素地を手に入れる。想像の萌芽はそのうちの知覚の中にある。動いているものが何処に向かうのか分かる。見えなくなったものを再び現われるかと待ちかまえ、更には、隠れてしまったものとして探す。予期は想像の前駆形態であろうし、見えないものを有ると思うとなると、想像へはあと一歩ではないか。そうして、ゴトンゴトンという遠くからの音を聞きながら、鉄橋を渡る列車を想い浮かべ、濡れた地面を見て夜に降った雨を想い、その地面がきらきら光っているのを見て今日は暑い日になりそうだと思う。このような単純なことが既に立派な想像ではないか。

そして、もう一つ、人の顔(続いて姿)の知覚が二つの方向への想像を誘う。一つは心というか内面。決して知覚内容にはならないが分かるもの。人の喜びや、がっかりした瞬間が分かる、これが更に能動的な想像へと伸びてゆく。また、声を聞くだけでも、その声を出す人の心の弾《はず》みや意欲、苛立ち、驚きなどが想像できる。他方、二つめに、人が何をしようとしているかが分かる。未だ実現されていないことが人の現在の動きを見て分かる。これまた想像する力へと発展する。

しかるに、これら二つの方向いずれでも、想像は或る「想像する人に現われていない事柄」を内容とするということに注意したい。その非現前の事柄は「現前する何らかの知覚内容」によって指し示されている。私が、想像が生じさせるものを「意味事象」と呼ぶのは、この「指し示し」という構造ゆえである。

しかるに、まさに膨大な意味の担い手である言葉の使用が想像の働きを爆発的に拡大する。諸々の語の集合から成り、文法をもつ、この二つゆえに内部に構造をもっている言葉に連結することで、想像は浮遊するだけのものではなくなる。元々言葉は音という知覚内容によって意味事象へと向かうのだが、想像する人は内語[21]に乗っかることで自分独自の意味事象を呼び寄せる。そして、さまざまな意味事象がバラバラのものとして成立するのではなく、それらは網の結び目のように関係し合って幾つもに纏まって、全体として意味世界をつくる。(関係は相互に呼び出す力をもつこととしてつくられるが、その力の強弱はさまざまであり、その強弱によって諸意味事象の塊が幾つも生成し、また一つの意味事象が幾つもの別の纏まりにつながったりする。また、纏まりごとに支配的な主題——中心的な意味——というものもある。)

なお、以上の起源と媒体ゆえに人々の意味世界は一方で共通と言ってよい側面をもち(なぜかの詳論は割愛、各個人は、先立って流通している言葉を学ぶ仕方で自分の意味世界を広げることが多いのだ、ということだけ述べておく)、他方、人それぞれに特有の意味世界の成立をも言うことができる。

さて、何かの人への現われの形式としての「意識」という概念を用いれば[22]、意識は想像というエンジンによって羽搏《はばた》き、どこまでも広がってゆく。想像によって入り込む意味世界は強度としては低い現実性をしかもたない。だが、人をそのつどの現在という時間への閉じ込めから解放する。そこで、現在という時間が現にある存在そのことから切り離せないとするなら、それとの対比で、時間を越えた意味世界に赴くとは、さまざまな可能的なものに関わることだという言い方をしてもよい。

（3）思考・価値の感受・感情・意志

そして、だから「どうしよう?」と考えることも、自分の行動ないし態度決定によってどういうことが生じる可能性があるか、さまざまなつながりを掘り起こしつつ想像することなのである。（その行動のために何が必要か、どのような手順がいいのか、実行可能かなども考えるだろうが、すべては可能性に関わる。）人はあれこれのことを想う。しかるに、そのあれこれはどのような関係にあるのかと、筋道を辿る、ないし探す仕方で想像をコントロールすると思考が生まれる[22b]。（このとき、言葉だけでなく、操作的に扱える記号の助けというものが必要とされる場合もあるのだが、ここは考察の場ではない。）そして特定の状況から離れて、さまざまな可能的なものの間の諸関係に気を留め、そこに秩序を設立しようとすると、そこに一般性の次元が前面に出た、いわゆる「知的世界」が成立する。

意味世界というと、その構成とか理解とか、元来は知的働きに関係する事柄だと、人は考えるかも知れない。そして、そのように考えるから、精神を知的なものとする考えの流布と相俟《あいま》って、「精神」というものを意味世界と関わる事柄だという私の考えも容易に受け入れてくれるのかも知れない。しかしながら、意味世界を生きるとは意味が価値をもつ世界を生きることなのであり（この場合、価値は意味事象とともに人の外から提示されがちである）、それはまずもって価値の感受として現実化することに注意すべきである（こちらは一人称の事柄である）。感受とは、いわゆる「知情意」で言えば「情」の動きである。そもそも想像そのことが情的なものなのである。たとえば此処には居ない或る人のことを想う場合、言い換えれば、その人を意味事象という資格で想像する場合に典型的であるように。人を想うとは情的な事柄である。一般に想像は気になる事柄、意味事象に向かう。なぜ特に或ることを想像するのか、このことが重要なのである。

（前々段落で述べたように、想像の土台の上に思考も可能となる。しかるに西洋哲学では、人間を人間たらしめているものとしては一般に「知情意」のうちの「知」に重きをおく傾向がある。「知性」「理性」が真っ先にもちだされる。有名なデカルトの言葉、「我思うゆえに我あり」の「思う」は「考える」という知的働きとして捉えられている。なお、私は、自分の言葉としては——先に述べた「精神」という言葉だけでなく——「理性」「知性」という言葉も積極的に使うことはしない。これらの言葉を使うとすぐに或る仕方で受け取られがちだし、しかも、その受け取りの内容が明瞭であるとは限らないと思うからである。もちろん、人がこれらの言葉を使うとき、それぞれの文脈では、言葉の意味内容がかなり限定されて、言わんとすることが良く分かるのだが、哲学など厳密な論構成を目指す言説においては、内容が明確に定まらない言葉の使用は控えたい。）

ところで、感受の烈しい形式が感情であろう。その感情というものは人のその都度の現在を構成する極めて重要なもの、特定のものとしてしか生じない。だが、ほとんどの感情は意味を経由して生まれる。悲しみでも憤りでも理由があって生まれ、理由は一般化の傾向のもとにある意味次元の事柄である。（だから、恐怖のような原始的感情を取り上げ、感情の生成を、危険に対する動物の素早い対処仕方として理解し、知的回路のものとは別ルートだとする、そのような進化論的理解に留まっているわけにはゆかない。確かに知的回路とは違うであろう。けれども、仮にも生じたものを「感情」と規定ないし理解するからには意味次元が関わらないというわけではない。本書第6章を参照。）

それから最後に意志について言えば、或る意味事象群（互いに他を呼び起こすことで強い連関をもつ一群）への繰り返しの立ち返り、それから他の意味事象群への切り替え、という面から検討すべきである。そうして、このように考えると、意志と感情とを対立させるような考えは（その考えと連動する、いわゆる理性と感情との対立を当然とする考えも）、或る局面では有効なものだが、皮相なものだと言わなければならない。どちらも人が意味世界に関わる有り方なのであり、その有り方のどういう点を言い表そうとしているかの違いであり、また、「意欲」という言葉が示すように両局面を兼ね揃えた有り方もあるのである。

（4）意味世界との関わり方を考える

さて、以上の一般論への回り道を踏まえ、駅前の青年やＮＨＫのことで悩む元学生が生きる世界は私の世界とは別の世界であるかのようである、と言うときの「別」とはどのようなものか、考えてみよう。精神の病とされるものには、妄想のようにはっきりと意味の事柄に関するものがあり、感情の有りよう、意志の有りよう、それからさまざまな事柄の現実感の有りように関わる症状が見られると言う。また、精神の病を意識の病理と解釈する学説の系譜もある[23]。しかるに、以上の考察を踏まえれば、これらの症状ないし病理はすべて、意味世界との関わり方の独特性として理解することができるのではないか。そして、そのように理解できるなら、「精神の病」で言う「精神」とは総じて「意味世界に関わる働き」のことを言うのだ、ということになり、更に、一般に「精神」と呼ばれるものの核心をこの働きにみる私の考えは承認されてよい、ということになろう。

そこで、次項で或る種の病理的な精神の有りようについて、私は若干の解釈を述べるが、それは精神医学の仕事に携わっているわけではない私の見当違いの理解でしかないのかも知れないが、その解釈の根拠になっている側の事柄にこそ私の重点的な主張があると、このように本書の読者の方には理解していただきたい。根拠とは、私たちが普通、意味世界とどのような関わり方をしているか、ということである。そして、或る精神の病についての私の解釈が間違っている場合でも、確実に言えると私が思っていることは次のことである。普通の人々と精神の病にある人との違いとは、意味事象との関わり方の違いなのだ、あるいは、そういう違いに過ぎないのだ、ということである。

（5）一人ひとりの意味世界とその動き――居合わせる人がどのように関与するのか・出会いの経験――

駅前の青年が私と同じ物的世界を生き、社会的環境の或る部分をも共通に生きていることは確認した。しかるに、人間の社会というものは意味としてでなければ成立しないし、物的世界もすべてさまざまな意味に覆われて経験されるのではある。だから、人々は青年も含めて、或る共通な意味世界を生きてはいる。ただ、各人に特有な意味世界というものも言うことはできる。哲学お好みの概念を使って、各自の意味世界の「主観的な」性格を指摘してもいい。しかし、この意味では、青年と私とだけでなく、人は皆、他の人とは違う意味世界を生きている。先に、駅前の青年は彼一人の世界を生きているような印象をもつと述べはしたが、野球中継の真似に夢中の子どもも、そのとき彼一人の世界にいる。私が考え事をしながら、あるいは何か悲しい想いを抱えて歩いているとき、仮に誰かが私を見ても、私が何を考えているか、どういう想いでいるか、その人は分かりはしない、この意味で、私も私の世界にいる。（私たちが互いに体を見ることができるということは、私たちが駅や駅に続く道などから成る同じ物的世界に居るということと一つになっている。体は物的なもので、同じ物的世界の構成メンバーである。）

そうして、このような事情があることを踏まえるからこそ人は、相互理解に重きをおいたコミュニケーションの重要さを言ったりするのでもあるし、また、精神の病をもつ人とのコミュニケーション不全を問題にしたりするのだと思われる。しかしながら、コミュニケーションという概念は甘い。私たち一人ひとりの意味世界の動的でもある性格を掬い切れないからである。

動的性格とはどのようなものか。時間の推移によっては変容してゆくということか。それだけではない。むしろ、その動きをもたらすものは何か、ということ、そして、動くその都度の有り方は感情や気分として内容をもつということこそが重要である。

もしコミュニケーションという概念を持ち出すなら、NHKのことで悩む元学生と私とはかなりの部分でコミュニケーションができた。子どもには理解できない難しい言葉を使って、子どもが経験したこともないような（そして想像もつかない）事柄をも話題に交えて会話ができる。つまり、互いに相手が言うことを理解できる。そして私の方は、彼が言っている内容、考えている内容が分かるだけでなく、そのように考えることで悩んでいることも分かる。

それなのに少なくとも私の方からは元学生が自分とは別の世界にいるように思ってしまう。そして、或る不思議さ、どうして彼はこうなのだろう、という思いをもつのである。これはどういうことか。

翻って子どもと私との場合を考えてみよう。子どもの精神世界は、私の世界とその構成内容は大きく違うだろう。だが、基本的性格からすれば私と同じような世界だ、という理解が私にある。そこで、先に、こちらの方に関して、これはどういうことか、と問うて、調べてみよう。

子どもは、私の視線を感じて顔をあからめ、野球中継を真似する声も急に小さくなる。その様子を見て私には、「悪かったな、邪魔してしまったね」と詫びたいような気持ちが生まれさせられる。私はふと見ただけである。子どもに何か働きかけたわけではない。子どもも私に、「見ないでよ」とか「困るな」などと意思表示や表現をしたのではない。これらのことにみられるのは、特に「コミュニケーション」と呼ぶべきものではないのではないか。（確かに、私が「子どもは恥ずかしさを覚えたのかな」と想像する、そういう部分も含まれ、この部分だけを取り上げれば、相手を理解するという意味でのコミュニケーションがあると性格づけたくなるかも知れないが。）

しかし、二人の間での或る影響し合いがある。この影響し合いの有り方が、コミュニケーションよりもっと深いところで子どもと私とを同じ世界に組み込むのである。重要なのは、影響を受ける側で勝手に生じるという性格とその新しさ、そうして、それでいて、その相互方向で生じる影響がリレーのようにつながってゆき、そこに流れがあることである。流れが途切れるかにみえる「一方あるいは双方でぎこちなさが生じること」でさえ、実はリレーの一つの形である。だから、ちょっとした切っ掛けで、スムーズに思えるたぐいの流れも再開する。

ここに、二人の自然な共在そのことの経験、二人それぞれが自分の側でなす経験があると思われる。もちろん、体が同じ場所に居合わせるという共在ではなく、それぞれの意味世界がそれぞれに固有でありつつ自然に一つの世界に参加していると感じることができる、そういう意味での共在である。この感じは、それぞれの意味世界での新しい動きが、もう一方の人の意味世界の動きに触れることで生じているという現実感と、そこに相互性を認めることで成り立っている[24]。

他方、駅前のハミングしている青年だが、ふと私がちらっと彼を見てしまうときでも、そのような私の存在によって何か新しい動きが生じることはない。周りの人々の視線は無いも同然であるかのようである。

相談に乗ってくれと私を訪ねてきた元学生の方はどうか。彼は私に一応の挨拶はし、直ぐさま悩みを話し始めた。そして彼は、時々私の顔を見ないわけではない。目が合うこともあった。しかし、見られる私は、その視線をどう受け止めようかと揺れる、つまりは、その視線を契機に一つの動きが心に生じるのだけれども、彼の側では、私の目は単に彼には見えているだけものであるかに思えた。彼の視線は私を見ることだけに用いられて、私から見られているという事態をその固有性において受け取ることはしないかのようであった。言うなれば、彼は自分の世界で閉じている。閉じるとは、視線を拒むとかのことでもない。私は視線によって彼の心のうちに侵入しようとしているわけでも、何か影響を及ぼそうとしているわけでもないのだから。単純に、人と人とが或る場にいるとき、ただそれだけで何かの動きが相互に生じ合う、その開かれた動きの気配がないということなのである。（逆に、周りの人々の視線が気になって仕方がないという、そういう病的な人もいるが、その場合、視線が自分に向けられていないのに、自分に向かっていると受け取ってしまうわけで、そこに臨機に流れる動きがあるのではない。）

この動きを私は「意味世界における動き」だと表現する。この動きは、新しい意味事象の誕生であり、取りも直さず或る価値の感受であり、その意味事象と価値の感受は既に一人ひとりが携える意味世界の支えのもとで生まれ、かつその意味世界に反響を引き起こす。重要なのは、新しい意味事象が、ただ他の人が存在し、ほんのちょっと触れ合うそれだけのことで生まれるということである。他の人が体として居る世界は物的に同じ世界であり、そこで体として、知覚を通して出会う。ところが、その出会いによってそれぞれの意味世界（それぞれに固有の意味世界）で動きが生じる。まるで人は外に開かれたアンテナを具えているかのようである。外とは自分ではないものから成る世界、しかし、自分の意味世界に養分を与えてくれるかのような世界であり、しかるに、それぞれにアンテナをもった人が居合わせることによる（ただそれだけのことで生じる）それぞれの意味世界での動きのリレーがあるとき、人は、出会う二つの体が属する共通の世界を認めるだけでなく、人それぞれが内にもつ意味世界をも丸ごと同じ同類のものとして捉えるのである。細部がどうであるかは大したことではない。分からなくていい。

こうして、未だ少しの人生経験しかしていない子どもと、もう高齢者と呼ばれる人々の仲間入りをした私とで、それぞれの世界は随分と違うのは当たり前なのに、類を異にする別の世界とは思わなくていい。同様に、戦乱が絶えない地域で生きている人々は私とは別の世界を生きているとか、或る宗教の信仰者、ビジネスの最前線で夜昼なくタフな交渉事等で働いている人、大富豪、政治家、冒険家は私とは別の世界を生きているとか言えるが、それでも、もし居合わせて視線が合ったりすれば、そのときそれぞれが携える意味世界で或る動きが生じ、その動きのリレーは起きるに違いないと想像でき、だから、本章で考察しようとした「別の世界」というものが問題であるわけではないと思われる。

(6) 新しさの到来

しかるに、リレーがあるためには、それぞれの動きに新しさがなければならない。ところが、私が知っている精神の病にある二人の人では、彼らの意味世界の中で幾つかの意味事象群が彼らの関心の中心に固着的に居坐っている。周囲の出来事は無視される。あるいは、その意味連関を強める機会になりがちなだけ、ひいては、その意味事象群が引き連れる特定の感情を誘発する機会にしかならない。職場で同僚たちが自分を監視していると感じ始め、そこで一つの職場に三ヶ月もすればいられなくなる人、車を運転していると、後続の車が自分を尾行していると思ってしまう人の場合が典型であろう。妄想で病む人は、周りの人の動静をすべて同類の意味連関のパターンで捉えてしまう。重要なのは、意味事象というのは或る価値的相貌を携えて感受されるのだから、何かを同類の意味連関のパターンで捉えるということはそのものを特定の価値的相貌のもとで経験してしまうということであり、そのことに相関して或る感情が湧き起こるということである。

私は先に、野球中継の真似に没頭している子どもが私の視線のせいで顔を赤らめることについて、子どもは私の存在ゆえに影響を受けた、その内容は子どもの側で勝手に生じるのではあっても、と述べた。しかるに、妄想症の人は、自分を監視していると思ってしまう人がいるからこそ、その人々が居る場所には出かけたくなくなる、そういう影響は受けるにしても、本当の意味での影響は受けない。というのも、固着した意味事象に阻まれて思いがけない新しさの経験が生じ難いからである。

専門家は、妄想で病む人には、偶然の事柄を偶然として認めることができないという「偶然性への抵抗」や「偶然性の排除」があると言う[25]。しかし私は、偶然に生じると言ってもよい新しいことの積極的な意義に重きを置き、その新しさに触発されることの大切さに目を注ぎたい。そこで、妄想や強迫に悩む人には「新しいことの到来の乏しさ」があるのではないか、と推測する。その新しさは意味的なものであり、その感受である。だからそれは、ふと出会う人からやってくる。その人が送り込むのではないのだけれども。その新しい意味事象は直ぐに消え去り、新しい現在の到来とともに次々に入れ替わってゆくことが多いにしても[26]、まさにそのような動きが生じ、同じような動きが居合わせる人においても生じると認めることができると、自分とその人とは意味世界においても出会ったという気がするし、同じような仕方で意味世界を生きていると自然に思うのである。

或る精神の病にある人が誰かを根拠なく嫉妬する。人々に計略や共謀をみてとる。被害妄想も、人から受ける被害の妄想である。幻聴では、たとえばゾッとする怖い音に悩まされるというようなものより、人の声が聞こえる場合がほとんどだという。そして、どういう声かはっきりしなくても意味は聞き取ることができる。音がしていないのに何か物音がすると言い張る人の場合にも、その音は「自分を苦しめるために誰かが特別に送りつける音だ」というふうになる。なぜ人が登場するのか。意味が問題だからである。ただ、自分の側から投げかける意味が返ってくるだけである。

或る種の精神の病に関する以上の私の解釈は、それぞれの人ごとの複雑な、いわゆる「精神」の有りように寄り添わない粗っぽすぎるものだとの謗《そし》りを受けるかも知れない。しかし、このような考察を媒介することで、「精神」という言葉で考えられているものとは一般に（つまり人が精神の病にあると否とにかかわらず）、価値的相貌のもとで感受されるさまざまな意味事象に関わる人の有り方だということを納得できるのではないか。そして、さまざまな価値文脈のもとで諸々の意味事象の世界をつくり成すのは想像であるので、想像する力にこそ精神と呼ばれるものの実質を見定めるべきであろう。

第2章「精神」という概念について(2)

——「精神が自由である」という事態の実質は何か——

第1節　本章の主題

(1)精神科医が見いだす「自由の問題」

イラン出身の米国で活躍する精神科医、ナシア・ガミーは次のように言う。

　すべての精神医学的治療において、その目標は、究極のところでは、個人を自由にするところにある、と私は思う[1]。

ところで、ずっと以前にフランスの精神医学者、アンリ・エーは次のように規定していた。

　精神医学とは[中略]自由の病理学なのである。もしも人間の自由がないとすれば狂気もありえない。なぜなら狂気とはこの自由の廃棄なのだから。そして人間に狂気する(あるいは夢みる)可能性があるとすれば、それは彼の存在の組織化そのものがこの狂気を包含すると同時にそれを支配しているからである[2]。

ガミーもエーも、自由というものを「個人」もしくは「人間」の自由というふうに表現しているが[3]、両者にあって「精神医学」が問題であるのだから、自由を「精神」が関わる事柄として捉えるのは妥当であろう。もし外的状況との関わりで自由を考えるのなら、丸ごとの個人、体によって特定でき、心ももった個人の自由を考えるべきであろうが。

そこで私は、二つの文章に触発されて、「精神が自由であるとはどういう事態か」を考察課題として立てる。注意すべきだが、「精神」という概念を自明のこととして、その「自由」とはどのようなことかに検討を加えるというのではない。狙いはむしろ、私たちの自由の有り方をみることで、「精神」という概念で人々が考えることの内実を探るというのにある。「精神」という語を私たちはさまざまな場面で使い、それぞれの文脈では語は用を足している。けれども、私には「精神」という概念の中心が何なのか、曖昧なままに留まっている。だから、この語が意味せんとしている事柄を、より分かりよい他の諸概念の方から説明したいのである。考察に先立って言っておけば、中心に位置するのは「想像」である。想像が人間に意味次元を開き、人間の生にとって根本的に重要な感情もまた意味と関わりながら生起するのであり、「想像・意味・感情」の三つ組みの構造の力動こそが「精神」と呼ばれるものの内実である、これが私の理解である。この構造において「自己」というものがどういう位置を占め、また「自由」とはどういう事態を言うのかについて、本章でみてゆくことになる。

(2) 自由ではない状態とは——自己が自己であるという課題——

「自由ではない」ということで私たちがすぐに想い浮かべるのは、所有者に従属し、労働種類、時間、場所を選ぶ自由がない奴隷、独裁的政治体制で密告が横行する社会で発言の自由を奪われた人々などの状態かも知れない。しかし、精神科医が問題にしている「自由ではない」状態とは、もちろんそれらの人々の不自由とは全く違う。ガミーは先の引用に続けて言う。「ほとんどの患者は自らの心理的問題から自由になることを望んでいる。彼らを自由にすることは治療の究極の目標だ。[中略]

患者が自らの自由意志で行動できるように自らを解放するような倫理学的方法、そういった倫理学的方法を患者自らが認識することが、精神医学的治療の倫理的目標である[4]。」

己の外部の状況が許さないゆえの「自由のなさ」は焦点外のことである。これは自由であり得るのに現実化できない不自由である。それとは違って、自身が内側に抱え込んでいる有り方そのものが「自由が損なわれている有り方」なのであり、これをガミーは問題にしている。では、どのような有り方なのか。

「自らの心理的問題」がある、と言われている。そして、自由になるとは「自らを解放」することだ、とも言われている。「心理的問題がある」というのは、一見は分かりやすい。具体例を誰もが思いつけるからである。或る人は、物事をなかなか決められない、決断した後すぐに後悔する、そのような例を想い浮かべるかも知れない。恋人にもっと近づきたい、新しい局面に進みたいという気持ちと、それを押しとどめる何か得体の知れない感情との間で身動きできない状況で、後者の感情が生まれることに問題を認める人もいるかも知れない。無気力で何をする気にもなれない状態も心理的問題の一つだと考える人もいよう。

しかし、これらの例を精神科医が相手にする「精神の病《やまい》」として扱うことには人々は躊躇するだろう。すると、「病」と見なすべき程の「心理的問題がある」とはどのような状態かを考えるべきこととなる[5]。

そこで、「自らを解放する」という文言の方に目を向けよう。これは極めて抽象的な表現である。しかし、この表現を、仮に「心理的問題」というのを右に挙げたばかりの三つの例で理解することを敢えてした上での「自らの心理的問題から自由になる」という場合と比べてみよう。この場合には、既に確立している自己が、自分が抱えている問題から自由になる、と解釈できる。この解釈と対比させる方向で「自らを解放する」ということの理解を試みると、どうなるか。人が「自由が損なわれている状態に自らを陥らせている心理的問題」に捕らえられているのが精神の病にあることとそのことに他ならないのであり、そして、十全の意味での「自己」とは自由であることにおいてのみ確立するものであると、このようにガミーは考えていることになろう。

しかるに、この自由な自己の有り方から「精神」という概念を理解すべきだ、というのが私の主張である。諸著作で折に触れて述べているが、私自身は「精神」という言葉を積極的には用いないが、精神医学はこの語なしでは済まされないわけで、また哲学等の領域でもこの語は盛んに使われる。そこで、仮にこの語の使用を許すなら、この語にどのような内容を宛がうのがよいか、自分なりに納得したい。

第2節　人は意味と関わる

(1) 摂食障害——感情が問題なのか・自己とは?——

ここで摂食障害の人、Aさんについての記述を引く6。

たまたま風邪をひいて食欲が低下し、体重が減少した後に「やせてきれいになった」と知人に褒められた。勉強に対する努力には行き詰まりを感じていたが、ダイエットは思いどおりに結果を出すことができ、そのたびに晴れやかな気分になるので、のめりこんだ。[中略]いったん体重が減少した後は、一〇〇gでも体重が増えると、「自分はだらしない人間」という気分で一杯になり、さらに食事を減らすようにしていた7。

Aさんは食事を減らすことを選んでいる。人から強制されて選ぶのではないのだから、彼女は自由なのだろうか。母親が「もっと食べなさい」と勧めるのを退けて、自分を通して食べないのだから、確固たる自己があるのだろうか。

精神科医はそうは見ない。「摂食障害」という診断名のうちに、あるべき自己の姿をもち得ていないという判断がある。女性の自己が或る問題状況に捕らわれている(従って自由ではない)という考えである。この状況から患者を解放するのが治療の目的である。栄養補給して体重増加に焦点をおく治療の場合でも、それは単に体重の低下は体の健康にとって望ましくないからとか、女性において無月経を生じさせるから良くないとかの理由でのものではない。

身体が先行して回復し、社会生活を復活しているうちに、気がついたら体型のことは気にならなくなっていた8。

体の回復は、「体型を気にしない、食事を摂るのを強く制限しなくなる」という心理上の展開を期待して目指されることなのである。精神科医が試みる治療は、女性の自己を解放することに主眼がある。

だが、解放とは何か。Aさんについての二つの記述を読もう。一つは入院中の事件について、もう一つは、治療を経て、かなり良好となってからの状態について。

入院中は、自然な感情の表現の乏しさが目立った。主治医が面接予定時間に遅れた際など、表情がこわばっているのだが、看護師に「怒っているでしょう」と指摘されて、やっと、自分は怒っているのか、怒っていいのかと確認するような場面もみられた。一時期食欲が亢進し、体重が増加して本人の苦痛が強まった。ある日、母親が服や本などを差し入れに来た。Aさんの体重が増えはじめたのを見た母親は、自分の判断で、それまでの服より一サイズ上の服を持参した。Aさんは散歩中で母親とは直接会えず、病室に戻ったときに、服と母親のメモを発見した。Aさんは、服の号数が一つ上がっているのを見て強烈な不安に襲われ、病棟を飛び出してしまった。数時間後に発見されたときの話では、「他人から見て、以前より太った人に見えるのだ」と言う事実を突きつけられたことで、どうしてよいかわからなくなり、希死念慮を感じたという。この時点で、まだ標準体重のマイナス一〇％くらいの体重であったが、自分が肥満していると感じ、水を飲んだだけでますます太くなるように感じたという9。

何度かの入院中治療を経て、体重はあまり増減がなくなり、現在では健康な範囲にとどまっている。精神療法も経験し、感情表現も少し自然になっている。「自分は太り過ぎ」「だらしない人と思われる」というボディイメージに関する考えは、いつも頭のなかにあるが、気分が安定しているときは、強く意識することはない。反面、友人とのコミュニケーションがうまくいかなかったり、仕事上のミスで自己嫌悪が高まると、肥満しているように感じられ、一日中体重のことにとらわれてしまうという10。

「強烈な不安に襲われる」「希死念慮を感じる」とき、自己は脅かされていると言ってよいだろう。「どうしてよいかわからない」というのも、自分を保ち得ないということではないのか。研究者は、摂食障害の場合には「無力感、自己否定、自己嫌悪などの感情」があるという11。自由な自己どころか、自己の存在そのものが危うい状況にあるとでも言ってよかろう。

しかし、自分を否定している「私」、自分を嫌悪している「私」はいるのではないか。また、「否定」は判断、価値評価なのか、あるいはむしろ「否定的感情」なのか。（この曖昧性の由来については、後の第4節（2）「自己像と感情」の項でなす考察の中で述べる。）いずれにせよ判断は人がするのであり、感情も誰のものでもない、或る人（いまの場合Aさん）の感情である。また、引用文には「気分」という語もみえるが、感情も気分も、体の状態と並んで、そのときの人の有りようの最も中核にあるものだ。ならば、感情としてある「自分」を言うことができるだろう。

だが、すると問うべきである。一つには、或る「感情としてその都度ある自分」に対する、「感情の一つとしての嫌悪の対象としての自己、嫌悪されている側の自己」とは何か、と。それからもう一つ、「感情としての自分」と「自由なものとしての自己」とはどのような位置関係にあるのか。「自由なものとしての自己」を持ち出すのは、精神医学の研究者が、精神の病のうちにある人を「不自由」のうちで苦しんでいる人と解釈し、そのような人において解放すべき「自己」を言うからである。あるいは同じことだが、研究者は、本来は人間には「自由な自己」があると認めているからである。（ここで「自己」という語を私は連発しているが、この語は「自己嫌悪」という言葉を受けて使っているだけで、特に術語化して用いているのではない。「自分」という語も、自然な言葉遣いとして出てくるに過ぎず、特定の意味で使うのではない。だから「自己」と「自分」は入れ替え可能である。なお、苦しみを知らずにいる仕方で精神の病にある人のことはここでは視野に入れていない[12]。)

さて、以上の二つの問題提起をしておいて、人が普通に食べる、あるいは食べることを控えることと、摂食障害にあることとはどのようなことかに戻ろう。提起した問題については主として第3節(1)で、更に特に「嫌悪の対象としての自己」を巡る問題については第4節(1)で、「感情と自由」との関係という問題は次項(本節(2))末尾と次々項(本節(3))の始めで少し触れ、第4節(2)でも考察する。予め言っておけば、どちらの問題にも、後で取り上げる「想像」の働きと意味次元の成立に目を向けることで初めて答を与えることができる。

(2)異常な望み?——何をどのように望むのか——

動物である人間にとって食べることは絶対に必要なことで、空腹解消の局面でみられるように、基本的には人に満足を与えることである。しかるに大抵の人では食べ物の摂取量が体重の増加減少に関係し、かつ人はそのことを知っている。すると体重の方を気にして、望ましいと思う体重に重点をおいて食べ方を調整する、そういう方向の人もいることになる。相撲界に入った少年は大いに食べて体重を増やそうとするだろうし、レスリングをする人や騎手は体重調整のために、競技前には食事制限をする。

Aさんは騎手とどこが違うのか。引用文中に「標準体重」という言葉が見えるが、望ましいと思う体重の基準の取り方が異常だということだろうか。しかし、仮にそうだとして、その異常とは多くの人が思う体重との比較から言うことなのだろうか。(騎手の場合には、ルールによって定められたものに従うということが当然であるだけである。)

体にとって不健康な体重ということなら、異常ということも分かる気はする。引用文でも「身体の回復」ということが言われている。しかし、望まずして不健康なほどに太った人、痩せた人は多いが、望んで「異常に」痩せたに違いない人の方も珍しくはない。しかし、そのような「体の異常をもたらす望みをもつことは直ちに精神の病」なのか。(仮にそうだとする場合に、「望みの内容」そのことが異常だと置き換えることはできるのだろうか。）

Aさんのことを紹介している論文の表題に「ボディイメージの障害」という語がみられることから分かる通り、Aさんの場合、自分の体が太っているのか痩せているのかに関する誤認があり、このことを含んで「精神の病」が言われるのである。そこで、痩せていることを美しいと考えるような文化をもつ社会においての方が「摂食障害」の有病率は高いということを指摘する研究者たちもいるが[13]、そのような研究者たちとて、美容等についての文化（ないし、むしろ自分）の基準ゆえにダイエットに励み、かつ体の健康という観点からは明らかに行き過ぎである人々を皆、摂食障害と見なすわけではもちろんない。

そもそも「望み」とは何か。欲望か。感情か。引用文には「気分」「気にする」「感じる」等の言葉が見える。すると、障害とは感情や気分の有り方に関する精神の病だと言いたいのか。だとして、Aさんが食事ダイエットを始めた頃に「晴れやかな気分」になったとき、彼女は未だ精神の病の状態になっていなかったのだろうか。（少なくとも晴れやかとは幸福な状態ではないのか。尤もAさんを離れて、「多幸症」という感情障害も指摘されているが[14]。）それは私には分からないから措くとして、では、後のAさんの状態を述べる中で語られている、彼女の「苦痛」「不安」「自己嫌悪」等、少なくともこれら負の内容をもつ感情を強くもつことの方に関しては病の状態だと言うのか。

そんなはずがない。このような感情は折に触れ誰もがもつものである。そして私たちは「異常な感情」というような表現も用いるが、だからと言って、どういう内容の感情であれ、或る感情をもつこと自体が何か精神の病であるということになるわけではないだろう[15]。

感情に関しては、Aさんについての記述では、むしろ感情表現の乏しさ、自然さの欠如も話題にされていることに注意しよう。Aさんを紹介し、解説している論者は、別の論稿で次のように述べている。

摂食障害の質問紙としてよく用いられているEating Disorder Inventory-2 (EDI-2) の中には、interoceptive awareness というサブスケールがある。これは「内的感覚への気付き」という意味で、空腹感、満腹感をきちんと感じられるかどうか、また自分が感じている感情に気付いているかを聞くものである。「漠然と不快」なのではなく、「自分は今怒っている」「自分は今寂しい」ということがわかるかが問題である。心身医学の領域では、「失感情症 alexithymia」という用語がよく用いられている。これは、自分の感情に気付き、言語化することが困難な傾向のことで、心身症患者には、病前からこのような傾向が強いとされている[16]。

右記の叙述に関しては、「空腹感」や「満腹感」と、「怒り」や「寂しさ」を、どちらも「感じる」ことだからといって同列に扱ってよいのか、という疑問を私はもつ。前者は体の状態の気づきで、後者はいわゆる心の状態である。両者は、「体の痛み」と「心の痛み」とが違うように異なるカテゴリーのものだ。もちろん、違うのに同じ言葉で表現できるのはどうしてかという、きちんと理解すべき課題は残るが。（体の痛みの場合、右手小指が痛い、お腹が痛いというふうに、体のどの部分か、その空間規定を言えることに注意したい[17]。）そして摂食障害の場合に、空腹感を覚えないから食べないということ（だけ）ではあるまい。そうだとするなら逆に、空腹感には気づかず満腹感には気づくという非対称の状態を精神科医は言っているのではないだろうから、いったん食べ始めたら、食べても食べても満腹感を感じないから食べ続けるということだってあってよさそうである。すると、摂食障害に関して仮に「感じること」の有り方を問題にするなら、それは心の状態としての感情の有り方の方ではないのか。

この確認の上で、ここで自由というテーマを絡ませたい。というのも、感情というものは人に湧き起こるもの、あるいは人を襲うもので、選択なしで生じるがままにまかせるしかないもの（哲学者たちが屢々取る見方では受動的なもの）であるから、一見、選択において発揮され能動的なもののはずの自由とは、対立しているように思えるからである。

（３）現在の瞬間を越えたものとしての選択と意味

さて、感情は生じるままに生じるからといって、そのことを直ちに自由の無さとして解釈するのは、何ら生産的ではない。考えるに、人を自由な気持ちにさせる感情があることは誰でも知っているではないか。喜びで昂揚しているとき、誰が自分は不自由な存在だと思うだろうか。あるいは傍《はた》から、この人は自由ではないと思うだろうか。――だが、すると、自由とは自由な気持ちのことか。(仮にそうなら、その場合に「気持ち」と「感情」とはカテゴリーが別だということになるだろう。だが前節の引用文と引用者である私の解釈とでは、「気分」という語と「感情」という語とが表すものは、ニュアンスは違うけれども同じ類の事柄として捉えている。)

前節末尾で、私はなぜ「選択」という概念を持ち出したのだろうか。私たちが、これかあれか選べるということに自由概念の核心を認めているからではないか。そしてこの認めは、本章では「心に問題を抱えているゆえに」自由が損なわれているという事態にのみ着目しているのだけれども、外的状況との関係で自由・不自由を言うときにも共通にみられる。選択という契機は自由の概念にとってそれほどに分かりやすいメルクマールである。そこで選択という観点から自由の概念を眺めてみる。

さて、選択を、あるいは決断というものを、或る瞬間におけるものと考えて、そこに自由の有りどころを認めるというのは自然なことではある。(選択は複数の選択肢を見据えて言うことで、決断は一つに絞る決定そのことに重点をおいて言うことである。)しかし、なぜその選択、決断をする(した)のかとか、意志による選択と欲望による選択とはどう違うのか、意志が欲望を退ける場合が自由な選択、決断であるのであって、欲望に動かされるのは(「動かされる」という受け身の表現が示唆するように)自由の喪失だとかの論点が出てくるのは必定である。そして、特に「意志」とは何か、また(外的状況との関係から離れて、なお、行動が自由であるかどうかを論じる場合には)決断から行動への移行とはどのようなものかなどの、ややこしい議論に巻き込まれる。

私は長い時間の流れの中での人の有り方をみることで、自由、意志、欲望等の概念を解釈する方がよいと考える。(欲望の概念と感情の概念との位置関係を調べるという課題もある。)

なぜか。そもそも選択だとか決断だとかは、どういう内容をもつのか。その瞬間が問題なのではない。或る選択、或る決断は、それが後からやってくる時間で生じる事柄にどう影響するのか、という考慮を伴っている。考慮なしでそのときの欲望にまかせるだけの場合ですら、欲望充足という直近の未来が関わっている。人間は、ただただそのときの時間を生きる動物ではない。自由とは、時の流れとともにある人間の、時間を組織し、そのことでもって自己を、「刻々と来たりては過ぎゆく時とともに移ろいゆくのではない自己」を成立させる能力である。どのようにしてかと言うと、その都度のさまざまな事柄に意味を与え（あるいは意味あるものとして出会い）、その意味の力によってその都度の時を越えて持続する秩序に己を参入させることによってである。そして選択について言えば、意味と価値とは切り離せず、個々の選択は或る意味と正の価値がある事柄の選択なのである。また、感情を自由という観点から考えるときには、感情も意味を経由して生まれるのだということを見落とすべきではないということも言っておこう。

（４）意味事象と意味世界の成立

意味とは何か。人が楓の木の根本に木屑を見つけるという単純な例から始めよう。明るく白っぽい黄色の木屑の盛り上がりと楓のゴツゴツした灰黒色の幹のコントラストに、絵の題材を見いだす画家がいるかも知れない。この画家にしてみれば、木屑はそれ自体が興味あり、その点で或る価値を携えた事柄である。私はと言えば、私の興味は木屑の色だとかそれが造り出す模様だとかにゆかない。けれども木屑に目がゆくには理由がある。木屑の存在はテッポウムシを指し示す（別の言葉で言えば、意味する）からである。

木屑が見える、これは現在の、しかも知覚という形式で現前している事柄である。この現在の事柄から出発し、木屑を見ている今、私は見えていないテッポウムシのことを想う。まずは、テッポウムシが楓の幹の中心部を囓《かじ》って木屑を地面に撒き散らした過去に思いを馳せ、次いで、テッポウムシのせいで楓が枯れるかも知れない将来、可能性でしかない将来のことを心配する。

「意味」というと、言葉の意味というものを典型に考える場合がある。このときにも、聞こえる音（声）が、あるいは見えている文字が、その音や文字ではない何かを指し示すのである。海岸の赤い旗は波が高くて海が危険であることを、水田脇の赤旗は農薬を散布したばかりだということを、道路で車に向かって振られる赤旗は、一方通行だから停まれ、ということを意味している。どの場合にも、知覚される何かが、知覚内容のようには現前していない何かを意味している。そして、指し示されている事柄、意味されている事柄は、意味する側の音や文字、赤旗よりは重要な事柄である。何かAが他の何かBを意味するというように捉えるとき、それは（そのように捉える人にとって）Bが重要なことだからなのである。（なお、木屑が意味するテッポウムシは私にとって木屑よりは重要なのだが、テッポウムシの重要性自身は、テッポウムシが楓の幹を喰って楓を痛める、場合によっては枯らしてしまうという重要な可能性から、結局は楓の重要性から流れてきている。そしてそのときテッポウムシは、仮に或る時点で実際には楓を囓っていなくても、楓を囓るものという意味のもとで捉えられているのである。）

もちろん、AがBを指し示す、意味するということが可能であるためには、AとBとの間に特定の関係がみられなければならない。実際、木屑とテッポウムシの間には、テッポウムシが楓を囓ったから木屑が出たという関係があるのだし、言葉や赤旗の場合には、人が作りだした関係がある。そして、その関係をみない人には、AがBを意味するということはない。木屑とテッポウムシとの関係を知らない画家では、木屑はそれ自身が美的に価値をもつかも知れないが、他の重要な何かを意味することはない。外国語を単なる音声として聞くことしかできない人はその音声に或る意味内容を認めることはできない。

こうして、人が或る事柄を他の事柄との関係の中でみる、あるいは関係の中におくと、その関係によって手に入れる意味をその事柄に看取することができる。そして、事柄を他の諸々の事柄と多くの関係におき、そのことで事柄に多くの意味を看取することで、人が為す選択も具体的なものになる。意味のそれぞれが或る重要性をもって看取されるゆえに選択肢となるだけの要件を満たすものとして問題になるからである。実際、木屑を眺めるだけ、あるいは木屑を絵に描こうとするという選択肢の他に、テッポウムシ退治に乗り出すという選択肢が生まれるのは、木屑がテッポウムシを意味事象として呼び出す（人が木屑にテッポウムシの存在を読み取る）限りで、である[18]。

私たちはさまざまな事柄を実に多くの事柄との関係の中で経験する。すると事柄はそれらの関係によってさまざまな意味を取り得るものとなる。見落としてならないのは、一つには、諸事象が諸関係を結ぶ仕方はさまざまで、その有り方によって諸事象の幾つものグループが、相互連関を成す意味事象群という資格でできることである。（もちろん、これら意味事象群の成立を言うためには、人がそれら間の関係に反復的に気を留めるということが必要である。また、もちろん一つの事象は幾つものグループと関係をもち得る。が、だからといって、その事象を通じて複数のグループがより大きなグループをつくるというわけではない。あれこれの意味事象を吸引して一つの群れへと参入させるテーマというものがそれぞれのグループにあるからである。）強固な意味連関によってグループを成し、更に多くの諸事象を組み込もうと待ちかまえているグループもあれば、時折にしか想い起こされないグループもある。

そして、もう一つ重要なのは、このようなグループの形成に当たっても、また或る意味事象を容易に想い起こす際にも、大抵は言葉の働きがあるということである。ほとんどの事象は言葉（語）と結びつく。あるいは語によって初めて成立可能である。そして、さまざまな語は相互に呼び出し合い、語は、事象との結びつきによってだけでなく、他の語群によっても意味を与えられる。そこで、人は容易《たやす》く言葉を（内語の形ででも）発し、そのことで語と結びついている事象を意味事象として呼び出すのだが、それだけでなく、他の語を介して、その他の語が強く結びついている事象をも呼び出すのである。そして、それぞれの意味事象は背後に、それが属する意味事象のグループを引き連れてくる[19]。

こうして人はそれぞれに、さまざまな事象の経験と言葉の修得、使用を通じて、自分の意味世界をつくり[20]、新たな事象との出会いのたびに、その事象が意味世界のうちに位置をとり、そのことで意味世界の方は幾分か内容や相貌を新たにする。そして意味世界が豊かになればなるほど、何かの事柄に面したときの人の選択肢は増える。

食べるということに返って、少し考えてみよう。

（５）食べることの意味と食べることにおける自由

食べることは基本的には体が要求することであり、食べ物の価値は体との関係で決まる。だから、空腹のときに食べ物があり、危険でなければ食べる、というのは自然である。他のものは関係ない。そして、この価値しか知らない動物は、ただ食べる。その食べる活動について、自由な行動なのか本能によって決められた必然的な行動なのかを論じようとすること自体が見当外れのことである。

しかし、人は意味世界をも生きる。そこで人にとっての食べ物も各人の意味世界において或る位置を占める。すると、食べ物ないし食べることにどのような価値をみるか、それは食べ物だけを相手にすることで出てくるのではないことになる。他のものとの関係の中で生じてくるその意味、価値に導かれた態度を人はとり、行動を為すのである。人には、或る一度の食事を書物一冊の価値と比較し、空腹を我慢して退ける場合もある。反対に、自分が少し金銭に余裕ができたことを確認したくて高価な食べ物を選んで食べるということだってあるだろう。

それから、誰かと食べ物を分け合ったり一緒に食べたりすることは親密であることの証《あかし》となる。そのような場合には私たちは、空腹であっても一緒に食べる人が食卓につくまで食べずに待つ。食べ始めても、会食の相手との会話等を重視し、食べ方に気を配る。つまりは食べ方が発するメッセージに重きをおく仕方で食べる。また、年の始めのお祝いと新しい一年への願いを込めた食事もあれば、一年を無事に過ごしたことを感謝しての食事もある。そのとき人は、細々した決まり事を尊重する食べ物を用意するだろう[21]。これらの例から分かるように、人が食べることには、ただ、空腹を満たすために食べさえすればよいという気儘《きまま》さはなく、制約がある。だが、注意したいのだが、このことを指して自由がないとは私たちは思わない。一般に選ぶとは、選ばされることでもあり、不自由だと言うべき側面だってあるのだが、全体としては、やはり自由にやることだ。

選択は評価と一体になっている。その評価は、食べ物ないし食べることが「他の諸々の事柄と関係をもつことによって帯びる意味」を見いだすことによってなされる。だから選択は、まさに食べ物ないし食べることを他の諸々のこととの諸関係のうちにおくという制約の中でこそ具体的なものになるし、「選択」と呼ばれるに値するのである。そして、このような仕方で「食べることを特定の意味をもつ事象に引き上げる」ことのうちに、食べること(また食べないこと)における自由がある。(これを本章の主題に引きつけて「精神の自由」と言ってもよい。人が「精神の自由」と言うときにどのような事態のことを指しているのかをこの例で示すと、食べ方について「精神の自由」を言うなんて大袈裟だと人は思うに違いないが、事態の構造は、「高尚」だとか言われる事柄に関して人々が言う精神の自由と同じなのである。)

では、Aさんの場合はどうなのか。食べることは体型とか体重とかとの関係だけで意味をもつ。他のこととは関係なしの食べる楽しさもなければ、栄養物としての体の健康と関係づけられることもない。そして服もまた、体型や体重を示すという意味しかもたない。(服はこの意味のもと、「食べ過ぎ」という意味ももつ。すると逆方向に、食べることは母親がもってきた服を想い起こさせる——意味する——ものになってしまうかも知れないし、服が嫌いなら、食べることをしたくなくなる、できなくなることだってあり得る[22]。)

第3節　感情と想像

(1) 感情としてのその都度の自己・意味を経由して生まれる感情

ここで感情というものに話題を戻す。

その都度に生まれ、その時々の自己を満たす感情そのことだけを取り上げて、その不自由さを言ってもしょうがない。確かに私たちは自分の思うままにならない感情をもてあますかも知れないが[23]、それは自由がある、ないとは関係がない。重要なのは、感情もほとんどが意味を経由して生まれるものなのだ、ということである。このことに注目すべきなのは、食べ物を例に、意味の看取があるところに自由を言う場があることをみたからである。すなわち、人は或る事柄にさまざまな意味を見いだし、それら意味の制約のもとでこそ幾つかの具体的な選択肢に直面し、そして或る価値を選ぶのであり、すると意味上の制約に従うことそのことに自由もある。

では、感情が意味を経由して生まれるとはどういうことか。「失感情症」の可能性さえ言われるAさんの場合でも、Aさんには「不安」という感情が生じたが、その感情は母親が差し入れた服とメモを読むことで生じたのである。服とメモとは、自分が以前よりは太ったことを意味するものとAさんは受け取ったのであった。嫌悪も、仕事上で自分がしたことを「ミス」と意味づけたことから生まれている。

Aさんを離れて考えるに、母親が或る服を娘（そのような場面にいる多くの娘さんの代表としてのB嬢）に持ってくるとき、服を受け取ったB嬢はどのような感情を懐くだろうか。そのさまざまな可能性を想い浮かべるためには、服が彼女の意味世界においてどのような位置を取るか、そのさまざまな可能性を想い浮かべる必要がある。たとえばB嬢は服を「母親が自分を思う気持ちを意味するもの」という仕方で経験することもできる。あるいは、相変わらずお節介な母親を表すものという意味連関の中で捉えることもあるかも知れない。厚手の服に、もうすぐ冬なんだなと、季節の移り変わりの徴《しるし》をみることもありそうである。そして、これらのような意味合いとともにこそ、母親への感謝の気持ちが生まれたり、鬱陶しいとか放《ほ》っといてもらいたいとかの心が動くのかも知れないし、季節の進行への感慨も湧く。

ミスと意味づけられる行動[24]を取り上げれば、これも多くの人にとって、次の「より良い行動」を気づかせてくれるものという意味をもつこともでき、そういう意味あってこそ、よし、次の機会にはうまくやるぞという闘志も生まれる。

考えるに、感情自身、濃厚な価値的相貌をもつものとして経験されるが、それは、以上の例で理解できるように、人が見いだす意味というものが価値的なもので、その意味の受け取りが感情を誘発することと根を一つにしている。すると、感情というものは自分のコントロールを越えて生まれるものかも知れないが、そのことだけを取り上げて、さまざまな感情とともにある人の不自由を言うわけにはゆかない。人が自由か不自由かという問題は、その人の意味事象との関わり方からみなければならない。

重要なのは、いま例を挙げたように、母親がくれた服というものが入ってゆく意味連関はさまざまであり得て、そして多くの場合に、それらの意味連関のどれもが次々に、ほんの束の間であれ、服を受け取った女性の心を掠《かす》める、そういう有り方が自然だ、ということである。そして、このことと人が自由であることとは切り離せない。

翻ってAさんの場合はどうか。Aさんでは服は自分の体型としか関係づけられない。それどころか、さまざまなもの、事柄が、何かと、体、その肥満、ひいては食事の仕方が支配する意味連関の方へと吸い寄せられる。他の意味をもつ可能性が閉め出されているかのようである。そもそも「一日中体重のことにとらわれてしまう」というように、他からの指し示しなしに、肥満そのことがAさんの関心すべてを吸い取ろうとすることもある。その肥満は、事実の認識であるよりは、一つの意味事象である。そして仕事のミスでさえ（時期的には違う事件だが、事柄の有りように変わりはない）、直接には体の有りようと関係するとは思えないけれども、仕事でミスするような自分は体重管理ができない自分なのだというふうに、特定の意味事象群に結びつけられてしまうのだろう。そこで、「とらわれてしまう」という表現が、Aさんの有りようを的確に捉えていることになる。そして、この意味事象群がAさんを苦しめるあれこれの感情を誘発して、Aさんは身動きできなくなる。そして、新しさの経験も乏しくなる[25]。

（2）意味事象と想像の働き

では、人はどのようにして物事に意味を見いだすのか。人が意味の世界に関わりをもつのは、人に想像する力があるからである。物的環境の中でさまざまな物的事象と適切な関係を結んで生きる体というものは、その都度の時間に現存するわけだが、そして物的事象は知覚の対象となり、知覚はいつも現在の個的な諸事象の知覚であるのだが、その現前する知覚内容を支えに不在の何かに向かうのが意味の成立そのことである。（内語によって意味と関わる場合には、現前する知覚内容なしで可能と思われ、ここに言葉の独特性と強みがある。）この不在の何かを内容とする働きが想像である。（知覚対象の現前そのことが既に、体から隔たった位置での現前であり、このように空間を広げることも想像と根源を等しくすると言ってもいいのかも知れない。空間規定は時間的隔たりを含みもっていて、知覚の時間である現在というものを、瞬間に閉じこめられているのではないものにしている[26]。）

現前する内容は細部が確定している。他方、不在でありながら何かであるものとしての想像内容（あるいはそれを支える現前内容との関係を強調すれば、現前内容によって誘われる意味事象）はそうではない。想像の働きによって供給されるもの以外の内容はもたない。そこで、想像の働きがないところに意味の看取はない。

すると今度は、人の自由という問題を、人の意味事象との関わり方からみるということから進んで、想像の有りようのうちに自由か否かを探るべきということになる。

ここで、冒頭で紹介したエーの考えを参考にしよう。人間には自由があり、その自由の有り方の病理として狂気を理解しなければならない、という考えである。私は、自由というものに具体的な内容を与えるために、想像の働きに注目し、次のように考察を進めたい。人間は想像する力をもち、その想像の病理として、少なくとも或る種の精神の病を理解することはできるのではないか、と。（エーが「夢みる」ことを持ち出しているのは示唆的である。）人は、普通は想像を赴くままにあれこれへと向けることができる。だが、人は時に自分自身の想像に支配されるのである。（それからまた、精神の障害では、病理以前に、想像する力の欠如という事態だってあるのだと思われる。また、失感情症と言われる「感情の乏しさ」も、さまざまな意味事象へと向かう「想像の貧弱さ」と関係するのかも知れない。意味を経由して感情は生まれるのだから。また、感情そのものの生成が言葉による感情表現と無関係ではない[27]。）

どういうことだろうか。「心に問題を抱えている人」の想像の有りようという問題を念頭に、感情と想像と、二つのものの位置取りを考えなければならない。

(3) 想像と意味世界の秩序

人は刻々と推移する現在に存在するしかない。その現在は、体の感覚、体の周りの物象の知覚と並んで、感情によって満たされている。（来たる新しい時間で生じる――ないし生じさせる――或る結果を目がけて時間をかけてなされる行動のその時々の遂行の途上という行動の現在のことは別に考える。）そして、感情こそは或る調子の体とともに自己の現存そのことと一体になっていて、人のその都度のあることを成す中心的なものであるように思われる。

しかるに想像は、これまた現在という時になすことでしかないが、その都度の現在という時に密着している感情と違って、その内容の方はいわば時間の縛りから抜け出たものである。どうしてか。

私は、意味の看取という事態のうちに想像という働きを見いだす。実際、刻々と推移する現在に存在する個人が、現在に出会う諸々の個別の事柄に意味を見いだすとは、個別の事柄が関係をもち得る他の事柄へと想いがゆくこととして生じる。そこで一方では、その想われる事柄はそのときに現前しているわけではないので、その内容には自由度がある。個別の現存事象が、時間の推移と一体になって存在し細部が確定している、これとは違う。対比的に言えば、想像内容は或る一般性をもった概念などと同類であり、単に可能的でしかないものという性格のものとみてもいい。意味次元の事柄とはそういうものである。

だが、可能なものを相手にする想像とは自由なものだ、と決めてかかるわけにはゆかない。そもそも、どのような内容を想像すると言うのか。想像はあれこれの事柄が取り合うあれこれの関係を辿るものであり、また、それゆえにこそ具体的な内容を手に入れることができる。全く無制約の想像というものなどあり得ない。

木屑の例に戻ろう。現在という時間に存在しているのでしかない私は、木屑という現前するもの[28]に依拠して、テッポウムシが木屑を囓った過去、そしてそのテッポウムシが楓を痛め続けるであろう未来を想像する。木屑から出発するなら、他に何を想像するというのか。人によってさまざまだろうが、或る範囲のことであるし、自分が何か気になること、正負いずれであれ価値的な何かである。そして、これらの想像はてんでばらばらのものではない。或るつながりをもつものとしての諸事象を私は想うのである[29]。私は既に「意味世界」というものに言及しておいたが、さまざまな意味事象はさまざまな関係を反復的に結び、あれこれの秩序をつくるものである。秩序とは、時の推移にも拘わらず何度も見いだされることで意義をもつものである。

そして留意すべきこととして予めこの場所で指摘しておくが、意味次元の事柄としての諸事象を想う人自身が、現在という時間にしかいないのに、恰も現在に閉じこめられることから脱しているかのごとく、意味世界を生きるものとして自らを規定する。つまり、意味世界の秩序の中に位置する一つの意味形象という資格で、その都度の「私」によって懐かれる観念としての「自己」というものもある。そして「自己」という意味事象は、「過去の自己を引き取り未来を展望しつつ一つのものとして統合するところに象《かたど》られるもの」であり、そうして、そのような象りをなす現在に存在している自分(想像しつつ、「時の推移とともに生まれ、変容し、消え、新たに生まれる感情」を重要な内容としている自分自身30)が纏う諸々の意味の一つの束として、そして自分に或る態度を取らせ或る行動を促すものとして、秩序なしには成立しないのである。従って、自己の象りは決して自己認識というふうに理解すべきことではない。或る自己了解であり、己の過去を自分なりに振り返っての自己評価であり、将来に向かっての希望でもある。このことは後の議論で重要になる。

さて、自由という観点を念頭におきながらの、感情と想像とそれぞれについての以上の考察を踏まえ、感情と想像との絡み方を考察してみよう。というのも、「精神の病=心の病=感情の病理」というふうにみえるものの内実を、「精神の病=自由の病理=想像の病理」として捉えるために、である。ただし、想像の病理は或る特定種の感情の生成と密接に絡んでいるので、後者の捉え方から前者の見方への道は通じている。

第4節　自己像

(1) 自己の象《かたど》り

繰り返しの注意になるが、感情の生起は生じるままにまかせるしかないことを理由として、感情に焦点をおく限りでは自由を言う余地がない、と考えるべきではない。「心の問題を抱える」と言われるような場合に限って自由が窒息しているかのようであると、このような見立てが、本章冒頭で紹介した精神医学の研究者にはある。この「心」は、そのまま「感情」と言い換えてよいか。違う。自由の病理が想像の病理であるなら、「心の問題」には「想像」という契機が関わっているはずである。しかるに私は、感情と想像との両者をつなぐものとして「意味」というものに目を向けてきた。すなわち、意味の世界を開くのは想像であり、ほとんどの感情は何らかの意味を経由して生まれる、と。

そこで、病理を離れた一般的な事態としての感情と想像と間のこのような関係は、たとえば、高速道路を運転してやってくる、車の運転免許を取得したばかりの娘がいつまでも到着しないので、もしや事故に遭ったのではないかと想像し、心配するような事態とか、演劇を観たり文学作品を読んで、はらはらしたり切なくなったりする、その有りようを仔細に考察するときの道標《みちしるべ》となる。だが、精神の病理をも理解するには、「感情としてある自分」や「想像するものとしての自分」に加えて、人が自分をどのようなものとして想い描くのか、その「想い描かれた自己」の有り方の方にも目を向けるべきだと私は考える。「想い描かれた自己」とは、人が携える意味世界における「一つの意味事象としての自己」に他ならない。

先に私は、「感情の一つとしての嫌悪の対象としての自己」とは何か、との問いを提出しておいた。この自己は、「嫌悪という感情そのことを内容として現にその時に存在している自分」とは別ものである。少なくとも形式的には明確に区別される。

この問いを考えるために、自己嫌悪で苦しむAさんの場合で考えるのは後にして、先に取り上げた、母親がもってきた服にさまざまな意味内容を読み取る女性、B嬢の場合で、もう一度考えよう。

彼女は服に、母親の自分に対する愛情を看て取るかも知れない。(服が服自体とは別の内容、母の愛情という意味をもつものとしても女性に受け取られるわけである。)あるいは同時に、その愛情が分かりつつ、お節介な母親にどうしても鬱陶しさを覚えてしまう自分がいるかも知れない。それから服によって季節の移りゆきに気づかされ、晩秋の戸外で一人、その服を着ているときの自分の姿を想い浮かべ、自分に似合うだろうか考えてみもするだろう。

さまざまな「自分」が顔を出す。「母親の心遣いの対象である自分」、「これこれの服は似合うけれど、ああだこうだの服は似合わない(と思っている、思っている対象としての)自分」、更には「晩秋には、ともすると淋しさを覚えてしまう自分」など。これらのどの自分も一つの意味事象として象られたものである。

繰り返すが、人は、自分が携える意味世界のうちに自分自身を一つの意味事象として位置づけることを為すのであって、すると己の象りは、己を他の諸々の事柄との関係のうちにおくことでなされる。だから、どういう事柄とのどういう関係が前面に迫《せ》り出してくるかによって、その「自己」の内容というものは変わってくる。そして重要なのは、自己像はその内容に応じて、あれこれの感情を誘発するということである。また、その誘発された感情が新たな想像を誘って自己像を或る色合いで染めたり新しい意味合いを付けたりすることである。

(2) 自己像と感情

自己像による感情の誘発と、その感情の自己像への還流は、いま取り上げているB嬢ではどのようなものだろうか。

彼女は母親が置いていった服から出発してさまざまな自己を想像するだろう。服に見いだすさまざまな意味が、それぞれに「或る内容をもった自己」という意味事象の象りにまで及ぶのである。既に述べたように、「母親の心遣いの対象である自分」、「その服を着ているとイメージされる自分」、「或る服は似合い、別の服は似合わない自分」、「晩秋には淋しさを覚えてしまう自分」など。しかるに、これらさまざまな自己像が、今度はそれぞれに見合った感情を生まれさせる。どういう感情が生まれるか、それは人により状況によるが、その基本にあるのは、意味規定そのことの生まれ方である。感情というものは概して意味を経由して生まれるのだからである。

母親との関係において象られた自己像からは、単純に嬉しさが湧くこともあろう。あるいは、お節介な母親に鬱陶しさを覚えてしまうような自分に苛立ちを感じるかも知れない。母親の期待に応えなくてはという気持ちが生じるかも知れない。そして今度は、そのような感情それぞれが、「幸せな自分」「狭量な自分」「ひねくれた自分」「何だか頑張り屋だけど疲れた感じの自分」などを想うことへとつながる、そのようなことがある。

また、こういう服が似合う女性だという位置づけからは誇らしさ、得意さが生じ、そこからより一般的な姿としての「颯爽たる自分」という意味合いが自己像に付け加わるというようなこともあるだろう。母親がもってきた服の似合わなさから発展して、どの服も似合わないと思うと、みじめな気持ちが生じ、その気持ちから、服が似合う似合わない以前の「みすぼらしい自分」という自己の意味づけができてしまうかも知れない。晩秋になると淋しさを覚えてしまう自分という自己像からは、実際に淋しさが湧いてきてしまうかも知れない。そしてその淋しさが「独りぼっちの自分」という自己像へと結晶するかも知れない。

要は、或る関係の中で象られる自己像から感情へ、その感情から再び新たな自己像へと進むのである。しかるに重要なことは、先にも述べたように、たとえば母親がくれた服というものが入ってゆく意味連関はさまざまであり得て、それらの意味連関のどれもが次々に、ほんの束の間であれ、服を受け取ったB嬢の心を掠める、そういう有り方が自然だ、ということである。すると対応して、自分の象りもまたさまざまに次々に想い浮かぶ。そして、この移行があるゆえに、意味事象としての自己像に伴う感情もまたさまざまなものが次々に生まれ、特に、一つの感情が重く蹲《うずくま》ることもないし、その感情が特定の或る自己像を強化するように働くということをも妨げる。

翻って自己嫌悪に陥っているAさんの場合はどうか。嫌悪する対象としての自己と、嫌悪の感情とともにある自己とは、どのような位置取りにあるのだろうか。「さまざまな事柄と関係を結ぶことで、それら事柄の方からさまざまな意味を手に入れる自己」、そしてそれらの意味によって「さまざまに価値評価される自己」という意味事象の代わりに、逆に「体型と食事において規定された自己」という意味事象（己の象り）が頑固に先にあって、このものとの関係にばかり、さまざまな事柄を引き入れ、その関係によって事柄を位置づけ、評価する方向だけが生じているように思える。そして、その位置づけと評価ゆえに、固定した自己像は益々強化される。しかも、その自己像が誘発する感情は否定的な価値相貌をもったものとなり、Aさんを苦しめるのではないか。そして、その苦しみが自己を嫌悪すべきものと意味づけ、このことが更に意味世界における一つの意味事象としての自己の内容を固定するのだろう。（摂食障害の人についての記述を紹介したとき、「自己否定は判断、価値評価なのか、あるいはむしろ否定的感情」なのか、と問うてみたが、実態としては、意味は価値評価を含んでおり、感情は意味を通して生じ、その感情が新しい意味づけ――この場合は言い換えれば判断――を生じさせるというループができているということだろう。）

さまざまな意味事象を経巡《へめぐ》り、それゆえに自己を自由なものにするはずの想像そのことが、自己像の象りにおいて、とらわれた想像、となっているように推測できる。そのとらわれは、己を或る少数の何かとの特定の関係にしかおかないことと一つことになっている。想像は同じことの反復でしかなく、それは想像の本来の姿ではないのである。とらわれた想像において自由は空回りをする。そしてとらわれた想像によって象られた自己像が、自分を苦しめる否定的価値相貌をもった感情を誘発し、その感情が益々固定した自己像を強化し、これまた苦しみを与えるのに違いない。

結語　精神が自由であるということ

そこで、苦しみから解き放つとは、意味世界を構築する想像を本来あるべき働きへと解放することであり、それが人の精神を自由にするということではないのか。人はさまざまな事柄と出会うが、それらの事柄を、既に手に入れ済みの自分の豊かな意味世界の中に位置づけ、意味事象へと引き上げる、そのようにして生きる存在である。その引き上げとは、新しく出会った事柄をさまざまな事柄との関係のうちにおき、関係から意味を引き出すということであり、その意味に価値を（正負いずれもの価値を）見いだすということである。そして、この引き上げが多様な仕方でできるということのうちに自由がある。外的状況との関係で言われるのではない自由とは、意味世界における新しさを手に入れる術をもつことだと思われ、そうであるなら、その自由が問題にされる「精神」の内実とは、さまざまな事柄を他の諸々の事柄との関係のうちに位置づけ、事柄のさまざまな意味を看取してゆく想像の働きのことであると私は考える。

また、特に自己像に焦点をおいて言えば（想像の病理がない場合には特に自己像を問題にする必要はないのだけれども）、既に述べたように、現在という時間に存在する「私」は、想像の働きによって自己像を「過去の自己を引き取り未来を展望しつつ一つのものとして統合する」仕方で象るのである。その自己像は、諸事象との新しい出会いによって更新できるものであるのが本来である。言い換えれば、豊かになりつつ少しずつ新しくなる自分の意味世界の中で、常に主人公としてすべてを取り集めてゆく、そういう自己像をもてるとき、時に縛られ、時の推移をくぐり抜けてゆく「私」は、自分を一層自由な存在だと思える。「一層」と言うのは、このとき人は自己の手綱を取っていると感じるからである。ただ、引き換えに自由の軽やかな面を代償とするのかも知れない。過ぎ去った時の中で主人公として振る舞った自己像から離れることを思いつかなかったり、躊躇《ためら》ったりするかも知れないからである。

第3章　自己像
——意味世界を生きる——

自己というものはどういう構造をしているものか。その全体像の骨子を描くことが望ましいが、本章ではそれは断念し、次の一点に重点を置いて論じたい[1]。それは、私たちそれぞれが「自分のことを自己と捉える」のは、私たちが物的環境を生きる動物でありながら、同時に意味世界をも生きる存在であるからこそだ、という点である。

その意味世界とはどのようなものか。体も物的環境も含めた物的世界は時の推移とともに変化してゆき、有るとはその都度《つど》の現在に有るということである。一方、意味世界は時の縛りから抜け出すものとして人の想うことによってつくられた世界である。人は過去を想い出し、未来に想いを馳せる。そうして、そのような想いは人の現在を満たし、かつ人を或る行動へと動機づけるなどの重要な働きをする。また、特定の過去や未来とも無関係で一般性を帯びた意味事象もあり、同様に効力をもつ。そもそも時の縛りから抜け出るとは具体的な特定の存在を離れた一般性の次元へと向かうことなのである。そうして、ひとたび一般性をもった意味世界に馴染むと、私たちは物的世界さえ意味世界を経由して捉えがちともなる。分類すること、言葉を用いることがどういうことかを考えれば、このことに納得がゆくだろう。

「自己」とは人が自分を一つの意味事象として捉えたときに象《かたど》られるものである。

(1) 名乗る

自己紹介をする場面に人は何度出くわすだろう。自己紹介は、人Aが、自分がどういう者か了解している内容があること、それを言葉で言い表せることを前提している。また、言葉で述べているのはA自身についてなのだということが、言葉を聞く人B（複数のこともある）に分かることも前提している。

この後者の前提は、「私」という特殊な語の働きによって満たされていると人は考えたくなるかも知れない。というのも、多くの場合、人は「私は……」と語りだし、その「……」と説明される「私」とは「言っている人」自身のことだと理解されるのだからである。

けれども、この語のことは措《お》こう。AとBとが対面している場合、あるいは選挙で候補者がテレビで政策を述べるに当たってまずは自己紹介をする場合のように、喋っているAの顔をBが見ることができる場合、「私は……」という人称を口にすること抜きで「宮本です」というふうに始めても、「宮本です」と言っている人が宮本さんだということは、状況で分かる。そうして人は、以降に語られる内容はこの人のことだと思って聞く。（本人による自己紹介ではなく、誰かが或る人を紹介する場面では「こちらは……」などのやはり特殊な言葉の出番があるが、この語抜きで済ますこともできる。）

ここで、人を特定するとは体を特定することだ、という当たり前のことを確認しよう。この特定の機制は他の多くの物的諸事象の特定と異なるところはない。（因《ちな》みに、物的事象ではないもの、たとえば立正大学というものを特定する仕方はどういうものだろうか。[2]）本人自身が、自己をまずはどういう体であるか、ということにおいて捉える。体としての捉えには、男か女か、年齢はどのくらいか、走るのが速いか、病気がちか、なども含まれる。しかるに、俊足か病弱かはともかく、右記のあれこれの事柄は見ればおおよそは分かる。体は他の人から見られるものなのである。もちろん私たちは衣服を身につけた状態で見られるのが普通なのだが[3]。

そこで対面しての自己紹介では、見れば分かることはわざわざ言いはしない。では、何を言えば自己紹介になるのか。出身地、趣味、性格などさまざまなことを人は語る。これらは体を見ても分からない。これらを言うことは、人は人をさまざまな意味連関のもとで理解しようとするのだ、ということに根ざしている。だが今は、まず名について考えよう。

名刺交換は一種の自己紹介だが、(ペンネームや芸名なども含めた)名前が最も重要で、名無しの名刺というものはない。クラス替えがあったばかりの高校生が新たな仲間に自己紹介をするときにも、名前を言わないことには始まらない。しかし名前で、もしかして沖縄出身かな、などと推測できることは別にして、名前は人がどういう人物かを語らない。名前は一貫して同じ人を指すためのもので、人を特定するのが体であってみれば、特定の体(特に普通は顔[4])と結びつくのでなければならない。

けれども、このようなことだけが大事だというのなら、他のさまざまなものの名の役割と変わらない。人の名で重要なのは、その名を、名をもつ人が自ら名乗るということである。「私は……」と言うことができる人が、その「私＝自己」を名によって指し示し、そうして、その自己を他の人々も認め、かつ、その名で呼んでくれるように要請することが名乗ることである。名前を呼ばれれば返事する、これは、犬の吠え声や車のクラクションを聞いて音のする方向を振り向くのとは違う事態である。人と人とは向き合い、双方向で働きかけ合うものだが、名はその交流を円滑にし、また持続的なものにする。

(2) 時の推移とともにある現実と意味次元

持続的とはどういうことか。人々は体のレベルでその都度に関係し合う(顔を見交わす、会釈する、押し倒す等々)だけではなく、過去を考慮し未来を展望する仕方で人との関わり方を決める。いや、人に限らず事象全般に対して、そのような関わり方をすることは多い。しかるに、時の流れというものに対してこのような仕方で対処する人の有り方というものは、一般に人が「意味が力をもち秩序をつくる世界」で生きることに根ざしている。人は黒雲を見て、降り出すかも知れない雨を想い、濡れた地面で昨夜の雨を知る。これらのとき雨は、黒雲や濡れた地面によって呼び出されるもの、言い換えれば黒雲等が意味する意味内容という資格で経験される。

黒雲が湧き起こったときに蛙が鳴き出すとき、私たちは蛙が雨を予知していると言いもするが、蛙はそのときの気象、日照や空気の変化に反応しているに過ぎない。その都度の現在を生きているだけであって、雨とは当分は関係ない。猟犬は或る匂いを追跡し、人は糞や齧られたり折られたりしている若枝を追跡する。人は、糞などは其処《そこ》にエゾジカが居たことを示していて、真新しい糞はもうすぐシカに追いつけることを意味すると、判断する。つまりは、いま目にする事柄から過去へ、また未来へと想いを馳せる。だが犬は、「匂いは其処を通り過ぎた兎を意味している」というふうに匂いを経験するのではない。途切れたり、また見つかったり、急に強くなるなどする匂いの現実に応じているのである。そうして、そのうちに目が兎の姿を捕らえると兎に飛びかかったり吠えたりするときには、犬の現在の動きを突き動かすものが「匂い」から「見えて動く兎」に変わっただけなのである。犬も蛙と同じく現在を生きるだけである。

ここで、他の動物とは違った人間の知覚の有りようを、そのさまざまな様態において確認する作業はしない。それら様態の中で、想像すること（黒雲を見て雨を想像する）、意味事象を感受すること（黒雲から雨に向かうという方向のもとで黒雲と雨との関係――意味するものと意味内容との関係――に敏感で、意味内容に関心が向く）、一般化して概念的に事柄を捉えること（この黒雲を別の黒雲と同様のものとして一般性において理解し、夕立の雨やら長雨やらを一般に雨というものとして把握する）、これらは一続きの働きであり、知覚の時間である現在において、その時の縛りから人を連れ出すことに注意したい。

想われただけの雨は、細部が確定していない抽象的なものに留まる。「激しい夕立」を想い浮かべれば、しとしと降る雨とは違うのだから「雨一般」よりは具体性を帯びているが、想い浮かべられた夕立は実際にやってくる雨の、すべてが確定した現実性をもたない。また、濡れた地面を早朝に見て、昨夜は雨が降ったなと想うとき、その雨がどのようなものであったかは確定していたであろうが、濡れた地面によって呼び出された意味事象としての雨は確定した細部を有さない。そうして、どのような雨を想い浮かべるかは想い浮かべる人次第だという気儘《きまま》さもある。

翻り、仮に現実の雨を知覚するなら限《き》りなく発見してゆける雨の細部、ただし気儘に埋めてゆくわけにはゆかない確定した細部があり、また、雨の降り方が変わると、その変化に即した知覚しか得ることはできない。雨が知覚に先立っているわけで、ここに雨の現実性がある。そうして、その現実は変化してゆく時間的な性格のものである。そこで、黒雲を現に目にするという場合に戻って考えるに、黒雲にこだわり知覚によって無際限の発見をしてゆくことには無頓着で、黒雲の知覚を雨を想うことの縁《よすが》に留めるときには、人は、時の推移とともにある現実を離れた意味次元へと浮遊もしているのである。

（３）意味世界を生きる

だが、このように、現に目にする黒雲や濡れた地面から、今は降っていない雨を想うことへの移行（意味次元への移行）は既に大したことだが、しかし、このような連結（黒雲↓くるだろう雨、濡れた地面↓昨夜の雨、一般化して、何かを指し示す事象↓指し示される意味事象）がばらばらにあるだけでは、それ自身が多様な要素をもちつつ内的構造をもち、そのことで持続的なものとして持ちこたえる意味世界は生まれない。さまざまな内容でもって人を誘う意味世界をつくるためにさまざまな意味事象を織り合わせてゆくのは言葉である。（「意味内容」と言うときには「意味する側」との関係を意識しているときで、「意味事象」と言うときには既に互いにさまざまな連関をなすことで一つのいわば半自律的な「意味世界」をつくっているもの、つまり「意味世界」の構成員という側面に注意をおく場合である。）

確かに、言葉の始まりにして根幹にあるのは、音声による人への働きかけである。その働きかけも最初は相手が音声を聞いたその瞬間に成就することだった。それは、焼いている魚を狙ってそろりとやってきた猫に気づいて大声を出すことで猫の動きを止める、それと似たようなこととして生まれる。けれども、人と人との間で幾つもの音声が同じ役割をもって反復されるようになるとき、音声は何かを意味する言葉へと変貌する。人が主導する反復が生み出す一般性は意味次元を開くのである。（ちなみに、猫が林檎には目も向けず魚ばかりを、どれも魚であるものを食べるなどは、いわば行動による分類の実行であるが、これは同種のものに出会うことの反復が引き出す行動でしかなく、意味次元を必要としない。）

ここで、黒雲を見る、雨を想像する、これらのことに「黒雲」や「雨」という言葉（語）、「黒い」や「激しい」等の言葉が関係するのかしないのか、関係する場合にはどのように関係するか、そのさまざまを考察することは本書では控えざるを得ない。ただ、次のことは指摘しておきたい[5]。

語は言葉の外の現実と関係づけられることによってだけではなく他の諸々の語と関係をもつことでも意味を獲得してゆく

ものであり、これら両者の関係がつくる言葉の内外にわたる編み目を通じて、その大筋においては安定した意味世界を各人がつくりあげてゆく道具となる。そうして、同じ言語(語の集合と文)を用いる人々の間では、道具が共通なのだから、各人がつくってゆく意味世界は、規模の大小、細部の個性に大きな違いがありながら、相互に似たようなものとなる。それはむしろ、あたかも広大な共通の意味世界に参与した上で、そこから必要に応じて断片を取り出し変容させ、僅かの部分に独自の色合いのものを生み出してゆくことでできているかのようである。語は諸個人によって使用されなければ消滅するのに各個人の外部にある。また、使われ方によってその意味を更新する可能性はあるのに、語は核となる意味を内蔵、保守し、そこで語の流通は人々をまるで同じ意味世界に招くかのようである。(いや、まるで、ではなく実際に同じと言ってよい意味世界部分もある。できる限り厳格な仕方での使用が要請される言葉の群れによってのみ成立可能な社会の制度的構築物が拠って立つ部分である。)

こうして人は、知覚できる現在の事柄に言葉を適用する限りでは必ず、それらの事柄に言葉が織りなす意味世界を通した捉え方をするのである。(また、私たちの社会というものは固定的意味を中核とすることで初めて存立する事柄によって満たされている。或る組織、たとえば青森銀行が持続して存在し機能するには、「青森銀行」という言葉が指し示す事柄——預金や送金ができるとか——が定まっているのでなければならない。)

私たちは呼吸し動き回ったりして生きていると同時に、意味世界を生きている。意味世界を生きるとは、その都度の現在に密着した存在仕方から抜け出て、時間の推移を越えて効力をもつ意味に導かれた有り方を選び得るということである。意味というものは、想像する力をもつ者によって捉えられ、一般性をもつ概念的なものであり、かつ、その反復して感受されるという性格ゆえに、感受する人において時の推移を越えた効力をもつ。

さて、言葉の中で人の名という語はその名をもつ人自身を意味世界の一構成員にしてゆく。先に、名は名をもつ人がどういう人物であるかを語らないと述べたが、にも拘わらず、名はさまざまな内容を集めてゆくことができるからである[6]。そうして、人と人との交流は、その都度の対面的なものであるだけではなく、意味世界でなされるものともなる。また、それゆえにそれぞれの時に閉じこめられずに時の推移を生き延びるものとなる可能性を得る。特に人の名を口にすれば、その名をもつ人のことを、その人が不在であっても想い出せる。（言葉一般については、声という音の重要性に注意した後で、内語が開く想いの世界の広大さに目を遣るべきである。）

（4）変わりながら同じであるもの――「自己同一性」の二つの概念――

人が自己紹介するとき、名を告げるだけに終わらない多くの場合に、人は名のもとで理解してもらいたいあれこれを述べる。しかるに、それはその瞬間の自分がどうであるかを人に言うのではない。「今、すごく緊張しています」とかの口上を述べる場合でも、それは主たる内容となり得ない。自己紹介は或る長いスパンで変わらない自己の特徴（自分自身で了解している限りの特徴）を述べつつ、何よりこれから先のことを念頭になされる。それは自己紹介している相手と或る関係を結んでいこうという意志表示であり、相手への働きかけなのである。そこでそこには、一見は矛盾する二つの当然視された前提がある。己は時が流れることでも変わることなく己であり続けるということと、しかし、その己は新しい有り方へと移行してゆくものであるということと。

実のところ、私たちが生きる時間的な世界では、そこに人が個的事象を認める限りでは[7]それらはすべて変化しつつ（或る持続する時の間）自己同一性を保つものとして理解される。先に、或る人を特定するとは体を特定することだ、と確認したが、その体も変化しつつ同一のものと了解されている。そもそも変化を語るには、変化を受け入れる自己同一的なものを前提しないわけにはゆかない。ただし、ここで便宜的に使っている「自己」という言葉には、人それぞれの「自己」を言うときの内容は見られない。このすっかり赤いトマトが昨日収穫したときの上部が緑色だったトマトと同じなんだ、という場合などの「個的なものが同じそのものであり続けるという意味での同一性」を、これもトマト、あれもトマトという「種としての同一性」と区別して言うために「自己同一性」と言っているのでしかないからである。（だから「個的同一性」と呼ぶ方が適切なのかも知れない。）これは、いわば人が何かを外から見る自己同一性で、特に、その何かに違った時に出会う場合に働く概念である。

しかるに人は自分自身の自己同一性を認める。この認めることは、自己は現在にしか存在しないにも拘わらず、過去の自分を引き取り、かつ、これからの自分を自分なりに選びつくってゆこう、新しい有り方へ移行しようとする人のあり方と一体になっている。言い換えれば、自分自身を、単に変わりながら同じであるものと認めるだけではなく、どのような内容で同じであり、どのように変わってゆくかを自分で想い浮かべたり選んだりするのが人間なのである。

そこで、自己紹介の前提となっているもの、という話題に戻れば、この新しい有り方への移行を実現するのに自分自身の意図や希望、努力などが関与できるという更なる前提があるし、自分がどのような有り方をするかに身近な人を始めさまざまな人々との関係が入り込んでくるということの理解もある。人との関係は、気象とか動植物とか、地面や川とかの自然の事象との関係とは違う。それは、どの人もそれぞれの自己として、言い換えれば変化しつつ同じ己であるものとして過去を引き取りつつこれからの己の有り方を模索し、その一環で他の人とあれこれの関係を取ろうとしてくるからである。

過去を引き取るとはどういうことだろうか。

(5) 過去の（評価による）効力と人相互の関わり

何事であれ（個的なものの場合も同種類の事柄の場合も）その来歴（ないし過去の事例）を知ることにはそのものに対処するに当たっての実践的な利点がある。さまざまな事柄は「おおよその」仕方で反復することが多いので、過去を知れば未来の予測可能性が増大するからである。けれども、過去を引き取るというのは、そのような知識の事柄ではない。過去の知識は、それから、過去がこれこれであったから現在はこのようなのだ、また、次にはこのようになるのではないか、という関係についての知識ないし推測も、過去の事柄は過ぎたことで、もはや、ない、ということを変えはしない。過去の有りようが違っていたなら現在は別様になっていたに違いないが、それでも過去は現在の事柄に流れ込みそれに変貌する仕方で消えている。

ところが人は、人が関与する事柄については、過去を過去の資格で気に懸ける。気に懸けるとは、過去自体をいわば評価することと一体になっている。自分の過去で言えば、或ることを後悔するとか誇りに思うとかでは、このことは明白である。単に想い出を辿る場合でさえ、単に記憶の問題だというわけではない。楽しかったとか辛かったとかの価値的響きを伴った事柄こそが想い起こされるのだから。

過失の事柄に対して責任を取るというのはどうだろう。この場合にも価値判断は関与していて、更にこれは、これから何かをする（そのことで責任を取る）という未来の選びと切り離せないし、ほとんどの場合に他の人々に向けてのものである。事柄の評価は孤立していない。一方で、既に生じた（ないし生じさせた）ことはなかったことにできないが、時の推移の中での価値のバランス等を考慮して評価する部分はあるのだし、私たちは総じて未来を常により良いものにしようと望む。

他方、自分にとっての価値評価（また自分がなす価値評価）だけではなく、他の人々がどのように評価するかも絡んでいる。結局、人と関わりをもつ限りでは、己に関する事柄を自己評価すると同時に人がその事柄をどう評価するかを気に掛け、人に関する事柄を自分が評価し、その人自身はどのように評価しているかを推測し、それらの交錯する諸評価ゆえに自分はどのように振る舞えばよいかを考え、人がどのように振る舞うかの期待をもつのである。しかも、このようなことが自分と他の人との相互で生じ、かつ、生じることの順序が偶々《たまたま》どのようになるかで事態の動きが変わってくる。

例を挙げれば、人が為したことに敬意を評すると、その人に対する振る舞いもそこから定まってくる。あるいは人が（先方から）自分の或る過去を理由とした振る舞いをこちらが為すことを期待することだってある。十年前のオリンピックで優勝したことで、いまも人々から称賛の目で見てみてくれて当然だ、というふうに。逆に、或る犯罪をおかして更生した人が、過去のことは忘れてもらいたいのに、と空しく願う状況にいるかも知れない。自分では、過去を（償い精算するという仕方で）引き受けつつ新しい自己となるために懸命の努力をした、その重さが人の目に映り、そうして人々は現在のその人にこそ目を注ぐことが望ましいのに、過去の「過去という資格での」効力が余りに強いことがある。（だから人では、感謝と並んで赦しが、生きることの是認、肯定のために必要とされる。）

（6）自己了解と他の人による理解

自己紹介に戻ろう。自己紹介の（名前の他《ほか》の）内容は場合によって千差万別だが、本人Aが自分がどういう者か了解していることの一部である。その自己了解だが、人は自己了解のあれこれのもとでさまざまに行動し、態度を取る。自分は或る職業人だから、男だから、夫だから、こうする、ということなどの他に、三日坊主の性格だから今度は努力して性格を変える、Pに頼られていると思っているから無理して手伝うなど、いろいろである。

では、自己紹介のときには、どのような了解内容を言うのか。自己紹介している相手とどのような関係を結んでいこうか、という観点で選ばれる事柄である。紹介内容がその関係を方向づけるということは間違いないのだから。出身地や趣味を言うときとは、そのことで共通の話題ができ、親密な関係へ向かうことを期待しているのかも知れない。(詐《いつわ》りの紹介をするという極めて特殊な場合すらないとは限らないが、この場合にもAには或る目論《もくろ》みがある。明らかなことは、Bの側がAについて何かを知ったと思い——言い換えれば、そういう了解をもち——、それに基づいてAと或る関係を取ろうとするだろう、ということである。なお、この事情を、知識とは何かの観点から考察することができるが、ここではしない。重要なのは、真偽の問題はさておいて、了解が効力をもつということである。「私は映画が大好きです」とは自分の趣味についての素直な了解の表明であるが、この場合はどうだろうか。映画好きの基準が人によって大きく違うときには、「実際はそれほど好きではないじゃないか」ともなりかねない。けれども、では映画に誘おう、ということは起こり得る。)

さて、或る人との付き合いは自己紹介から始まるとは限らない。誰かCがAをBに紹介することが切っ掛けだという場合、たとえばCが「Aさんは織田信長的性格の人です」とBに紹介する場合を考えてみる。するとAが「Cさんは私のことをそのように思っているのか」とびっくりする場合、言い換えれば紹介内容が自己了解と大きく違うこともあるだろう。あるいは、成る程と感じつつ、それを殊更《ことさら》に口にするCさんについて、Aは新たな発見をし或る感じ方をする場合もあろう。そして、この紹介という出来事がその後のAとBとの関係の有り方だけではなく、AのCとの接し方に影響を及ぼすことがあるかも知れない。なお、そもそもA、B、C三人が「織田信長的性格」ということで想い浮かべる内容が幾分か異なり、Cはこの紹介によってAについて何をBに伝えたのか、はっきりしないということもあり得る。ただ、そうであったとしても、この紹介の事実は、その後の三人の付き合い方に何らかの跡を残す可能性は高い。

(7)「個人情報」

ここで、「自分がどのような者であるか」ということの一部が知られることを基《もと》に他からの働きかけがある場合として、現代の大問題となっている「個人情報」について考えてみよう。役所や医院が管理している個人情報、職場がもっている情報のようなものもあれば、或る企業の記名アンケートに答えたことで企業が所有することになった情報、たとえば年に何回くらい旅行するか、どんなスポーツが好きか等の情報、あるいはクレジットカードを使うことで残る購買履歴等、或る個人のさまざまな面に関する情報があれこれの場所に或る期間、蓄積される。これらの「情報」と称するもの個々の内容の性格もさまざまである。生年月日や家族構成のような真偽が言えるもの、個人の単なる大雑把な感想、情報の流失と悪用を懸念してAによってわざと出鱈目《でたらめ》に申告された内容などがある。(ただ、そういう内容が或る経緯で出てきたという事実自身に関する情報には知識の資格を与えてよい。)

さて、「情報」とは意味世界の構成物である。そこで、個人情報と言いながら、それは或る誰かの「個人情報」でしかないという未だ抽象的な次元に留まる場合も多い。情報が統計処理のデータとして利用されるときなどである。しかし当然に、この誰かが特定の人に結びつく態勢はいつだってある。つまり、具体的次元へと降りてゆくのである。Aについての情報を得た側は、その情報をもとにAとの関わり方を決めることができる。企業による商品やサービスの(ダイレクトメールや電話等による)宣伝、勧誘などはすぐに思いつく。もっと根本的なところでは、勤務先、役所、保健所などがもつ情報は、Aを社会へ組み込む制度的な事柄が機能するのに不可欠のものである。この制度的な関わりは、一過性的なものに留まるかも知れない前者と違って、強固なものである。

ただし、企業が、Aさんは旅行好きらしいからこの商品を売り込もうという場合や、保健所が四〇歳になったAに癌検診の案内を送付する場合、企業や保健所にとってAは、名や住所等によって特定されている具体的な或る人物であるのに、いわば顔をもたない。その他大勢の中の一人という位置をしか占めない。別の言い方をすれば、情報を基にしたこれらのようなAとの関わりは、関わる側が対面的にAを知ることなしでもなされ得る。Aというのは、或る特定の体の指定によって限定されるのであるのに、である。

他方、Aの側から考えるとどうか。自分からなす自己紹介の内容も個人情報の小さな一つという位置を占め得るが、自分についてのいわゆる「個人情報」には、自分のことなのに知らない事柄が一杯詰まっているという場合が普通である。或る年度の所得や支払った税等の一覧、どういう買い物をしたかの詳しい記録、医院のカルテに記されたデータなど、膨大な内容を本人がすべて把握していることはあり得ない。それから、噂すら個人情報の一部という位置を占めることもあるが、自分についての或る噂があることを知らないときに、どうして噂の内容を知っていることがあろうか。しかし、あれこれの個人情報に基づき、自分に働きかけてくる人や組織がさまざまにあるのである。そうして情報とは意味事象であるのだから、それらの人や組織にとって自分の存在は或る意味のもとでのみの何か(別の言い方をすれば、或る価値――正や負の価値――を見いだされる存在)である。

(8) 自己

けれども、もちろん人は生身の人間である。私は、人を特定するとは体を特定することだという当たり前のことに殊更《ことさら》注意を促したし、自己紹介における対面の契機も話題にした。意味世界を経由して人と人との関係が結ばれるとしても、人々の体が同じ世界で共存しているという前提なしに、意味世界をも生きる人という存在はない。体は適切な環境なしでは存在しないが、それぞれの体にとっての環境は他の人の体にとっても環境であり、それは共通の物質的世界でできている。

確かに、人は意味世界を生きるゆえに、また、死を考える或る仕方をも理由にして、人というものを体なしでもあり得る精神(あるいは魂)として規定するたぐいの思想(これ自体、一連の意味事象という資格をもつ)も生まれる。だが、人のその都度の現在の生々しい存在の核を成すのは体である。体の状態を告げる感覚、体の特殊な器官のお陰で可能な環境の知覚、そして、環境中の諸事象を相手になす行動(行動全体ではなく、現に遂行しているそのこと)、これら三者が、人の現在という時間を定義する。(体の感覚は各自に固有の事柄で、他方、体の外の物質的世界は各人には知覚によって経験され、その経験にも各人各様の仕方があるのではあるが、人は、自分が知覚するのと同じ世界を他の人々も知覚しているのだ、という確信をもっている。というのも、知覚は行動を導き、行動によって人は自分の体と諸々の知覚事象とが同等の資格の存在であることを当然とするのであり、しかるに他の人とは知覚事象のうちで自分と同じような体をしたもので、だから自分と同じような仕方で存在し行動するものだと自《おの》ずと理解するからである。）そうして、意味世界は現在に閉じこめられず広がっているが、あれこれの意味事象を感受するそのことも人のその都度の現在を満たすのである。そうして、この感受の有りようも、感覚、知覚、行動の三者の現在の有りようも、先に雨の知覚を例に述べたことと同じように、細部まで確定し、かつ、移りゆく。

しかるに、私たちはその移りゆくことを知っていて、しかも単に知っているだけではなく、移りゆいてもはやない自分の過去を引き取り、未だない未来を引き寄せる仕方で、自己を生成させようとする。その自己は、現には不在の内容を含むゆえに意味次元でしか象られない一つの意味事象である。

ただ、他の諸々の意味事象とは違って、しょっちゅう気に懸かる（従って重要な）意味事象であり、かつ、気に懸けるそのことが己の現在の事柄として回収され、それゆえに意味事象としての自己は己の現実存在と一体化しようとしながら、そのときの己に意味と評価価値とを与える、そういうものである。人は時の流れを通じて内容を得てゆく自己という存在を最終的には肯定するべく、未来に願わしい内容を与えようと欲し、それが叶えられることを願いながら、さまざまな有り方で時の推移を生きる。

第4章　言葉と価値
——意味世界は価値世界である——

本章の主題

言葉は何かについて述べ、その内容を伝達するものだと、無造作に考えられることが多いかも知れない。言葉はコミュニケーションの第一の道具であり、コミュニケーションとは相互理解のことだというわけである。けれども、言葉は誰かが(一人か多数の)誰かに向かって言う(ないし書く)ものであり、そのことによって、言葉を使う人は相手に何か働きかけるのである。伝達が前面に出ているように思える場合でも、伝達、より正確には伝達内容の理解が終点であるのではない。伝達によって何かをなすために伝達はなされる。言葉を聞いて伝達を受け取り理解する相手において生じる何か、あるいは相手を通じて生じる何かを目指して、言葉による伝達も試みられるのである。だから、言葉を一般にその働きにおいて、言葉が言葉を聞く人に作用するその作用の有り方において捉えることが重要だ。

言葉が、たとえば法律の制定のために用いられるような場合には、言葉は、その言葉を人が理解しようと否とに限らず、その法律の適用下にある人々の生活に大きな影響を及ぼす。言葉の人への作用は直接的なものではない。このような言葉の働きを検討することも、社会の成り立ちを理解するには重要である。けれども、言葉をその最初の発生の場で考えるなら、誰かに向かって発せられ、その相手に作用する言葉の働きを、まず取り上げるべきであろう。

或る言葉の効果がどのようなものであるかは、その言葉を受け取る側次第だ、しかもその受け取ったときの独特な状況におけるその人の受け取り方次第だ、という大原則がある。そして、言葉を用いる側、発する人の側でさえ、用いつつその言葉をあらためて聞く(ないし読む)わけで、言葉を働かせようとする自分自身が言葉の働きによって何らかの作用を受けることもないわけではない。言葉の働きには不意打ち的な、思いがけない側面がある。しかしながらもちろん、他面、言葉の働き方には安定性がある。そうでないなら、言葉を使うのは危なくてしょうがない。

その安定性ということに注意を向けると、言葉は使われる領域によって違った安定性のもとで違った働きをすることに気づく。そこで、言葉が特有な仕方で力を発揮する幾つかの領域、場所を取り上げ、その仕方、効力、限界、危険などについて論じることは、非常に興味深い。

しかしながら本章では、言葉が用いられるさまざまな場所の相違を越えていつでも生じること、すなわち言葉が価値評価を促すということを論じる。評価を表現するための言葉だけが価値世界と関係をもつのではないこと、単なる事実描写のつもりに過ぎないたぐいの言葉も評価作用に巻き込まれざるを得ないことを、その作用の諸例を通じて示す。

実際、言葉は意味を担うが、何らかの価値評価を携えていない言葉はない。「美しい」「粗悪品」などの語が価値評価を含んでいるのはもちろんだが、このような評価語だけではなく、たとえば「街道」「繁華街」「裏通り」などの語が例示するように、一般に語はそれぞれに、必ずしも固定的ではないけれども或る評価を引き連れている。「価値判断」と「事実判断」との対比にみられるように、没価値的である(何の価値評価も含まない、価値的含みがない)かのような「事実」という語の場合を考えてさえ、この語自身が、その意味内容(夢や幻想とは違って、否定できない確固たるものとしてあるもの——ないし生じたもの——、まさに事実であるもの、という意味内容)を担うとともに、もう、「事実」として名指されるものに或る評価を与えてしまう、そういう傾きを消し去ることはできない。確固としていてどんなにしても無視できない、その点で重要な事柄なのだ、というふうに。

そもそも何であれ「何かの意味をもつもの」とは、その意味内容が正負いずれであれ「重要である」からこそ、己をその意味の方へと差し向ける構造をもつのである。すると私たちが、意味の優れた担い手としての言葉の世界に関わるとは、さまざまな価値評価の仕方に巻きこまれることでもあるのだ。ただし、あからさまに評価を表す語（評価語）と、そうではない語がある。そこで、評価語が入らない言葉を（文として）用いるとき、私たちは意味に心を奪われながら、その意味世界と関わることが同時に価値世界にも関わっていることだとは余り自覚しない。しかし、自覚的ではないけれども、私たちはやはり価値世界に引き込まれているのである。そこで、このことに目を向けることで初めて浮かび上がってくる言葉の働きのさまざまな仕方、これを論じたい。

第1節　語が抱え込む評価的響き

(1) 言葉の作用——意味と評価的力——

「言うは易しく、行うは難《かた》し。」大抵の場合がそうである。けれども、言うことが非常に難《むずか》しいときもある。第一に、どう言えばよいか、それが難しい場合。誰かに或ることを注意してあげたい、けれども、傷つけずに言うためにはどう言えばよいのか、というような場合だ。第二に、言うとすれば何をどう言えばよいか分かっているけれども、言うことそのことにエネルギーが要る、あるいは勇気が要るから難しいという場合もある。たとえばグループの意見が良いムードで或る方向に行こうとしているときに重大なことに気づく、それを指摘しようか、水をさすことになるに違いないが、どうしよう？　というような場面だ。あるいは、集団の中でなるべく目立たないようにしていたい人が、発言すると注意を惹くことになるので……、というような場合。

言うことの難しさは、言うことが大きな作用をする、という自覚からくる。そこで、作用するとは行うことなのであって、言うことが行うことに他ならない場合には1、だから難しい、というふうに考え、冒頭の格言の後半部（「行うは難し」）は相変わらず正しい、とすることもできる。「意見を言え」と言うのは簡単だけど、「意見を言う」ことを実際に行うのは難しいよ、というとき、言うという行動が問題なのだ。けれども、私はここで、言語行為論やコミュニケーション的行為論で馴染みの分析を取り上げようというのではない。言葉について考えるとは命題について考えることで、そのときの中心にあるのは真偽やその確実性の問題だ、と考えるような前提を相手にするときだけ、言うことの行動としての性格を殊更に強調することに意義がある。しかるに、言うことが実効的である場合、それは(いわゆる「言語行為」に限定することなく)いつだって行動、対人行動なのである。

言うことが大きな作用をするとき、その作用はもちろん、人もしくは人の世界で生じる。口から出る空気の動きとしては、言葉は蝋燭《ろうそく》の火を吹き消す息ほどの働きもない。実った稲を啄《ついば》みにくるスズメを追い払うための音としては、言葉という音声よりは、手を打ち鳴らすか、空き缶を棒で叩いて出す音の方がよほど効果的だ。そこで、人に言葉が作用するとき、もちろん大声で人を驚かすとか魅惑的な声でうっとりさせるとかの場合もあるが、また、口調など言葉の表情がもつ力も無視できないが、言葉を聞く人がその意味を理解することによって作用する、これが基本である[2]。この基本は、文字という形の場合も壊れない。誰でも知っていることだ。

だが、以下では、意味を通じての言葉の作用には、言葉を用いる人、聞く(読む)人を言葉の評価的力によって価値的世界へ引き入れるという側面があること、これに焦点をあてたい。これは言語論で十分な広がりにおいて論ずることはなされてこなかったからである。言葉はその評価する力によって、入り組み、陰翳をもち、非常に複雑な諸価値の世界を成立させる[3]。そして、それは三つの仕方で、である。一つはあからさまに。もう一つは表立たないけれども、極めて強固な仕方で。第三は、制度的な評価システムの構築に言葉が関与しないわけにはゆかないことによって。第三の事柄では言葉は副次的であるから、ここでは最初の二つの場合を考察する。しかも、語のレベルと文のレベルの二つで考察しなければならない。

(2) 評価語——形容語——

相手の人自身あるいはその人が関わる何についてであれ、「素敵だね」と言われると大抵の人は喜ぶだろう。仕事の成果について「酷い出来だ」と言われれば、人は腐る、あるいは憤慨する。（もちろん、どちらの場合も、言葉を字義通りにストレートに受け取ってよい場合のことである。）「素晴らしい」「上等」「かなり良い」「みすぼらしい」……、私たちは評価の微妙な差違を表す語、評価語をごまんともっている。評価語を用いるのは、何かを価値の観点で理解し位置づける、あからさまな遣り方である。評価語は、それぞれ或る安定的な評価仕方を内蔵している。その評価語をたっぷりともっていなければ困るくらいに私たち人間の世界ができているということは、注目に値する。

しかも、評価語が数多くあるだけではなく、評価語一つ一つの働きが文脈によって様子を変え、人々がそれを承知だというのも、感嘆すべきことではないか。たとえば商品に付された「高級品」とか「上質」とかの語、これは割り引いて受け取るというのが普通になる。「最高！」といった語を発することが、「期待外れもよいことだ」といった意味にもなる。このようなことと語が安定した内容をもっているということとは両立する。いや、語として安定した内容をもつからこそ、それを基礎に或る限定された範囲での多様な使い方、内容の盛り込み方もできる。

ところで、評価語は、何かを価値づけるのだから、形容語（形容詞・副詞など）が出発点であると思われる。そうして、文では述部に入るから[4]、主語省略文として、評価語単独で一つの文を形成することも多い。評価される相手が何であるかが状況で分かっていればよい。「素敵だ」という一語だけで、女性を表現する。場面が変われば、女性がいま着てみせている衣裳が（女性についても述べつつ衣裳に重点をおいて）素敵だ、ということになる。

実のところ、形容語は、いわゆる評価語ではなくとも、評価的な響きをもとうとする傾向がある。それは、形容語が表す事柄の様態とは、人が注目する様態であり、その様態は注目の契機となった或る重要な点をもち、その重要さの気づき方を語が映すからである。もちろん注目の契機はさまざまで、そこで働こうとする価値評価もその時々でさまざまで、かなり弱い場合も多い。方向性も明確でないまま、ともなりがちである。注意に値するという点が重要なのだからだ。これが、形容語がそのまま評価語になるというわけではない一応の理由である。

とは言え、多くの形容語は互いに対立的である組をつくろうとし、その対立は、人間の諸経験との関係で、場合々々で正負の評価へと転化しがちであるのもやはり事実である。「大きい」「小さい」、「固い」「軟らかい」、「固い」「脆い」、「明るい」「暗い」、「広い」「狭い」、「早い」「遅い」、「速い」「遅い」、「乾いている」「湿っている」、「鮮やか」「目立たない」などなどが用いられるさまざまな場面を想像すると確認できるだろう。そもそもが、さまざまな評価語に入ってゆく基本的な対立語、「高い」「低い」も、元はと言えば空間位置を対立的に捉えることから出発している。

　これら対立する形容語は、単に何かの事実的な有りようを指摘するだけの働きをもつのではない。その指摘はしばしば評価に直結している。もちろん、適用される相手が何であるかによって、評価が反対になるのは当然で、だから評価語と違って、語が固定的評価と安定的に結びついているわけではない。「大きい」ということが褒め言葉になる場合もあれば、失望の表現ともなる。しかしながら、確認すべきは、言葉で表現することが、対象の客観的描写に留まることを越え、描写そのことが既に描写対象の評価の表明ないし表現まで進んでいる、あるいは評価を滲ませている、抱え込んでいる、ということが多いことである。明示的評価では、評価と適切な評価語の使用とが一体になっている。評価語ではない形容語の場合、具体的場面での語の使用がおのずと付随的に評価を引き連れてしまう。いずれにせよ、言葉なしでは評価は埋もれたままになる。

　なお、或るものが何であるかを言う名詞（一般名詞）も、それが評価をあからさまに示す形容語起源であれば、それ自身が評価語として働くのも分かりやすい。「麗人」「上質紙」など。そうして、形容的評価語が、「素晴らしい」「駄目」と、その都度その都度、文の形で評価をあらわにしてゆく（また一般の形容語も使用のその都度、微妙な評価を滲ませてゆく）のと違って、名詞である評価語は、（言葉の現場での使用前の段階で）予《あらかじ》め評価を分類基準とした眼差しで私たちの世界の或る部分を見るよう私たちを促すべく、控えているのである。そして、あからさまな評価語ではなくとも互いに対立する内容をもつ形容語群には評価の響きを含んでしまう傾向があるなら、それらの形容語を起源とする（評価語でない）名詞も、同じ傾向をもたないわけにはゆかない。

(3)「男」と「男性」

ニュース番組のアナウンサーの声が途中から耳に入ってきて、「男は」あるいは「女が」、という言葉を聞くと、私たちは、犯罪者とか容疑者扱いになっているような人が話題になっているに違いないと思う。そして、「男性に」とか「女性の」といった語が聞こえてくると、それは被害者や目撃者その他の人のことを指しているのだろうと、ニュースの内容をよく把握しない段階でも思ってしまう。「男」と「男性」、「女」と「女性」とで明らかな使い分けがなされていて、聞く側もすぐに分かる。

この使い分けは、言葉が指す相手を単に区別だけするといった使い分けではない。評価の差が絡む使い分けである。「男」や「女」という語でニュースが伝えたい中心は、問題の人物の男女の別(それから副次的に、児童や少年少女ではない成年であること)なのであり、決して犯罪者である、不審者である等のことではない。それを言うためには「男」や「女」という言葉ではどうしても足りず、「容疑者の男」「不審な女」などと補う必要がある。けれども、「容疑者の男性」「不審な女性」だと座りがよくない。というのは、「男」「男性」「女」「女性」という言葉の違いの中心は男女の別を指すことでありながら、副次的に評価の差というものも引きつれているからである。

評価の差の方が副次的であるというのは、コマーシャルで「男は黙って……」とか「女ですもの」とかの科白《せりふ》が聞こえてくるときには、犯罪者であるような種類の男や女に関わりのある商品の宣伝をしているなど、誰も思いもしないということ、また「女ですもの」という言葉と「女性ですもの」という言葉が並べて用いられても、ニュアンスの差はあっても、二つの語の間に対比という効果までは決して出てこないことから理解できる。評価は文脈によって滲む効果なのである。

それでニュースという文脈では、被害者や目撃者は「男」や「女」と呼んではいけないのであり、そのいけなさは、そう呼ぶと、その人を尊重していないとか丁寧ではないとかのことになる、こういう感じ方に由来すると思われる。他方、事件を引き起こした人なら、遠慮せずに「男」と言って捨ててもかまわないと、こういう意識であろう。しかるに、尊重とか丁寧とかいうのは、言葉の事柄としては、いわゆる敬語法の領域に属する。言い換えれば、話し手、聞き手、話題になっている人(ないしは人——話し手、聞き手を含む、誰か——と関わりのある場所や物など)、三者間の評価的な関係が絡む言葉の使い方の問題である。こうして、「男」と「男性」、「女」と「女性」という何でもないような言葉が、敬語法で普通に取り上げられる語ではないにも拘わらず、それでも文脈によっては或る評価的な内容をほとんどきっぱりと引き連れることがある、このことが理解できる。

(4) 敬語法

敬語法そのことにおいて明らかな言葉の評価力については、ただ注意を促すだけで、ほとんど論じなくてもよいであろう。第一の理由。まさに大枠は分かりやすく、本章の枠内では論ずる必要がないだろうから。敬語ということで誰でも、一人称、二人称、三人称の代名詞のたくさんの種類、地位等に伴う呼称など、すぐに想い浮かべるだろう。あと、日本語の場合なら、助動詞や接頭語、接尾語なども、大きな役割を果たす。私が知っている方言では、評価の枠組みの中での人の位置を、「その人の動作を示す動詞に続く助動詞を変えることで」実に微妙に言い分ける仕方がある。ここで、枠組みというのには、上下の位置だけではなく、親しさの程度とかも入る。親しいかどうかを言うことも、値踏み、すなわち評価の一種を含むと考えてよい。例を挙げることは一切、省くが、人は各自で容易に多数リストアップし、さまざまな仕方で整理することができるだろう。

論じない二つめの理由。敬語法がカバーする評価の領域は狭く、言葉の意味世界がそのまま或る価値世界を構成するという本章の主題からすれば、付随的な論点でしかないからだ。言葉の評価力の分かりやすい例であるという点で言及する価値があったに過ぎない。

(5) 差別語――名詞――

ところで、差別語とされているものがある。差別語というのは概《おおむ》ね、特定の人々（と人に関わる事柄）を不当に低く扱って指す語と考えられている語のことである。そこで、名詞が多い。

差別語には二通りあると思われる。一つは、或るグループ全体を呼ぶのに、最初から蔑《さげす》むような意味合いをこめて言う場合の言葉。「穢多《えた》」とか「ジャップ」「ポーラック」とか。このうち後二者は、そのグループの呼称は既にあるのに、蔑視を表現するためにわざわざ別の呼び方をする場合である。（別と言っても、この場合は既存の語の変形でできている。）

しかるに、ということは、既にある呼称「ジャパニーズ」「ポーリッシュ（ポーランド人）」は評価的な響きをもっていなかった、と考えることができる。けれども、かなり多くの差別語とされているものは、仮に「ジャパニーズ」がそのまま（だから「ジャップ」のような特別の語が生じないままに）いつの間にか差別語になってしまったとする場合を想定するならそのときにみられるような成立過程をもつ。これが二通りの差別語のうちの二番目である。

私には、次のような経験がある。思想史に関する原稿を依頼され、その中で「片手落ち」「農夫」「鉱夫」という語を用いたら、出版社の方から、これらは差別語だから使用しないでください、と言われたのである。

これらのうち「農夫」「鉱夫」は名詞である。名詞は一般に、名付け、選びだす機能をもつが、固有名詞は別として、分類することを不可欠の契機として含む[5]。（語――有限である――は、意味によって語を適用する相手――無際限である――を区別するので、どれも分類する働きを含んでいる、と言ってもよいが、一般名詞は主目的そのものが分類することに関わる。尤も、由来からすれば、名詞は一般に、それが指し示すものの特徴を言うことで形成されることが多く、語の構成素材としては、動きを示す動詞的なものをも含めた広義の形容語と重なってくる。語の品詞的区別は語の機能に関する。）

分類の基準はさまざまだ。そうして、「農夫」「鉱夫」という名詞の場合、これらの語がなす分類は、もちろん評価を基準とした分類ではない。評価が基準になる分類に則った語も確かにあるが、僅かである。「一級品」とか「不良品」とか。これらは、形容語としての評価語から派生して生まれる名詞で、評価に即した分類を抱え込んでいる。

けれども、「一級品」や「不良品」という語の場合でさえ、評価を基準とした分類は、それに先立つ、より重要な分類を前提していて、その上で細分だけを問題にしているのである。つまり、「品」というのが何かは不明なままであるとしても、少なくとも物品で（「一級の鮪」というふうに、生き物も含み得る）商品的な扱いをされる可能性がありそうなものを選びだした上で、それら一群のメンバーについてなした評価結果を表している。そうして、「上質紙」という語の場合なら、紙が問題であることは明白である。要は、評価は、既に或るグループに分類されたものに関して、そのグループ内での評価を行うのが多いのであって、そこで、評価に基づく分類を示す名詞の場合も、その評価基準による分類（上質紙）に先立つ分類（紙）があるのであり、後者の分類の方は差し当たり、いわゆる評価に先立っていると思われるのである。

以上を確認した上で差別語の起源に話を戻そう。差別語とされている語は、「不良品」のような、評価を基準とした分類を示す語であろうか。そういうことはない。最初のグループ、「ジャップ」のような語の場合、既になされていた分類に蔑視のニュアンスを被《かぶ》せて登場したのである。そうして第二のグループは、ここでは敢えて（「鉱夫」「農夫」以外の）例を挙げることはしないが、かつては普通に使われていた語で、今は差別語扱いされる語である。そして、人々に使用するのを躊躇《ためら》わせる[6]。それらの語のほとんどは、その語で指示される人々を低く評価しているということを告げるための語ではなかった。評価という基準によってではなく別の観点で或る分類をなしつつ指し示す（選びだす）ための語でしかなかったと言ってよい。

だから第二のグループに関しては、しばしば人々はいろんな方面から、これは差別語だから、と聞かされて、そうかと理解してきた、そういう経緯があると思われる。そういう経緯がなければ差別語とも考えなかったことは大いにあり得る。私にしてから、私は「鉱夫」や「農夫」という語に、何らかの評価を籠めた意識などは毛頭ない。差別の響きを聞き取りもしなかった。今も、差別的な語感をもてずにいる。単に、仕事の種類で人を呼ぶ仕方としか思わなかった。（そうして、むしろ「鉱夫」や「農夫」と呼ばれる人を尊敬したくなるような響きすら感じる。）

では、評価なしの単なる分類を示すに過ぎぬと思われる語の幾つかが差別語扱いされる、それはどのようにしてか。ここでは、私は差別語を、単に、言葉の或る働き方を考察するための糸口の一つとして話題にしているのであるから、この問いを正面から扱うことはできない。ただ、二つのことを指摘する。

一つは、この問題に関して誰もが注意してきたこと、すなわち、或る語の使用によって差別されていると意識する側の人々の存在と、そのことに人々が敏感であるかどうかといったこと、つまりは差別語に固有の事柄。

二つめ、これが本章の主題では重要であるが、それは、あらゆる語が本来、評価に関わる部分を含んでいる、ということである。ただし、これまで述べてきたことから分かる通り、その評価は、（評価語は別にすれば）あからさまなものではない。だから、いわゆる差別につながるものでもない。

では、どういう評価か。語が意味をもつものとして成立し流通することにおいて必然的に抱え込む評価である。それで、或る語の差別語としての扱いは、その語が含むあれこれの評価の微かな響きをわざわざ特定の方向のもとで引きずりだし増幅する（時に、付加するとか歪める）ことで出てくるのである。そうして、なぜ引きずりだしや増幅が行われるかと言うと、やはり人や、職業とか場所のように人が関わるものを指す語である場合、人々はそこに含まれている評価の響きに敏感になるし、更に或る種の響きにはナーバスにもなる傾向があるからであろう。また、意地悪くそれを偏向的に目立たせようとする人もいるからだろう。

(6) 意味と価値

人に直接に関わる語ではなくとも一般に語が意味をもつものとして成立するそのこと、ここにおいて抱え込む評価とは、どのようなものだろうか。基礎にあるのは、次の事態である。一般に「意味をもつ」ものとは、言葉のように「特定のメッセージを担う」かどうかに拘わらず、何らか「重要なもの」であるという仕方で価値評価を引き寄せていること[7]。

私たちが生きる環境世界そのものが、食べ物となる果実、尖って皮膚を傷つけるかも知れない茨、固い地面、水が流れて向こう側に渡ることを邪魔する一方で食べ物となる魚が泳いでいる川、体を温めてくれる日向《ひなた》、暗くてよく見えない場所、強い風や冷たい風を防ぐ岩陰、といったふうに意味ある仕方で分節されているが、それは環境世界がさまざまな価値づけによって分節されているということである。そして、それら分節されたさまざまなものないし事柄の中で特に価値あるものは、語で表される価値がある。語は「何かを指し示すメッセージ」であるという仕方での意味内容をもつが、それはその意味内容として指示されている事柄が（正負いずれの方向であれ）価値あることを前提の上で成立しているのである。ただ、事柄をこそ表すという語の性格が前面に出るわけで、語にとっては事柄の価値は付けたりで付いてくるに過ぎない。

けれども、その先がある。語は互いに複雑な関係をとる。多数の語（とそれらがもつ意味内容）は連想その他の仕方で響き合い参照し合い、互いに内容を少し貸し与えたり相互の区別を際立たせあったりする。特に複合語の形成と語の比喩的使用とは、語と語とを緊密に結びつけ、それぞれの語の内容に縛りを与えるが豊かさをも与える8。このような事情を通して、語は、それと響き合い参照し合う語群のうちの評価的内容を濃くもつ語から評価的色合いを借り受け、それ自体で価値的響きを帯びてくる。そして、その後では語が（評価語でもないのに）事柄に目立たない仕方で価値付与をしてゆくという方向が出てくるのである。

（以上の叙述では、語として名詞を念頭におく方が分かりやすいと思われるが、事柄はもっと広範にみられることである。互いに対立関係にある形容詞や副詞の場合は既に述べた。動詞だと「流れる」「淀む」、「立つ」「倒れる」などを想い浮かべればよいだろう。）

(7) 複合語や比喩における評価的響きの成立

「表」と「裏」は空間的な内容をもっている語である。そして、葉っぱでも家でも、すぐに見える面が表で、空間を回り込んだ反対側が裏になる。だが、「裏がある」と言えば、元の空間的内容を表すということに支えられながらも、空間的内容とは違った意味をもってくる。「裏工作」「裏金」などでも、そうである。裏は表と違って当座は見えてない。ここから、更に、見えない方がよい、見せたくない、見せられない、見られたら困る、ということなどからくる或る評価的内容をもっている。

一般に「裏」を部分として含む語（複合語）は、その他、光が余り当たらない、陰とかいったイメージからも、また脚光を浴びたり飾られたりする表との対比からも、或る評価的な響きを引き寄せてしまう傾向があろう。そこで、「裏口」や「裏街道」などでは、そのイメージを増幅させることで、字義通りの意味の他に比喩的意味を獲得し、比喩の場合にははっきりと評価的内容を含むことになる。次の②の場合である。

「裏口」　①建物の裏側にある入口。②正当でない手段で物事をすること。
「裏街道」　①公式の街道ではない道路。②まっとうでない生き方[9]。

これが「裏通り」や「裏日本」という語なら、比喩語として用いられる場合の「裏口」「裏街道」などの語と違って、明白に評価的な内容というものはもっていない[10]。けれども、やはり或る微かな価値的響きをもってしまおうとするのは防げない。その要素である「裏」という語が、「裏がある」とか「裏工作」とかのマイナスのイメージをもつ語から流れてくるものを受け取らないわけにはゆかないからである。

これらの語では、語の価値付与の力は、評価語のようにあからさまに働くのではない。「裏通り」と言う、あるいは言われるとき、単純に「目抜き通り」から引っ込んだ道路だとの認識しかもたないことが多い。その通りを低く評価するというようなことは特にないのである。観光などでは、裏通りは人気スポットにすらなる。ただ、それでも「裏」という語を要素として含む複合語は大勢《たいせい》として、或る雰囲気のようなものとして、正に対して負、陽に対して陰に向かう評価的響きをもってしまうのである。

複合語ではない語は探すのが困難なほどで、その要素に何かしら評価的響きの強い語が入っていることは多い。また、比喩というのはしばしば、或る評価的側面を強調することで成立する。（名詞の場合、綽名《あだな》にもそのような側面がある。）

評価語ではないさまざまな語に含まれる評価的響きは、語を用いる人自身も気にかけない仕方で作用してしまう、そのようなものである。評価語のように、評価をストレートに表明することはない。婉曲的な評価表現として利用されるのですらない。勝手に語が評価の響きを帯び、それを、語の適用対象に持ち込む、あるいは対象を価値的世界に引き込むのである。ほとんどの場合、人は無自覚なまま、その働きをコントロールしようとも思わないであろう。

第2節　特定の人にむかって――諸価値が賭けられる言葉の現場――

言葉には意味だけを残し、評価ないし評価的響きの方は振り払う、というわけにはゆかない。没価値的な記述に言葉の理想を求めるような態度は、記述を可能にしているものを見そこなっている。理想的言語とは論理学的言語や数学的記述に近い形式を整えた言語のことだ、と当然のごとく前提してしまうのも、言葉の働きを狭い領域に閉じ込めようとして、価値に関わらざるを得ない言葉の魂とその躍動を見失うことであろう。言葉が価値に関わるとしたら、それは価値事象を叙述することによってである、と勘違いしてはいけない。言葉自身が評価を分泌して事象に価値を染み込ませるのである。

(1) 言葉の現場

さて、言葉は音声として本来、誰かから誰かに向かって発せられるのであり、声を出す人は特定の状況で特定のときに、聞く人と或る関係をとろうとしているのである。そこには何か価値文脈がある。そして、喋ることはすべて、呼びかけという要素を含む。しかし、注意を惹くだけの呼びかけなら、手を叩いて音を出すだけでも済む。こちらを向いた相手と心を通わせるにも、微笑むだけで十分なときもある。しかしながら、言葉にしかできないこと、それは意味を経由した働きかけである。

言葉が働く現場で、語が内蔵する潜在的に豊かな意味を、より限定した仕方で引きだすのは、文である。一語文があるにしても、文は出来事として線形の時間に添って現実化した言葉である。そして、語と語とが特定の関係をとることで或る構造をもつ意味事象が描かれ、もちろん、この意味事象は、現場の状況のあれこれの事柄に、時にはその場には不在の事柄ないし理念的でしかない事柄に、特定の仕方で注意を向けさせる働きをする。言葉を理解するとは、この働きによって然るべき事柄に注意し、それに気づくということである。言葉は言葉の外の物的、理念的世界を特定の相貌のもとで照らし、意味を与えると同時に、価値づける。(理念的世界はもともと言葉なしでは成立し得ない。それは意味の世界であり、取りも直さず価値の世界である。)その意味づけと価値付与は、言葉を発する側のイニシアチブで始まるが、言葉独自の働きがそこに加わり、言葉を聞く側は、言葉の力を媒介に言葉を発する人の働きかけを受ける。

言葉の力は、第一に注意を引き付ける力であり、第二に文全体としての意味の力、第三に個々の語の評価的響きの影響力である。最後のものは、評価語の場合にはあからさまで、人々は容易に気づく仕方でその力に向き合う。それも、言葉の語り手からのメッセージとして受け取るので、それに自覚的に自分の評価を対置させることもする。「素晴らしい」と言われれば、「そうだ」と賛同もできれば、「そうかな」と吟味することもできる。しかし、評価語が登場しない場合、影響力は目立たない仕方で働くのみである。描かれた意味事象が、それを描きだすために使われた語が分泌する評価的作用のお蔭で、細部に価値的な陰翳をもってしまう、それを、意味理解のついでに識《し》らず識らずに受け取ってしまうのである。

尤も、実のところは評価語が全く登場しない語りというものは少ない。だから、評価語が輝かす部分がアクセントとなりつつも、他の諸部分もしっかりとニュアンスを伝える絵、そのようなものが言葉によって浮かび上がらされるのであり、それが、言葉にされる以上は全体として重要な事柄であるという自明性のもとで、話し手から聞き手へと作用するのである。意味内容は伝達されるが(そして、そのことによって間接的に作用するが)、評価的力は作用する。

(2) 日常生活の中で

朝、起きての会話。「よく寝たな」、「私、まだ眠い」。「よく」という部分に、評価が出ている。「まだ」という語が、何かの不十分さを示し、この場合は、眠ることの不十分さだ。「寝たりないわ」「寝不足よ」と言えば、評価が一層明示的になる。そして、これらの会話は、もう過ぎた夜、寝ていたときのことを話題にしている一方、これから始まる今日の活動にどう向き合おうか、活動と今日という一日とをどのようなものにしていこうか、或る心の構えをつくっていこうとするものでもある。そして、「どう」とか「どのような」とかには、もちろん或る価値づけが含まれる。

外を見る、あるいは雨音を聞いて、思わず言う、「雨だね。」すると、この言葉がもう或る評価的響きをもつ。雨という事実を妻に教えることを含む場合ももちろんあるが、私が口にしなくても、妻もとっくに雨だと分かっているに違いないときも多い。そういうとき、妻が聞き取るのは、雨という事実よりはむしろ雨を確認する私の有りよう、私の気分などの方だ。その気分等は当然、雨に関係している。雨のことをわざわざ言うのには、雨はどうでもよいことではない、ということが含意されているのだから。

雨を嫌だな、と思っているのか、待望の雨だと嬉しがっているのか、それは場合によるが、その私のいわば評価、その場合々々で変わる評価が、語彙よりは口調の方で聞く者に伝わるのは確かである。けれども、語彙そのものが既にさまざまに可能な価値世界との結びつきを内蔵しているのも、もう一方の真実である。「良い天気だね」と言うときは晴れのときだ、というような慣習があり、だから「晴れ」と言えば良いというニュアンスをもつことなどに、この事情は明らかである。（経済天気図を語ることは、語のそういう作用を利用する。）

それから、もう一つ、評価が天候についてだけであるというのは、当たらない。「雨だ」と言葉を発する単純なことのうちに、外出、庭、寒さ、来客、二日後の旅行の計画、遠い地方での水不足等々、気に懸かるさまざまなものが、私の価値世界を形づくっているものの中から雨との関連で浮かび上がってくる。そして、それらは改めて評価の網にかかる。外出は取りやめてもいいんだ、いや、どうしたって出かけなければならない重要な用事だ、という具合に。庭木が喜ぶだろう、大切な木だからね。庭の手入れができない、荒れてゆくな。雨に濡れた庭もいいものだな、庭の魅力を再発見した、というふうに。そして、このように広がってゆく私の想いは、「雨」「濡れる」「外出」「嫌」「重要」「庭」「樹木」「喜ぶ」等の語を呼びだしてゆく言葉の展開とともにあってこそ可能なのである。

それで、「雨だ」という私の言葉を聞く妻はと言えば、一つには私の言葉のお蔭で雨という天候に注意が行って（注意を向けさせられて）、私と同様、さまざまな連関の網目を、「寒さ」や「洗濯」や「母の喘息《ぜんそく》」などの語群とともに辿り、この天候との関わりで自分はどうしよう、ということへと想いが動く。と同時に二つに、「雨だ」と言う或る心もちをもった私、或る価値的な事柄と関係している私にも何か対応し、私と関係をもとうとする。それが、言葉が発せられる場に居合わせた者の「聞く」ということだ。言葉が効果をもつということだ。次々の会話までは発展しなくともよい。

食事どき。「美味しいね」という言葉は、食べ物について述べている。けれども、料理した妻への讃辞でもある。それが妻にも分かる。だから、そこから更に関係が動いてゆく。「片づけて」と子どもに言うとき、行動を促す命令のようなものだけを述べているのではない。散らかっているのは嫌だ、と表明していると同時に、片づけていない子どもを困ったものだ、と評価しているようなことも含む。その評価は敏感な子どもには作用する。子どもはそれを受け、何か行動する、或る態度をとる。そして、そのことは私と或る関係をつくろうとすることでもある。

「青い服は?」と言う。それは、「青い服」という言葉で指示できる特定の服を選びだし、着用することを提案する裏面で、いま着ている服は似合わない、あるいは、これからする作業には適切ではない、あるいは、その服では暑いだろう、などの意味と価値判断を、状況に応じて語る。すると、この言葉を聞く側、妻は、私の判断に突き合わせつつ自分自身の価値判断を整えて、その判断に相応しい行動へ動く。

会話は、何かについて報告し合うことから成り立っているのではない。相手と関係を取りあうことが問題であり、その関係の一つとして、何かの伝達、行動の促しや禁止なども入ることがある、というに過ぎない。関係は働きかけによってつくられる。働きかけは、どうでもよい事柄ではなくさまざまに評価される事柄、これの価値に自分と相手とが気づいてゆくことで可能となる。伝達や促しなどにしても、この気づきの一つの部分様態に他ならない。言葉は、特定の事柄の選びだしやその有り様の叙述を、語の意味に頼ってなすが、語を用いた言葉の現場では、その事柄がさまざまな方向でさまざまなものと価値的な関わりをもつそのことこそが、事柄の選びだしの理由であり、その理由が聞き届けられなければ、会話は流産するのである。

(3) 心を映す言葉・心を開く言葉

さて、上の例では、言葉を聞く人は、言葉を発する人がどういう人か、それなりに既に理解している。状況も馴染みである。これに対して、よくは知らない人を相手にするときはどうか。あるいは、親しい人でも或る思いがけない事態に陥っているときは、どのような言葉で接するのがよいのか。

さまざまな理由で、相手と自分とが共に既に入り込んでいて評価の遣り取りがスムーズにゆく状況が、未だなかったり、失われていたりすることはある。関係を新しくつくること、働きかけ合いができる関係を始まらせることが、望ましいこととなる。

初対面でも、仕事上で会う人だと、共通の意味地盤がある。価格交渉のように一見は利害の対立がありそうな場合でも、基本的な価値意識では一致していて、既に関係を築いてゆこうという態勢にある。反対に、見知ってはいても、また実際には生活に立ち入る関係をとっていてさえ、人と人との「本当の」と形容したいたぐいの働きかけ合いの関係はできていない場合もある。(あるいは、ちぐはぐな関係や、気まずい関係だけしか生じない。)次の一連の引用は、フィクションだが、孤児のホームで暮らした経験をもつ少女の有りようを描いている作品からのものである[11]。

アンナには、はっきりわかっていることがありました。つまり、パーティーだの、親友だの、お茶によばれるのだということは、ほかの人たちには、とても大切な、すばらしいことなのです。なぜかというと、ほかの人たちは、みんな〝内側の人〟――なにか、目に見えない魔法の輪の内側にいる人だからです。でも、アンナ自身は、その輪の〝外側〟にいました。だから、そういうことは、アンナとは関係のないことでした。じつに、簡単明瞭なことでした(一二)。

それで、アンナは、「いつもの無表情な〝ふつうの〟顔でいる(六六)」ことで「けんめいに自分を守りとおし(三六)」、人々の中で何とかやってゆくことを身につけている。けれども、アンナは除《の》けものにされたりしているわけではない。彼女を引き取って育てているミセス・プレストンは、いつだって、とてもやさしい。ただ、ミセス・プレストンは、いつだって、とてもやさしいのですが、いつもいつも、心配ばかりしていました(九〇)。

そして、

ミセス・プレストンの心配そうな、注意ぶかいまなざしや、問題になっていることがらを用心に用心してさけようとする態度などから、アンナはかえって、そのことを意識させられたものでした(一七六)。

ミセス・プレストンは、と言えば、

いつも「……私、あの子のことでは、どうしていいか、ほんとにわからなくなりそうですわ。」というのでした(一一三)。

敵意も意地悪な心もないのに、むしろ求めているのに、求める関係をとるということの非常に簡単そうなことが、とても難しいことがある。しばらく転地してみることになったアンナを駅で見送るミセス・プレストンは言う。

「いい子にしてね。愉快にくらしていらっしゃい。そして……、元気に帰っていらっしゃい。」こういうと、ミセス・プレストンは片手をアンナの体にまわして、さよならのキスをしました。こうすることで、アンナが、〝あたたかく安全に守られ、大切に思われている〟と感じてくれるように願いながら。けれども、アンナには、ミセス・プレストンが、そう感じさせようとして、そうしているのがわかりました。――やめといてくれればいいのに――と、アンナは思いました。かえって、二人の間に壁ができてしまって、もうふつうに、さよならがいえなくなりました。――こんなことしないでくれれば、よその子どもたちがやすやすとやってのけているように、あたりまえにだきついて、しぜんにキスして、さよならがいえたのに。そして、それこそ、ミセス・プレストンがアンナにしてほしいことだのに——(七—八)。

「愉快に」「元気に帰って」という言葉の意味はもちろんアンナに分かっている。ミセス・プレストンの振る舞いの意味も分かる。けれども、言葉や振る舞いを通してミセス・プレストンが実現したかったことは成就しない。分かってもらうだけでは駄目なのである。そして、振る舞いはと言えば、願うこととは逆の作用をしてしまう。二人がどちらも分かる意味というものがあり、それは一方から他方へと伝わっている。ここには、意味が伝わることとして成立した関係がある。けれども、この意味を経由して生じる、より重要な関係、価値に関わる関係があるのであって、それが、求める関係とは違うものとなっているのである。

転地先からアンナはミセス・プレストンに葉書を書く。途中まで書いて、考えこむ。

どういうふうに書けば、ミセス・プレストンに、むりなく、しかも、自分の書いたことで、あとでのっぴきならなくならないように、自分がミセス・プレストンがすきだということを伝えられるでしょう(三二)。

ここでは、伝える／伝わることそのことが難しい、というふうになっている。けれども、ここでも、難しさの本当の中心は——言葉によって成し遂げたいことの中心は——、伝えることそのことよりは、更にその先にあるのだ。書き終えたあと、アンナは思う。

これで、ミセス・プレストンをよろこばせることができるのが、アンナにはわかっていました。大げさな、約束めいた言葉を並べなくても(三二)。

好きだと伝えることの先、喜ばせること、心に働きかけるということこそが肝腎で、そのように働く言葉を探すことが問題だったのである。このような働きかけはもちろん言葉を用いるのとは違った仕方ででも可能である。ミセス・プレストンは片手をアンナの体にまわしてキスをするという遣り方では失敗したけれども——願いとは逆の働きかけをしてしまったけれども——、思わずなしてしまう振る舞いでは、アンナに心を届かせることはできた。

急に胸がいっぱいになったらしく、ミセス・プレストンはすがりつくような顔で、列車について走りだしました。それを見た時、やっと、アンナの心の中で、なにかがやわらぎました（九—一〇）。

ただ、振る舞いは遠く離れた人に働きかけることはできない。言葉は、声という仕方では無理でも、手紙などの形では届くことができる。

言葉の作用は何層もの意味の構造を通して生じる。まず、使われている語を知っている必要がある。私がフランスの友人に手紙を日本語で書いても、友人は理解できず、言葉としては作用しない。何なんだろうと思わせるような、手紙を受け取ること自体が引き起こす何かはあるにせよ、である。フランス語の文章の一箇所に日本語を挿入した場合も、その部分が分からないなら、その語の働きに関しては同じようなことが言える。

語の配列がいわゆる文法を無視した滅茶苦茶である場合は、これはちゃんとした言葉ではないということで考慮外だとしても、語はすべて知っている語であり、文もちゃんとしていても、従ってそれを言葉として理解できても、いったい何のことか分からない、ということもある。引用している作品の中で、ミセス・プレストンの手紙に書かれた「匂い smell」という語を、もしかしたら「かいがら shelle」のことではないか、とアンナが確かめる場面がある（一四五）。また、その手紙に対するアンナの返事の葉書をたまたま見た（転地先の）老夫婦が、「ここの——浜辺は——においません」というアンナの文章を読み、間違いなくこのように書かれていると確かめ合う場面もある。やはり、これはどういう意味だ

ろう、と、言葉としての意味は分かることとは別に、訝《いぶか》しく思うからである。老夫婦は言う、

「子どもの手紙の書き出しにしちゃ、これはずいぶんかわってると思いませんかね?」「ああ! うん! ひょっとすると、あの子は、なにかほかのことを考えとったのかも知れん(一四八)。」

厄介なことが更にある。語も、その配列としての文も、要するに言葉が分かって、意味が分かっても、まだ不十分なことがあるのだ。その上、更に、言葉のいわば字義通りの意味の背後の、いわゆる真意が分かったとしても、それでさえ不十分な場合もある。先のミセス・プレストンの振る舞い、これは言葉ではないが、それが、〝あたたかく安全に守られ、大切に思われている〟と感じてくれるように、との切なる願いを意味していること、その真意はアンナに伝わっている。伝わっていながら、それでいて振る舞いは空振りに終わる。同じことが言葉の場合でも生じる。振る舞いや言葉も、それが働くための条件を必要とする。

しかしながら、再度、振る舞いや言葉が、状況を突き抜け、その条件そのものをみずからつくり出し、新しい意味と価値の地盤を生み出す、それを私たちは期待できる。

ミセス・プレストンは、アンナの手を軽くたたいて、そっと、枕に寝かせてくれました。「おやすみなさい、いい子ちゃん。」と、ミセス・プレストンはささやきました。頭がすっかりややこしくなっている最中でしたけれども、アンナは、――ミセス・プレストンは、あたしのことをいったのかしら?――と思いました。なんてめずらしい、ふしぎなことでしょう。アンナは、今まで一度も、ミセス・プレストンが、愛情を表現するようなこんな言葉を口にするのを聞いたことはありませんでした。それから、アンナは、いわれたとおりにしました。ぐっすりと、夢も見ない眠りにおちたのでした(下、二二―二三)。

気持ちを伝えるとは、気持ちを描写することそのままであるとは限らない。むしろ、違うことが多い。ミセス・プレストンは、「あなたを愛してるわ」と言ったわけではない。また、アンナもミセス・プレストンに、「私はあなたが好きです」とは書かなかった。「おばちゃんをよろこばせたい」とも書かない。後者のように書くことで相手を喜ばす、というふうにゆくものではない、というのは分かりきったことだ。その代わり、「何トンもの愛をこめて」と書き、「チョコレート、とてもすてきでした。少しだけ、今夜のたのしみにとってあります」と、書き足したのであった。

また、次のような状況さえある。アンナが、遠くから見かけていた五人きょうだいの子どもたちと初めて真正面から出会ったときのこと。

「やぶにらみの妖精みたいに葦の茂みにかくれたりしないでね。」「まあ、あたし、やぶにらみじゃないわよ。」と、アンナは怒ったふりでいいました。でも、悪口めいたことをいわれて、こんなにゆかいだったことは、はじめてでした（下七〇）。

心を描写するのではないのに心を映す言葉があって、それが心を開く言葉となる。もちろん、仕草や振る舞いでも、心を映し、心を開くことは屢々である。けれども、同じような働きをするのに、言葉は意味の世界（言葉によって指示され支えられる意味事象からなる世界）を経由してなすのである。その意味の世界は、確かに言葉が文として何かを描くようなことをすることによって成り立つ。しかし、文の要素である諸々の語が、表だって、あるいは目立たない仕方で引き連れる評価によって分泌する価値的な響きが各意味事象に伴いつつ、全体として或る価値世界をそのつど閃かせ、それとの関わりを通じ、人は動かされ／動くのである。言葉が人に働きかけるとはそのことである。右の引用文では、「やぶにらみ」という悪口と思われるような語が、「妖精」という素敵な語と一緒になって、むしろ妖精のように軽やかで幻想的で魅力的な少女だ、との印象を振りまき、それはまさに男の子がアンナについて感じたことであり、そうして、感じるとは価値的な事柄なのである。

第3節　言葉の影響下にあること

(1) 大切な言葉・導きの言葉

ところで、私たちの言葉との関係は、人と向き合い人と或る関係をとろうとして言葉を用いる——言葉の働きを当てにする——という基本的な場面だけのものではない。私たち一人ひとりが、差し当たりは自分自身だけのこととして言葉の働きのもとにある、こういったことはざらにある。或る言葉とともに夢を描く、自分に誓う、というような素晴らしいこともある。座右の銘のようなものが、自分を支えたり、導いてくれたりすることもある。(「冬、来たりなば、春、遠からじ」など。) 単語でしかないのに心に響く大切な言葉があって、何かの場合に自分の拠り所として帰ってゆく、そのような言葉もある。(「志」「礼節」「希望」など。)

しかしながら、以下では、言葉の用心すべき、言い換えれば全面的に肯定的に評価できるとは言えない、二つの形態に、極めて簡略ながら注意を促しておきたい。一つは、眩惑ないし幻惑する形態で、もう一つは、権威化した形態である。

(2) 眩惑／幻惑する言葉——観念と感情——

人は時に言葉に酔いしれる。そこに人の幸福の一つの形があったりもする。その洗練された方向に或る種の詩と詩情を位置づけることもできないわけではない。現実とは別に言葉が紡ぐ観念の世界というものがあって、それが感情を喚起し、一つの生命を得る。観念というものはいつでも分析的思考を助ける道具としての概念なのだ、と勘違いしてはいけない。観念というものは抽象的でありながら感情を呼び起こす力をもつのである。そして、そこには固有の価値がある。更に、現実と触れ合って、現実に或る美しさを与えることも多い。また、過激と思われる観念でさえ、また醜さや傷や痛みのようなものを指し示す言葉でさえ、言葉に酔う人の中では、甘美なものになり得る。これらのことには、もちろん、人が言葉の世界でいわば遊ぶ限りで、何ら咎《とが》めるべき事柄はない。

しかしながら、言葉を概念の担い手として何かを分析する、そう人が主張する領域で、言葉が人を眩惑（ないし幻惑）することがある。厳密めいていて実は大雑把な語、誇張的な語、難解ゆえに深遠な内容をもっていると勘違いさせる語、思わせぶりな語。ときには意図的に違いない、はったりのための語すらある。言葉は或る観念を示唆するが、しかし示唆でしかなく、だがどこか魅力的で、その魅力で内容の曖昧さや乏しさを補う。本来は概念的な道具（とりわけ分析の道具）として働くことが期待された観念を表す言葉の場合は、これは困ったことである。感情と一体になることで強化されて、実際の分析力はお粗末なのに、そのことが見えなくなる。哲学や思想、文芸評論などの領域では、このようなことは実に頻繁に生じている。これには、（私が勉強した）哲学では特に或る言葉を最初に用い始めた人に責任がある場合ももちろん多いし、その言葉に追随する側の問題である場合は更に多い。例は挙げない。どこにでもあるから、特にどれかを例として取り上げることは誤解を招くに違いないから。

ただ、以上に指摘したことは、笑うべきだとしても、結局は罪がない。（学問等としては情けないが。）人個人の問題である。せいぜい、広い意味での文芸的な事柄を軸にしてできてくることもあるあれこれの狭い（知的と自称する、また、学会なども含む）社会集団で、なにがしか人と人とを結びつけたり、影響関係の方向性のもとにおいたり、その他のことがあるだけである。

これに対して、眩惑／幻惑する言葉が政治的スローガンなどの位置に納まるとき、由々しい事態が生じ得る。（ただ、そうは言っても、観念の背後を見すかし、幻影、幻想を見破る力を、生活者としての人々はしたたかにもつのではないか。どうだろうか。）

さて、幻惑する言葉については以上の言及だけにして、次に権威化する言葉を取り上げよう。これについては、広くその功罪の大きさを言うことができる。

（3）権威化する語・フレーズ――「共生」「多様性」という語の例――

もともと生物学の用語である「共生」。社会のスローガンのようにも使われているが、落とし穴はないのか。

これは、日本経済新聞二〇〇八年六月一一日夕刊のインタビュー記事のリードの文章である。インタビュー相手は霊長類学者、山極寿一氏。

「人と自然の共生」「多文化共生」「民族と民族の共生」――。あちこちで共生という言葉があふれている（同紙）。

このような事実を前に、氏は、当然に生物学でいう「共生」という語の意味を基準に、この語の濫用に危惧を示す。この語のオリジナルは、氏の専門の生物学でかなり明確な内容をもつ術語であるからである。

私はこの例を持ちだすことで、或る語の意味の変質や許せない転用を難じようとしているのではない。一般に語の意味の変質は避けられない。そして、この語の場合は変質ではなく大幅に内容を変えた転用であるが、そこで、生物学で使う場合と人間社会での或る有り方を示す語として使われる場合とで、その意味内容が違うことを容易に人々はわきまえることができる[12]。それなら、それはそれで、言葉が流通してゆくのを見守るしかないだろう。もちろん、混乱の危険もないわけではないが、大したことはあるまい。

私が問題にしたいのは、この語がスローガンのように使われ、溢れているということの方である。使用頻度が高いということと、スローガンのように溢れる、というのとは違う。助詞、助動詞などは別にしても、「天気」「事故」「仕事」「帰る」「食べる」「支持率」のような、群を抜いて頻繁に口にされる語はたんとある。スローガンとは主張する言葉として繰り返されて目につくものである。そして、スローガンの中心に位置する語、ないし語群としてのフレーズは、権威をもつようになる。そして、或る見方へと人々を誘導し、更には或る態度や行動を高く価値づけ、他の有り方を難じようとする傾向をもつ。

「共生」という語の他に、もう一つ、例を挙げよう。私の大学院の演習では、「多様性」という語を時代の「バズワードbuzzword」（蜂がブンブンというように、あちこちで繰り返し語られる語）として取り上げ、この語がどのような意味連関をもちどのような効果を社会に生み出しているか、分析した学生がいた。「さまざまな立場の違いを超えて、[実に多くの場面で]「多様性は望ましい」というルールが出まわっている」と指摘することから彼は論を始めた[13]。

ルールは、スローガンよりは更に一歩、重要な地位を獲得している。スローガンも一部の人々を靡《なび》かせ、他の人々を反対者として呼びだす、あるいは仕立てることをするが、ルールはずっと多くの人々の行動を制約するものとして働くからである。そこで、「多様性」という語（正確には「多様性の尊重」というようなフレーズ）は、反駁を許さないような強い権威をもった語になっていると言える。

特定の語が或る権威をもつに至るには理由があって、その理由を理解するには、「多様性」という語について大学院生が示してくれたように、その語の意味内容と、その強い流通を支持する社会的な事態と、両方にまで踏み込む必要がある。社会を構成するさまざまな（個や集団の）メンバー、経済、政治、歴史、思想……など、どれもが関与する中を、どこかに重点ないし焦点をおきつつ、分析しなければならない。しかし、語の権威化の過程と、いったん権威化することによって生じる事柄とには、語の特定性を超えた共通の論理がある。言葉の働きについて考える本章では、この論理を取り上げ、権威化の功罪を指摘する価値はあるであろう。

（４）分かりやすさと価値表明――その裏側――

或る語が権威化する出発点は、主張を伴わせての繰り返しにある。権威化によって獲得するのは、その主張がコミットする価値(ないし価値観)、これの人々の承認、それも当然性を帯びたものとしての承認である。その主張に反対する人々でも、少なくとも或る範囲に限定した上では承認する、このようになる。

「共生」という語の場合、これが生物学で使われるときには、或る主張を伴っているわけではない。異種の生物がうまく互いに利用し合っていることを、その生物にとってのメリットとして確認するにしても、そのメリットは、だからそれを追求すべきだ、というふうになるたぐいの価値であるわけではない。しかるに、人が関わる事柄にこの語が転用されたときには、或る価値にコミットすることの要請、という主張が含ませられることになる。「人と自然との共生」と言われるとき、それは、或る特定の選択をなすべしといった主張を響かせている。

注意すべきは、「人と自然との共生」というフレーズは、一方で、人が自然とともにでなければ生きられないという事実(それも分かりやすい事実)の確認を促すような面をもっていて、そうしてこの事実に基づいて、だからこれこれしかじかの仕方で人は生きなければならない、と、或る特定の選択とそれを促す或る価値(ないし価値観)の否応ない承認を求める、このような構造を内包していることである。確かに事実ではあることの確認がなされるのではあるけれども、異種で共生する生物と違って人の有り方には大きな選択の余地があるのだから、その確認は、まさにこのことを確認すべしという要請とともに、いつの間にか、(確認の要請を超えた更なる)特定の要請に容易に転化するのである。

(もちろん、確認を要請すること自体が或る価値観に基づいていて、これと、確認の後で持ちだされる特定の要請を支配している価値観は連続していよう。それから、「共生」という言葉の場合、「共」という語が、「共同体」「共存」「共栄」「共に歩もう、助け合おう」などの語と共鳴し、プラスのイメージをもつことによって、この語に当然に或る価値を含ませる傾向がある。第1節最後で考察した、このような仕組みも作用して、この言葉の権威化が進む。)

ただ、事実の確認とみえる部分から特定の要請までには飛躍がある。だから、要請の実質は曖昧になる可能性は大きい。「人と自然との共生」を踏まえた生き方を私たちはしなければならない、それは間違いない、分かった、それで具体的にはどうすればよい？　イメージだけが残る、イメージに従った実際への移行ではさまざまな可能性が模索されるべきものとしてあると、こういった按配である。ここに、語の空洞化がある。これが第一の問題である。それから、さまざまな可能性の中から特にお薦めというものが、権威をもって提案されることも多く、ここに第二の問題がある。

(5) コマーシャル的な言葉との比較

ところで、人々を誘導しようとする言葉の代表は、コマーシャルに用いられる言葉である。コマーシャル言葉も、或るものが価値あるものだということを主張しつつ、繰り返し繰り返し人々の耳を打つことで、効果、誘導効果をもとうとする。けれども、第一に、それらは権威をもつには至らない。第二に、コマーシャルが誘導しようとする着地点は明確この上ない。これらの点に違いがある。

コマーシャル言葉は、いわば局所化された明確な価値にしか関わらない。価値というものは元々が誰か（何か）にとっての価値でしかないといった意味で相対的、局所的なものなのだが、すべての人々にとって価値がある、という体裁の価値事象もないわけではない。たとえば、今日、非常に大きな関心を集めている、人間の生存を許すぎりぎりのものというところまで切り詰められた「環境」のようなもの。しかるに、コマーシャルが人々に勧める商品やサービスは、それを価値あるものと見なす（ないし見なすようになることが期待できる）のは限定された一群の人々であってかまわないのである。だから、コマーシャルは限定的な人々をターゲットに定めるという割り切りをしていて、むしろその方が効率がよいのである。そこで、コマーシャルが勧める商品等の価値を（或る観点のもとでのこと、相対的価値、局所的価値として）承認することと、その商品等と自分とは無関係であるという態度をとることとは両立する。もちろん、自分が欲望を掻きたてられ、無関心でいられない、そして誘導される、このことは生じがちで、ここにコマーシャルの目的もある。しかし、欲望ゆえの或る価値事象へのコミットは、価値事象が普遍的正当性をもっていると思われるかどうかとは関係ない。そして、これゆえにコマーシャル言葉は権威化しない。

翻って権威をもつ語に目をやれば、この語の方は、或る方向の選択だけが正しいとか真っ当だとかのニュアンスをもって口にされ、価値の普遍性を主張する体裁をとっていて、聞く側はその語が促す価値事象を認めざるを得ないような感じをもってしまい、反対しにくくなるのである。

(6) 流行《はや》り標語

さて、コマーシャル語から権威化する語までの間に、連続性を言えるほどに多数の形態の言葉を見いだすことができる。一括して、「流行り標語」とでも呼べばよいであろうか。標語として、人々を導こうとするような内容をもち、誰もが口にするくらいに流行る。ときに、一時の流行を越えて長続きして効力をもつ。「規制緩和」「自己責任」「品格」「環境に優しい」「消費者保護」「株主利益」「脳を喜ばせる」「癒し」……。思いつくままにこのような言葉の例を挙げてゆくと、すべて私たち個人や特に社会に関する言葉である。それは当たり前で、人々の考え方、行動仕方を導こうとする言葉とは、人々に選択の余地がある事柄で或る方向づけを狙う、そのときに重用される言葉なのであるから。

一般に流行とは、面白いから流行る、多くの人々が関心をもち話題にするらしいから自分も関心をもつ、そしてまさのそのことが流行として他の人々を巻きこんでゆく、そういうものだが、ここで取り上げている流行り標語の場合は、何か重要性を帯びた言葉として誰もが口にするのである。だから、標語であり、導く力をもつ言葉なのである。もっとも、導くといっても、必ず実践的な事柄が問題だ、というわけではない。或る事柄についての人々の理解を導くようなことをも含む。その言葉を使うと分かった気になる、そういう言葉としての導きである。しかも、あちこちで繰り返されているので、自分も安心してその言葉を使える。ミスする心配がないと思えるのだ。先に、蜂にたとえた「バズワード」という英語に言及したが、鸚鵡《おうむ》にたとえた「パロッティング parrotting」という語で表してよいような事態も生じる。(生憎《あいにく》、日本語の「鸚鵡返し」という語が表現する事柄とは違う。)それから、或る語を口にすれば分かった気になるということが進んで、むしろ思考停止に陥ることもある。「サウンド・バイト sound bite」という現象として警告が発せられているが、その病理は深い[14]。その心理的効果を計算された言葉の群れが、それぞれの意図のもとで、映像や言語音以外の音とともに、しかも時間のリズムを操る動きをもって浴びせられる、そういう環境に今日の私たちは生きている。

結び　言葉を受け取る者として・言葉を発する者として

コマーシャル言葉はもちろん、権威化した語、フレーズ、流行り言葉などは、一般の人々はこれらを受け取る側で、場合によって自分もその言葉を使ってみる程度である。少数の、キャッチフレーズをつくるのを仕事とする人々、世論形成を担うと自負する人々や機関に属する人々だけが、人々の注意を惹きたい事柄、訴えたいことに人々の目を向けさせるにはどのような言葉がよいか、知恵を絞り、その言葉で働きかけることができる仕掛けを工夫するであろう。新鮮さ、分かりやすさが狙われる。社会の現状の或る側面を鮮やかに映しだす言葉、レッテル貼り。未だないものを呼び寄せんとしての予めの命名、スローガン……。「格差社会」「モンスターペアレンツ」「エネフレーション（エネルギー価格高騰によるインフレ）」「アグフレーション（農産物価格高騰によるインフレ）」……。（商品名や新しい企業の社名などは、ここで話題にする必要はないだろう。）命名の争いといったものもみられる。（たとえば「脱炭素社会」に対して「低炭素社会」が勝ちを占めたようである[15]。「熟年」「シルバー世代」などでは、模索が続き、共存もしている）

他方、受けのよい言葉、反対を封じ込める言葉を探すのは、いつでも、政治の有力なテクニックであったが、そこではむしろ常連である言葉の一群がある。「結束」や「繁栄」、「誇り」、「変革」、「大切な明日」「未来」、など。「改革」という語を部分に含ませた語は数限りなくもちだされた、それを追うだけで、一国の政治の歴史が辿れるかも知れないくらいである。そこで、「＊＊改革」というフレーズの「＊＊」の部分が新鮮で簡明で訴える力をもてばよいことになる。人々に「そうだ！」と思わせる、それが重要だ。先だっては更に、「＊＊改革」という言葉に、改革への「抵抗勢力」という語を組みあわせることで、お題目に実効力をもたせることが試みられた。

そこで、このような標語的言葉の受け取り手としての私たちとしては、それらのどの語も何かを強調し、その必然で他の側面を覆い隠してしまう働きをすることを忘れないのが必要だ。また、語は或る分類仕方を自明的なものとしてしまい、事柄をその分類のもとで理解するよう導く。語は権威化してゆく過程で或るバイアスのかかった理解や方向づけを助長する。だから、権威的であろうとする傾向のある言葉には用心すべきことになる。

さて他方、私たちの誰もが、言葉の使い手である。私たちは言葉の働きなしには一日も生活を送れない。その言葉はどれも個人に先立って溢れ、予め私たちのものの見方、行動仕方を方向づけているのは事実である。どのような言葉の世界の中で暮らすかによって、人は既に或る意味と価値の世界に引き入れられている。ほとんどの人は新しい言葉を生み出すことはなく、既存の言葉を用いるだけだ。けれども、だとしても、個々人はそのような言葉を当てにしつつ言葉を用い、言葉の力に頼って何事かをなすことができる。そうして、自分自身の或る有り方と他の人間との関係の或る有り方を求める中で言葉を発するとき、私たちは既存の言葉を頼りにしつつも、言葉の主人であり、或る言い回しの作り手でもある。語がもつ豊かな潜在的意味の中から特定の内容を引き出し、それに或る色合いやアクセントをつけ出来事の世界に投げ出すのは私たち一人ひとりである。そして、陳腐にみえる言葉ですら、思わぬ輝きや深さを手に入れることだってあるのである。

言葉を発する者として、的確な言葉、繊細な言葉を模索することが切に望まれる状況がしばしばあることは、誰でも経験する。模索が発見の確信に変わり、言葉が何事かを成就したと思える瞬間、それはひとときの幸福を人に与える。

第5章　感情と言葉

私たちは誰も、歓び溢れる生活を願い、哀しいことはできるなら避けたいと望む、これは当たり前のことだろう。けれども、哀しみを全く感ずることのない人生というものが仮にあったとして、そのとき、むしろ生きていることから何か貴重なものが欠けてしまったということになりはしないか――このような想いも人々はもつのではないだろうか。歓びと哀しみを始めとするさまざまな感情は、どのようにして私たちの生に入り込み、生を豊かなものにするのだろうか。これを、本章では、言葉の関わりという一点に絞って眺めてみる。

第1節　言葉への感情の表出、言葉による感情の誘発・喚起・宥静《ゆうせい》

(1) 言葉の作用

言ったその瞬間に「しまった」と思うことがある。かと思うと、「こう言えばよかったのに、なぜ黙っていたのだろう」と悔やむこともある。人はいろいろなことで後悔するが、言う、言わないで後悔することは非常に多い。これらの後悔はもち

ろん、言葉は誰か聞く人がいるところで喋るものだということを前提している。(聞く人は、人が話しかけた相手とは限らない。声は音として四方八方に届くのであるから[1]。)言葉は人に作用する。言う、言わない、どのように言う、どういう言葉を使うか、そこにみられる違い、しばしば僅かの違いが、少なくともその瞬間の人間関係に、極めて大事なものである人間関係に直ぐに影響を及ぼす。しかも、言葉はいとも簡単に口から飛び出るから、それを追っかけて「しまった」という気づきが生まれる割合も高くなる。確かに、言うのに躊躇《ためら》いがあったり、エネルギーを要したりして、言葉を言うことも大変な場合がある。だから言いそびれもするし、あのとき言えばよかったのに、という後悔も出てくる。けれどもこのときでも、言葉を言うことは他の行動等と比べれば簡単なことなのに、という前提があっての後悔であろう。言葉に必要なエネルギーは心理的負担に関わるものでしかなかった。(翻《ひるがえ》って行動というのは、言葉を言うことよりは、計画性をもつ傾向が強い。そこで、衝動的行動の場合は事情が違うが、行動がどういう結果を招こうと、行動が後悔の種になることから免《まぬが》れる場合は言葉の場合よりは多いであろう。熟慮の上の行動だったら尚更《なおさら》である[2]。)

言葉は、すぐに、かつ人に作用する。確かに、たとえば殴るという行動もすぐさま人に重大な結果をもたらす。けれども、殴るような行動は人は滅多にしないものである。人の傷の手当てをするとかの場合は別として、私たちが日常生活で人に対して何かをするときは、(物理的な力によってではなく)意味の力を経由してなすのである。その最も単純な形態は、笑いかけるとか怪訝《けげん》そうな目で見るとかのさまざまな表情で相手に接することである。それから、手を振ったり人を押しとどめるような仕草による場合もあるし、食べ物を分け与えたり重い荷物を持ってあげるなどのサービスをしたり等でも人に作用を及ぼす。けれども、圧倒的に多いのは言葉を言うことで人に働きかけることである。(手を振る仕草も、「さようなら」とかの言葉を言いながらするようなことの繰り返しの後でなければ、相手にはっきりした意味作用をなさないであろう。その仕草をしない場合とは何か違っているという、それだけの思いは生じさせるかも知れないが。)それから、契約することで相手に何かをしてもらう等のときも、制度の力の媒介等を考慮すべきだが、やはり言葉は不可欠である。なお、自分から出た意味作用についての後悔として、なぜあのとき自分は仏頂面《ぶっちょうづら》をしていたのだろう、もっと愛想良くしてもよかったはずなのに、というような後悔もあるが、これよりは言葉に関する後悔の方が多いのは、表情は出てしまう、コントロールが難しいから諦めもつくが、それに対して言葉の方は本来は自分次第なのに、拙《まず》かった、という気持ちが働くからではないのか。

さて、言葉は人の世界で作用する。効果をもつ。言葉は意味をもつ、あるいは意味を分泌するが、意味の把捉のもとで人は態度決定し、行動もするからである。人では意味が力をもつ。ところで、その意味はしばしば感情と結びついている。どうしてだろうか。私たちは言葉の意味を理解しながら、意味が分泌する価値の微妙な有りようを感受するからである[3]。いわゆる差別語の使用の場合などではこのことが鋭敏な問題を引き起こすが、何もそのような特殊な場合ではなくても、日常の普通の会話、たとえば、「仕事、頑張ってるようだね」「お洒落《しゃれ》な服ね」「間抜けだな」「相変わらずボロ家に住んでいるの？」とかの言葉などを考えても、ほとんどいつもこの感受が働くということの納得がゆく。意味が力をもつことの中心には、まさにこの感受を生成させるそのことがあるのである。

(2)感情を表出し（別の感情を）誘発する言葉

「女《おなご》かい」

敬策は、いたく失望した。［中略］花は、彼女の枕辺に坐って形ばかりで犒《ねぎら》いの声をかける夫に、すぐそれを悟った。

［中略］姑のヤスが、枕許につききりで、翌日も朝から、

「可愛《かい》らしのう」

と新生児を褒めたが、花は敬策の落胆ぶりに衝撃を与えられていて、姑の昨日に続く産室見舞に感謝する言葉を忘れていた[4]。


これは有吉佐和子の『紀ノ川』という作品からの引用であるが、主人公である花の衝撃とは、もちろん感情の衝撃である。

しかるに、花が衝撃を受けたのは、男児誕生を期待していた夫、敬策の落胆の大きさによるのだけれども、もし「女かい」という言葉が発せられていなかったなら、その落胆は一挙に露呈はせず、従って花の感情に作用するにしてもその作用は、このように或る瞬間にドンと強く生じる感情という形をとらせはしなかったに違いない。

この「女かい」という言葉は二つの要素によって花の感情に作用したはずである。一つは言葉の意味内容、もう一つは（小説中には書き込まれてはいないが――ただし、「女かい」の次に続く犒いの言葉については「形ばかりの」という表現で示唆はされている――）敬策がこの言葉を口にしたときの音声の表情という要素。

「女」という語は「男」という語と対比的なもので、「かい」という言い回しは疑問形で確かめるというニュアンスをもつ。そこで「女」という語の方が発せられているのに「男ではない」という内容の方がクローズアップされ、「女でしかない、そうなんだね」という響きが出てくる。それから音声の表情は、それを発した人のそのときの心の有りようを語ってしまい、その心が分かることが聞く側に作用し、聞く側の感情を誘発する。その感情（たとえば花が感じた衝撃）はもちろん、言葉の発し手の側の感情（敬策の落胆）とは別の感情である。

言葉の意味内容が花に衝撃を与えるには、敬策が男児を望んでいるということを花が前もって知っていた、という文脈が必要である。（「癌です」という医者の言葉に患者が衝撃を受けるのも、癌についての知識が患者に既にある場合である。なお、花の衝撃には、女の子であっても子供の誕生を敬策が喜んでくれないはずはないという期待はあって、それが裏切られたという気持ちも働いたのかも知れない。）しかるに、敬策の望みについての知識を花が得たのはどのようにしてかと言えば、それは、望みについて語る敬策の言葉を聞いたからであろう。或る場面での言葉は、会話する人たちにおいて役割を果たしてきた他のさまざまな言葉の群れから独立して単独で力をもつのではない。それは、言葉は、先立つ言葉の群れが生み出してきた意味世界を経由して力を得るからである。なお、翻って敬策の側に目を遣れば、実に、彼が男児誕生を望むという「望みをもつことそのこと」が既に、望みを言い表し明確な形にする言葉の働きなしでは可能ではなかったのだと思われる[5]。（そして、望みが生じていなければ失望もない。）

他方、音声の表情はそのときだけの単独の力で、表情を読みとる側に作用する。(それを読みとる力というものは時には幾つもの経験を積む仕方で養われなければならないのだろうが、それは別としてである。)というのも、表情は感情の現われであり、私たちは相対する人の感情の動きに敏感に反応し、こちら側で(対応するが別の)感情を誘発されるのだからである。しかるに、このような感情の誘発は言葉なしでも生じる。誘発する側の感情は音声以外にも表れるからである。たとえば眼差しや眉の動かし、唇の形などがつくる顔の表情、姿勢や歩き方など。けれども、音声は、分節化された言語音を発するということでは高度のコントロールができるけれども、その高低や強弱、緊張や震えなど多数の面をもちつつそれらは制御しにくく、また、発声のぞんざいさや横柄さ、遠慮などが音の出方に反映するので、発声する人の内面の動きを表出してしまうより細やかな媒体であり、そこで音声として言葉が発せられるとき、言葉が己の感情表出的要素によって言葉を聞く人の感情を誘発する力は殊《こと》のほか強い。

ともあれ、私たちは言葉というものを口にせずにはおれない存在である。何かを思えば、それを胸にしまわずに言う、言ってしまう。そして、その言葉は、言葉で伝えたいことの他に、聞く側のさまざまな感情を誘発してしまう。特に、言葉が己のコントロールを超えて出てしまう場合、それは不用意な作用をしてしまう。冒頭で述べた「しまった」という場合もここからくる。次は敬策の弟、浩策に花が言った言葉である。ウメは浩策のところの女中だが、浩策とウメとが連れだって歩いているのを花が見かけて後、些《いささ》かの時間が過ぎてからの会話である。


　ウメのことで、自分がいうべき筋はないと思えば思うほどついこらえきれず、

「ゆっくりなさるなら、ウメさんも一緒に連れておいでたらよかったのし」

といってしまった。浩策は、

「なんでよし」

もう憤然としている。

「いえのし、［中略］。」

急いで説明したのだが、もう遅かった。浩策の機嫌はすっかり険悪になって［以下略］6。

なお、以上では、人と人との間で生じる感情の誘発を話題にしたが、言葉を介しての感情の誘発には、人が、自分自身が発した言葉に興奮したり酔ったりするということもあることにも気を留めたい。

（3）感情の喚起を狙う言葉・感情を宥《なだ》め静める言葉

さて、敬策は花に衝撃を与えようとは思ってもいなかっただろうし、与えたことに気づきさえしていないかも知れない。私たちは、自分の言葉が誰かの或る感情を誘発してしまうことなど余り気にかけずに喋る場合が多い。（言った後で気にするというのは非常に多いが。）気にするのは状況が特別な場合か、訓練を受けた人の場合ではないか。そして、気にすればむしろ積極的に転じて、人の感情を或る方向にもってゆこうともするであろう。感情の誘発というより、狙い定めた喚起である。有名なのは、カエサル（シーザー）暗殺の後のブルートゥスとアントニウスの演説やヒットラーの演説。先ほどから引用している『紀ノ川』という作品には日本が太平洋戦争に突入したときに発表された「宣戦の詔勅」が引かれている。

「天祐ヲ保有シ万世一系ノ［中略］各々其ノ本分ヲ尽シ億兆一心国家ノ総力ヲ挙ケテ征戦ノ目的ヲ達成スルニ遺算ナカラムコトヲ期セヨ」

宣戦の詔勅は億兆の心に浸み通った。反戦論者もここに到っては忠誠勇武にならざるを得なくなったのである7。

ただし、狙った種類の感情だけが喚起されるとは限らない。引用の場合、詔勅の思惑通りに心を戦争へと傾けてゆく人々の傍らで、不承不承、周りの人々に合わせた振る舞いをしようと反応する、そういう人々もいただろう。その反応もまた感情である。（一般に評価は感情的要素を含むのである。そして大方の判断も然り、というか、多くの判断は評価的なものなので感情的要素を含む。なお、詔勅は、国民各自にどのような感情を引き起こしたかはともかく、国民に為させる行動のレベルではほぼ一様に狙いを達したであろう。）また、或る感情を掻き立てようとする人の遣り方そのものが反感（という感情）を呼び起こす場合もあろう。ただ、こういう場合でも出発点は特定の感情の喚起を目指す言葉にあり、それが現実には思わぬ感情を誘発してしまうこともあるということである。

さて、演説も詔勅も、特定の機会に多数に向かって発せられる言葉である。しかるに、普通の人が大勢の前で何かを言う機会は少ない。けれども、人は誰でも日常生活で誰かを喜ばせようとしたり励ましたり、からかったり挑発したりしている。

「旦那はんが死んで、他に自慢するよなもんがなくなってしもうたんで、これからは孫自慢かいし、嫂さん」

この言葉は、浩策が思ったよりも意地悪く花の心の底に突き刺さった[8]。

他面、私たちは感情の喚起を狙うのと反対に、既に或る感情の中にいる人の感情を言葉で宥め、静めようとすることもある。次の描写は、感情が思わず言葉として表出され、それが聞く側の感情を誘発し、次いで、別の言葉がその感情を宥めるというか消してゆく方向に作用し、しかしながら今度は別の感情を少し引き出してしまう、そういう動きをよく窺《うかが》わせるものである。

「可哀そうに……」

「おかしなことといわんといて下さいよ、お母さん」

と文緒［花の娘］は俄に気色ばんで、

「［中略］華子［文緒の娘、花の孫］が可哀そうなことはひとつもありません」

と花の言葉を頭から否定する。［中略］花は［中略］間の抜けた相槌をうった。
「そうやのし」
弁じたてたのを軽くいなされた感じで、文緒はたちまち不満げな顔つきになり、花の手から千人針をひったくった[9]。

第2節　感情を表現する言葉

(1) 感情は表出する・感情を表現する

さて、千人針をひったくる動作は、文緒の感情を表出している。言葉に頼るしかない作家が「不満げな」と説明している顔つきも、「不満げ」と形容する言葉なしで、もとよりその不満の感情を表出している。いや、「動作や顔つきが感情を表出している」という言い方よりは、「動作や顔つきに感情が表出している」と言う方が適切である。そして、「おかしなこといわんといて下さいよ」という文緒の言葉にも、気色《けしき》ばんだ感情が表出している。

ところで、感情がおのずと顔の表情や振る舞い、あるいは言葉に表出する、現われるのではなく、私たちが自分の感情を表現する、何とか上手に表現しようと試みることもある。目で訴えることもあろうし、全身で表したいこともあろう。（役者はそのような能力を磨くであろう。ただ、次のような場合もある。感情表現の巧みさではなく、感情が表出してしまったような表情や振る舞いの上手さを身に付ける、つまり、感情表出という事態の表現に磨きをかける、という場合。）けれども、表現内容の幅の広さや豊かさで言えば、言葉を用いる仕方での表現が群を抜く。

先の引用文で花が言った「可哀そうに」という言葉では、感情が言葉に出るという仕方で表出したという面と言葉が感情を表現したという面とどちらが優《まさ》っているか、よくは分からない。というのも、言葉には次の二つの面があるからである。一方で言葉は表情などと同じ身分のものとして出来事となり、だから感情の直接的表出となる側面がある。他方で発言とは予め意味を内蔵した語を使用するのだからその意味の内容が問題になるわけで、一般に、言葉を言うことは（語の意味内容を通じて）表現しようとすることだ、という性格を必ずもち、そうして今の場合には、「可哀そうに」という語はその意味そのものにおいて可哀そうと思う心の動きを表現する言葉であり、だから「可哀そう」と言う花の発言は花の心に生じた感情をそのまま表現している。必然的に発言は感情の表現という性格をもつのである。（それに対し、たとえば「女かい」という言葉の意味は感情に関わっていず、従って感情を表現していず、しかしながら発言者である敬策の感情がその口調に表出しているのである。もちろん、「可哀そう」と言う語でも、その発声の口調には感情の表出もみられるであろう。なお、「可哀そう」とは誰かについて可哀そうと言うのであるが、するとその誰か自身が哀しんでいたり苦しがっていたりという感情のうちにある場合も確かに多いであろう。けれども先の引用の場合、華子自身の心の有りようは、自分を可哀そうだと思うどころか花が華子を可哀そうと感じるというそのことも思いも寄らない、そういう設定になっている。というのも、「可哀そう」というのは次のような事態を受けての花の心の痛みであったのだから。――「華ちゃん、あれが桜ですえ。」「……あれが桜なの？」華子は落胆したようだった。日本を遠く離れて、父母の口から、また絵本や日本人小学校の先生たちから得た知識によれば、日本の国体を象徴する桜の花はもっと美しさが強烈なものでなければならなかった。［中略］この子供が日本を見る眼は、まるで外国人のようだ。緑の色にも、川の色にも、桜にも、桃にも、常に発見が伴うのだった[10]。）

さて、私たちにおける感情の生成を主題にすれば、それはいつでも言葉と一緒になっているわけではなく、多くはさまざまな人間関係、それから行動の成功や失敗などからくる。しかし、ここでは言葉一般（感情を意味内容そのものにするとは限らない言葉）による感情の生成を論じてきたのだから、その流れで、今度は、以下、感情を意味上で表現する（感情を意味内容自体とする）言葉に焦点をおいた考察をしよう。

（2）感情の数？と名前――感情研究者たちの前提――

既に引用した文章から、次のような感情ないしは心の有りようを表現する言葉を拾うことができる。「失望」「落胆」「感謝」「憤然」「機嫌の険悪化」「自慢」「意地悪い」「気色ばむ」「不満げ」。このようなリスト作成を続ければ際限がないのは間違いない。ところで、二〇世紀末の段階での感情の科学を概観したコーネリアスの著作には、感情の名前の数や感情の数を言う箇所が沢山みられる。彼は「シェイヴァー、シュワルツは、文化の違う被験者グループに、一三五の感情の名前を類似性によって分類するように求めた」[11]ということを紹介し、彼自身は「心理学入門」で感情について講義を始めるときにはいつも、「感情の名前を書いた一〇枚のカード」を一人の学生に見せて、それぞれの感情に相応《ふさわ》しい表情をつくるように言い、その表情が何の感情を表現しているかを他の学生たちに当てさせる、と書いている[12]。感情の「名前」にあからさまに言及せずに感情の種類や数を話題にしている箇所はずっと多い[13]。彼自身は、彼の著作のその他の箇所を幾つか参照し総合的に判断するに、「基本となる六大感情」ないし、七つの感情を特に重要と考えていると思われる[14]。しかるに一般に研究者たちが感情の種類や数を言うとき、彼等はそれらの感情を言葉で区別して言い表すことが可能であると前提している。また、顔の表情による感情の表出を問題にするときだけでなく、感情の神経生理学の研究者たちのように心臓血管の活動や呼吸等の交感神経系等あるいは脊髄や脳における生理的変化と感情の生起との関係を研究するときでも、研究が成り立っているのは感情を言葉で表現できるという前提をとっているからである。

(3) 心の概念と感情の概念・感情の語彙《ごい》

ところで、「感情を言葉で表現する」ということと「感情に名前を与える」ということはそのまま同じことだというわけではない。「わくわくする」という言葉が或る心持ちを表現しているのは間違いないが、どうみても感情の名ではない。もちろん、「わくわくする感情」という言葉をもって感情の名だとすることができないわけではあるまい。けれども、これを「名」と呼ぶほどに成熟したものとするのには無理がある。その一方、「喜び」や「悲しさ」「落胆」「戸惑い」などは感情の名だと私たちは考えている。しかるに、これらの名詞としての表現には、「喜ぶ」「悲しむ」「悲しい」「落胆する」「落胆している」「戸惑う」等の動詞的あるいは形容詞的表現が先だっていると思われる。そこで、「わくわくする」「わくわくしている」という表現を受けて「わくわくさ」みたいな語が仮に生まれるなら、それは感情の名だということになるのではないか[15]。そして、感情の名が生まれるかどうかは、その必要性次第であり、必要性はその心の状態の類型化のし易さを第一の前提としつつ重要度と頻度によって相対的に定まるのに違いない。

ここで、感情の概念と「心」の概念の位置関係を少し考える必要があるが、詳細は別稿に委ねる。次のことだけを確認したい。心という概念が人の或る重要な一面を捉えているのは間違いなく、私たちの日常の会話で「心」という語を使って何かを言うとき、大抵は心を言うことで特定の人を指しつつ、大きく分けて二通りの意味でその人の有りようを言い表そうとしている。すなわち①「心が広い」とか「心があたたかい」「心が歪んでいる」「強い心」「純粋な心」などの表現では、その人の性格ないし性向、つまりは持続する基本的有りようを言い[16]、その他の多くの場合、②やはり特定の人のそのときどきの動きないし状態を言う。「心を開く」「閉ざす」「通わせる」「許す」「鬼にする」／「心(他の人の心)を汲む」「心を合わせる」／「心が惹かれる」「向く」「心を移す」／「心を決める」「入れ替える」「心が挫《くじ》ける」「心にまかせる」／「心が洗われる」「心に染みる」／「心が沈む」「沈んでいる」「騒ぐ」「踊る」「浮き立つ心」「弾《はず》む心」などの場合である[17]。そうして、これらの表現は心の他との関係を言い表すことが多いのだが、それらの表現からそのときの心自身の有りようの部分をそれとして取り出すことができるに応じて、多かれ少なかれ、あれこれの感情を示唆する表現となっている。

しかるに、この取り出しそのことに向かっているゆえに最も強く感情を示唆する(あるいは直接に表現していると言ってもよい)言い回しの一つ、「心が沈んでいる」を考えてみよう。それは浮き浮きしていることや晴れやかにしているのとは明らかに違う或る状態を思わせる。けれども、それは「悲しみに沈んでいる」こと、「憂鬱な状態」、あるいは「意欲がなくなり何事とも積極的に関わりたくない気持ち」などのどれにも当て嵌まる表現ではないか。(後二者の場合、[落ち込む]という表現がぴったりするときもあるだろうが。)同じように、「心が沸きたつ」ことは「喜びに沸く」ことである場合もあれば、そうではなくて「期待に胸弾《はず》む」ことである場合もあろう。「心が晴れる」のが「悲しみが晴れる」ことと限らず、「心配する気持ちから解放される」ことかも知れないのも同様である。しかるに、まさに「悲しみ」「憂鬱」「喜び」「心配」などは感情の名ではないのか。ということは、感情の名を言うことで、心の有りようはより明確に表現できるということである。

ところで、「心が沈んでいる」ときの心の有りようを感情の語彙を用いてより明確に「悲しみに沈んでいる」と言うとき、それはもちろん「心が・悲しみに沈んでいる」のであろうが、「心」という語を登場させずに「彼女は悲しみに沈んでいる」と言ってもよい。そして私たちは、「彼女の心は悲しみから癒えた」とも「彼女は悲しみから癒えた」とも表現する。他方、一つには、「彼女の心は悲しかった」と言うのは特別な効果を狙うときだけであって、「彼女は悲しかった」という表現が普通であるし、二つには、単純に「悲しい」と表現するのと「悲しみに沈む」と表現するのとではニュアンスが違う。「悲しみに暮れる」というのも違った状態を指す。そうして、これらの表現での主語は人で、すると特定の人が或る感情（もはや一般的な事柄、概念として扱われている感情）とどのような関わり方をしているかをも言うことで、私たちは人の有りよう、心の状態の更に繊細な表現を手に入れるのである。

以上の事柄を総合的に考えて、次のように整理できるのではないか。第一に、私たちは「心」の概念と語で人の或る有りよう（体の概念では捉えられない面）を言い表し、だから心を言えば人を言うのである。

第二に、性向としての心（人）の有りようではなく、そのときどきに現実に生じる心の有りようをほぼ感情として捉えている。ただし、それは一般的レベルに留まればの話で、私たちが特に感情として話題にするのは、あれこれの心の動き方（またその結果の状態）をそれぞれに区別し、特に名づけることが望ましいほどに目立ち重要であると思う場合で[18]、するとこのレベルでは心の動きや状態の類型、これこそが感情の語彙で表されるのである。

第三に、「悲しさ」のように心の動きないし状態を表す語が感情の語彙として成立（成熟）した場合には、それらの語が人の或る側面、まさに「心」という語で指示される側面のことを言うのは当然なので、感情の語彙を用いるときには「心」という語を使用する必要はない。（ただ、「傷心」「猜疑心」のように、感情名自身が心の状態であることを示す場合もある。）

（4）心の描写——さまざまな比喩——

さて、心はそれぞれの特定の人を指し、「名」をもったさまざまな感情の方は誰にでも共通であり得る（また同じ人に繰り返し生じ得る）類型的な内容を名指す。そこで誰かの心は、一方で或る性向によって特徴づけられ、その具体的な姿では次々とさまざまな感情という内容を取る、感情に象《かたど》られる、感情で染められる、ということになる。心のそのつどの具体的姿は大雑把にならば感情の種類を指摘することで表現できる。こうして、心をものの比喩で語るだけではなく、特に容れ物、場所、舞台等の比喩で表し、そこに現われるものとして感情を配する、という表現が限《き》りなく生まれることになる。（心を場所の比喩で語ると、そこに去来するものとしては感情だけではなく、さまざまな想いや考え、決意なども言う、ということになる。感情の概念と、想いや決意等の概念との位置関係はどのようなものかという論点の考察は、ここでは割愛する――註3において「感受」に関して挙げた論稿を参照。）

ものの比喩としては、「心が悲しみに彩《いろど》られる」というような表現もありはするが、感情の語彙の出番は少ない。たとえば、心は、生き生きしたり萎《な》えたり、弾んだり、縮こまったり伸びやかになったり、冷たくなったり熱くなったりするものとして、それ自身の動きや変化が直接に描かれる。他方、容器や舞台の比喩では、感情の語彙が活躍する。人が悲しむとき、それは「心に悲しみをもつ」ことである。また、「心の中に悲しみが生まれ」「心は悲しみに満たされ」「悲しみによって支配される（心を悲しみが領する）」。「心に愛が芽ばえ」「溢れんばかりの歓びが生じ」、「心に希望が灯《とも》り」、「懐《なつ》かしさがこみあげ」「憂鬱が居座り」「疑いが忍び込む」。心はさまざまな感情が「湧き起こり」「訪れ」「去る」舞台とされるのである。

しかしもちろん、心を舞台等の比喩で表すときにも、心の描写のためには感情の語彙を必ず使わなければならないというのではない。心が「暗くなる」「霧がかかる」などの表現では感情は相変わらず示唆されるだけである。

詩人たちは次のような言葉を多数みつけてくる[19]。

①「その中で堪えられぬ悲しみがうずいている心」
②「愛を除けば何も残らない心」
③「ぼくの魅せられた心に射し込む生き生きした明るさ」
④「かくも愛しく、かくも麗しいひとの、そのひとはぼくの心を光（明るさ）で満たす」

⑤「心では雨が降る」
⑥「私たちの心には、なんと沢山のため息があるだろう」
⑦「心には愛が花咲く」
⑧「君の姿が花咲く心」
⑨「春が宿っている心(魂)」
⑩「ぼくの心はきみ[六月]の薔薇に似ている」
⑪「私たちの二つの心は、穏やかな優しさの香気を立ちのぼらせて、さながら夜に歌うナイチンゲールのようだろう。」

①から⑨までは、心は場所の比喩で捉えられている。ただし、その場所とは、或る人、「私」ないし「ぼく」という特定の人を指し示すものであることを自明とした上でのものである。そして、その場所で生じる出来事、あるいはそこに現われるものは、感情に相当する。(ただし、感情の語彙が使用されているかどうかは別のことである。)

①の表現では直截である。悲しみという感情が己を告げる場所が心であり、それは取りも直さず「私」である。私が悲しんでいる。その感情は何かそれ自体が実体であるもののごとく、どこからかやってくる。やってきて私の心を占領し、その感情自身が、心の中で動く。結果、私の心はその悲しみの感情の疼きに、堪えられぬと言いつつ堪え、どうしようもなく感情に心の場所を譲り渡しているのである。②でも、心は「愛」という感情だけで一杯になってしまっている容器である。(ただ、愛を基本的感情として扱わない心理学者も多い。これはどういう理由によるのか。愛は持続する意志、能動的なものである意志を成分として含む[20]。すると一つには、理論家が感情を受動的なものと決めつけ、意思——ないし意志——と対立させるという、抜きがたい間違った図式的思考をしがちなこと、それから二つに、感情とは生まれては消えてゆくものであるという、それ自身は間違ったことではないが、これにばかり目を遣り、同じような感情の反復的到来というものの重要性を見逃すことによるのか。)

③と④とでは、明るさ(clarté)が差し込んだり満たす場所として心が描かれているが、この表現は、感情が暗い種類と明る

い種類に分けられたりするということと照らし合わせてみると面白い。（序でながら、「心が暗くなり」だから「暗い心」でいる場合は心の状態を言うのだが、「心が暗い」と言うと、そのときの心の状態を言って感情の訪れを表現するよりは、性向としての有りよう、人の性格を言うことになる場合が屡々であることにも注意したい。）

心という場所に「光」が差し込むのではなく、⑤の詩でのように「雨」が降る場合、これがどのようなことかは俄《にわか》には判然としない。「濡れる」のだから涙で頰が濡れるときのように悲しみに暮れることなのか。実は「けだるさ」「もの憂さ（アンニュイ、倦怠）」であることが詩の他のフレーズを読んで初めて分かる。なお、この句がみられる詩では「心」という語が四つの詩節の全部に一つか二つずつ出てきていて、心は場所の比喩を与えられるだけでなく、感情が浸《し》み通る何かにされ（「けだるさが浸み通る」）、感ずる動きの主語として詠《よ》まれ（「心がもの憂く想う」）、感情をもつものと見立てられている（「心はたくさんの苦しみをもつ」）。

ところで、「雨に濡れる」のではなく「涙に濡れる」ものとして心が描かれる、そのような方向に進むなら、それは⑥の表現に近づく。この例は非常に興味深い。というのも、「ため息」は「涙」と同様、体の或る様子を言いながらそれだけで或る心の状態、感情を表すものであるのに、それが更《あらた》めて心の中で生じることにされているのだから。「心の有りようを示すため息が、心の中に沢山ある」というので、語句は全体として遣瀬《やるせ》なさや悲しみを増幅して示す効果をもつ21。

それから次に、⑦と⑧とでは、感情を表出する体——顔やため息——の代わりに「花の咲くこと」が呼びだされている。⑦では直接に「愛という花」が開き、⑧では「きみの姿」が花開くのである。花が、或る相手があってのことということを示唆しつつ、感情を表し、その花が咲く場所は心である。そうして、花咲く季節は春、また暖かくなる季節も春で、こうして⑨では、「春を宿す心」という仕方で或る感情が表現される。また⑩では、心が直接に「薔薇」という華やかな花、あるいは香気溢れる花に譬《たと》えられ、（場所の比喩で表されるのをやめて）ものの比喩で表現されている。心が薔薇のようであるとはどのような感情が訪れているのか、人は、薔薇を見、その馨《かぐわ》しき香りに酔うときの我が身に重ねて想像するのであろう。

最後に⑪、この詩句は、言葉遣いの幾つもの効果が融け合った魅力的なイメージを響かせている。第一に「穏やかな優しさ」という感情の直接の名指し。次に「香気」という感情の質を表すものを「立ちのぼらせる」心の鼓動の描写。第三に、まさに愛や恋の言葉を歌うそのことのうちに己の存在を見いだす小鳥「ナイチンゲール」を呼びだして、そのナイチンゲールのように心が歌うという仕方での、媒介による愛の重層的表現。最後に、それも「夜」という、他のすべては消えて、愛の歌だけが響き愛だけが息づく時を言うことで、愛の感情そのものの動きだけを示そうとする効果。

(5) 感情の語彙の増殖と響き合いによる諸感情の位置取り(付　感情の反省と静謐《せいひつ》化)

心を言うとは特定の人を選び、その人の有りようについて言うことである。そして、多様に表現できる仕方で心が動き、変化すると、それがさまざまな感情の生起である。そしてその感情を言うのは、誰にでも生じ得る事柄としての感情を言うのである。また、これは、心と感情の概念の成り立ちからすれば当たり前と言えば当たり前ではあるが、その感情自身にも動きを言える。先にも述べたように、「心が沈む」とき、それはたとえば「悲しみに沈む」ことであるが、その「悲しみが深まり」もする、つまり、感情自身に動きがあるのである。(先の詩句では感情は「疼く」ものであった。)そして、「心が悲しみから癒える」に当たっては「悲しみが和《やわ》らぐ」。また、「悲しみが深まる」なら「深い悲しみ」があるわけで、「悲しみ」が更に細分化され、感情の種類が多くなるとは言わなくても、心の状態としての感情のそれぞれについてそのさまざまな違いを言うこともできる。(先に引用した最後の詩では「穏やかな優しさ」という表現がみられた。)

ところで、「深い悲しみ(あるいは悲しさ)」は「悲しみ」を細分化したもののうちの一つだと内容上は言えても、これは一つの感情名として成熟したものではない。それに対して、「悲痛」「悲嘆」「悲哀」「悲傷」等の語は感情名として通用するのではないか。しかるに、「沈痛」「痛恨」「感嘆」「賛嘆」「哀愁」等の語もあって、これらの語は一緒にその構成漢字を見るだけでさまざまな仕方で響き合う。

私たちは似たような心の状態を区別して言い表す沢山の語をもっている。(複数の語を連ねた表現あるいは文による表現を別にして、である。)たとえば「歓喜」「喜び」「嬉しさ」。これらの語で狙われている感情は少しずつ違う。このことは、「しみじみとした喜び」はあるのに「しみじみとした歓喜」はないこと等によって確認できる。それから、音として同じである「ヨロコビ」を、漢字で「喜び」と表記するか「歓び」と表記するかでも、そこに微かな違いを人は見分けるのではないだろうか。「悦び」「慶び」だとニュアンスがずっと違ってくる。

感情が違うから、それらを表す言葉も違う、そう言えばそうではあるが、言葉が増殖することで感情の小さな差違が目立たされ、言葉のレパートリーが増えることで人が経験する感情が細やかになるという逆方向もある。言うなれば、個人の立場からすれば、感情に関わる言葉を多く学ぶことで人は自分の心の感じ方に多くのニュアンスを獲得してゆくのである。

次の一連の言葉を眺めてみよう。（今度は、漢字を並べた熟語ではない。）語がより多くの語と響き合うに連れ、己の内容を、他の語がもつ内容との微妙な類似と差違を滲《にじ》ませる仕方で細やかなものにしてゆくことが実感できるであろう。

「悲しむ」「悲（哀）しい」「悲しさ」「もの悲しい」「もの悲しさ」「うら悲しい（心《うら》悲しい）」「心《こころ》哀しい」「想い悲しむ」「もの想う」。「淋（寂）しい」「もの淋しさ」「うら淋しい」「肌淋しい」。「侘びしい」「もの侘びしい」「うら侘びしい」「うらぶれる」……。（言うまでもないが、「悲しい」「もの悲しい」「うら悲しい」というグループ化が容易にできる一方で、「もの悲しい」「もの淋しい」「もの侘びしい」――加えて「もの憂い」、感情の語彙ではないが「もの静か」等――、それから、「うら悲しい」「うら淋しい」「うら侘びしい」というグループ化もできる。）

注目したいのは、当たり前ではあるが、「悲しい」という語が先になければ「うら悲しい」や「もの悲しい」という語は生まれないこと。それに対応して、悲しみの感情が喜びや淋しさ等の感情とは違うものとして経験されることの後で、より繊細なニュアンスをもつ「もの悲しさ」や「うら悲しさ」の感情の経験もやってくるに違いないということ。いや、「もの悲しい」という語がなくても、この語で表すに相応しい感情を人は経験していたのだ、と言いたくはなる。だが、恐らくそうではない。人は、「悲しい」という言葉の後で「もの悲しい」という言葉と出会い、その言葉の幾つかの使われ方に馴染む過程で、「ああ、このような感じ方、気持ちが、もの悲しいことなんだろうな」と確認する、そうして確認することで次第に自分の心の動き、状態の中に、より細やかな感情を見いだしてゆく、そういう経験過程をとると思われる。

そして、更に言えば、人は（実は言い間違いでしかなかった場合も含めて）新しい言い回しをつくってゆき、それが何となく上手《うま》く心の有りようを言い得ていると思うかも知れない。たとえば、「うす淋しい」という言い方は普通ではないかも知れないが、いつかしっくりした表現だという評価を獲得したり、「ほろ酔い」「ほろ苦い」「ほろ汚《ぎたな》し」という言葉との連想で「ほろ悲しい」という言葉が出てきて、なるほどと思わせる、このようなことがあるかも知れない。

（なお一言。言葉による感情の描写が分析となり、諸感情の位置取りを意識するようになると、それが、現に自分を襲っている感情と距離を取ることを容易にし、いわば感情の反省となり、感情の静謐化をもたらす可能性があること、このことに触れておく必要がある。ただ、この主題については、既に二度、ほんの僅かだが論じたことがあるので、その要点のみ再録する。「自分の心に言葉を携えて、ないし言葉を探しつつ、向き合うということは、もし感情が私を乱すたぐいのものなら、それをやめさせる[22]」効果をもつ。また、「言葉は、情を幾分か透明化する働きをもつ。というのも、探され、試みられる言葉は他の諸々の言葉と響き合い、響き合うことで、情を他の事柄と関係づけるし、また、幾分かそれ自身から連れ出すからである[23]。」）

（6）感情の描写——響き合う比喩——

次に、語のレベルではない、感情を描写する言葉を考える。

心が「沈んでいる」状態が「憂鬱」という「感情」によって押さえ得るのであれば、その「憂鬱が（灰色の）靄《もや》のようだ」「黒々としている」などと言うことで更に心の状態を詳しく言い得るし、また、「憂鬱がとぐろを巻いている」と言えば、「心が沈んでいる」という状態からは少し離れながらやはり或る心の有りようをよく表現できる。「悲しさ」という感情の状態だと把握できるなら、それを踏まえて「重い悲しみ」「刺すような悲しみ」「鈍痛のように居すわった悲しみ」というふうに進むこともできる。

さて、感情の種類が違えば、その有りようを表現する言葉も違ってくるのは当然である。確かに、「募《つの》る」とか「激しい」とかの程度を示す語は、感情の種類によっては若干の馴染《なじ》まなさがあるかも知れないがそのときも無理すれば、かなり多くの感情に使えるように思える。けれども、募った結果「爆発する」のは喜びや怒りであろうし、「滾《たぎ》る」のは怒りや憎しみであろう。「悲しみが爆発する」とか「侘びしさが滾る」とかの表現は受け入れられない。そして喜びと同じように「爆発」する怒りでも、喜びのように「迸《ほとばし》る」ことや「滲《にじ》み出る」ことはない。また、「悲しみに火を注ぐ」ことはあり得ないが「怒りに火を注ぐ」ことは大いにあり、「燃える怒り」があって、そうして、そうであるなら「くすぶる怒り」があるのも頷《うなず》ける。そして怒りは「火を噴く」こともあるだろう。一方、「くすぶる不満」に対しては、「ガス抜き」や「はけ口」が必要である。あるいは「溜め込む」ことなしに「吐き出す」ことが望ましい等々となる。更に、或る感情が消えゆくとき、「気懸かりは晴れ」「喜びは萎《しぼ》む」が、「気懸かりが萎み」「喜びが晴れる」様子を想い浮かべることはできない。それから、いったんは失せた感情が再び戻ってくるとき、陽気さは「舞い戻る」けれども、怒りのように「ぶり返す」仕方で戻ってきはしない[24]。

以上のように、感情ごとに相応しい表現があるということは、決して単に慣用の事柄ゆえではない。比喩の適切さという問題がある。最後の例で言えば、「舞う」のは花びらや紙吹雪など軽やかなものであり、「ぶり返す」のは病気や寒さなど不都合なことであるということからくる、語の含みの利用が問題なのである。一般に、感情経験の有りようを、熱、火、液体、気体、風船、天気、閉じ込めや漏れ等々、私たちが知覚できる世界で経験するさまざまな事象や身体感覚の中からどのイメージをもってくることで際《きわ》立たせ得るかどうか、そのイメージの適合性を私たちは敏感に把握するのである。

さて、以上いろいろみてきたが、次のことは確認できたと思う。つまり、一般に言葉による無数の表現は、語と語との関係、語と語の外側の事象との関係の網目を通じて相互に養分を得るものだが、感情を表す言葉の場合、特に比喩表現を通じて響き合う。引き合ったり反撥し合ったり、グループ化するし序列化もする。そして、その言葉の上での位置関係が言葉で表現される諸々の感情の側に反映し、さまざまな感情についてのイメージが私たちに醸成される。

そこで、感情は経験するものであり、経験するとはそれぞれの感情のうちに自分を見いだすということであるが、感情の表現に数多く馴染むことを通じて、私たちは感情経験そのものとは別に感情についてさまざまなイメージをもつようになる[25]。また、そのことによって、先にも述べたように諸感情相互の位置取りについて朧《おぼろげ》気に意識してゆくことにもなる。

ところで、いま着目したいのは、心や感情のさまざまな感情の描写を通じて私たちが、自分が感じたことがない感情を想像するということも可能になる、ということである。「燃える」という比喩で表される感情を、人が悲しみの感情や憂鬱の感情に近いものと想像することはあり得ず、喜びや怒りの感情とはどこか共通するものに違いないと思う、そういうことの積み重なりの上で想像が可能になるのである。

第3節　言葉から感情へ

(1) 感情の想像、理解、共感の立ち位置を調べるという課題

とは言え、感情の想像とは実際にはどのようなものだろうか。

私は見たこともない密林を想像できる。存在しない龍をも想像する。そして、想像の内容を私は絵に描いたり言葉で描写したりでき[26]、その絵は私は見ることができるが、想像内容そのものは見るものではない。それは、現実に見る密林、あるいは樹木に触ったり匂いを嗅いだりするときに現われる密林や(仮に存在するとしたときには見えるであろうし吐く息の音が聞こえるかも知れない)龍と合致しない。二つの間には決定的な隔たりがある。現実に見えるもの、聞こえる音は私の外(体の外)に位置して見え、聞こえ、空間規定をもつが、想像上のものはそのような位置を取りはしない。想像と現実とは異なった性格のものである。そして、想像内容を絵にすることができる場合でも、その「見えている絵の内容」と想像内容とは別ものである。

だが、感情に関してはどうか。感情がどこか空間内の位置を占めるわけではない。感じることそのことが感じられる内容の現実を構成すると思われる。すると、感情の想像が内容をもつとき、その内容の性格は現実の感情の有りようとは決定的に違うことにはならないのではないだろうか。こういう疑問は尤もではないか。

この疑問に答えるために、私は感情に関して「想像」と「理解」と「共感」と、三者の微妙な重なりと違いとを、それぞれに

おける言葉の関与がどのようなものであるかを調べつつ確認し、それら三者相互と普通の直接的な感情の現実性とはどのような位置関係にあるのかはっきりさせるべきだと思う。しかしながら本節では、物語の中で味わう感情という話題に材料を絞って、事柄を考えてゆこう。前節では感情の描写を通じての感情の想像の可能性を指摘したが、ここで物語という、その全体が想像という私たちの営みに関わってくる傾向が強いものを通しての、特に感情の想像というものに目を転じよう、というわけである。

(2) 物語の中の恋・現実の恋

「あの子は、いってたっけ、もし赤いばらを持ってきてくださったら、あんたと踊ってあげますわって」うら若い学生が叫びました。「だけど、ぼくんちの庭中さがしたって、赤いばらなんかありゃしない。」[中略] その美しい目は涙で一ぱいでした。

[中略]

「とうとう、ほんとうの恋人を見つけたわ」[木の葉のあいだからのぞいて、学生のいうことをきいていた小鳥の] ナイチンゲールはいいました。「くる夜もくる夜も、私はその人のことを歌ってきた。その人のことを知っているわけではなかったけれど。くる夜もくる夜も、私は星に、その人のことを話してきた。そしてやっと今、その人の姿《すがた》を見たんだわ。[中略] はげしい恋の思いが、その人の顔を青白い象牙《ぞうげ》みたいにしてしまったんだわ。悲《かな》しみが、その額《ひたい》の上にしるしをつけてしまったんだわ。」

[中略]

「私の歌っていることを、あの人はなやんでいる。この私に喜びであることが、あの人には苦しみなのだ。きっと恋ってすばらしいものにちがいないわ。それは、エメラルドよりも貴重《きちょう》なもの、みごとなオパルよりも高価なもの。[中略]

黄金とひきかえに、はかりで量《はか》り分けることもできないわ。」

［中略］

ナイチンゲールには、その学生の悲しみの秘密《ひみつ》がわかりました。そこで彼女は、だまって槲《かしわ》の木に腰をおろし、恋の神秘《しんぴ》について考えるのでした[27]。

以上は、オスカー・ワイルドの「ナイチンゲールとばら」という作品の一場面である。ナイチンゲールの思いや行動は「恋（の思い）」という感情を巡っている。彼女は長らく恋や恋人の物語を歌ってきた。それが彼女の仕事、本性だから。そして今、或る若者を見、彼の言葉を聞く。彼女が物語の中で歌う対象である恋人と違って、若者は「ほんとうの恋人」だと思う。

では、「恋の思い」は？　若者が味わっているものだけが本当の恋であり、ナイチンゲールはその感情を知らないのだろうか。確かに彼女は若者を見て、「恋はすばらしいものにちがいない」と言う。推測するしかない事柄だと考えている。だが、彼女が「恋」を歌うとき、恋の感情について何も知らないでいるということがあるのだろうか。それに、彼女は若者の顔の様子に「はげしい恋」の感情を見てとっている。どうして可能なのか。感情をもつこととは違う仕方であるにせよ、その感情についてなにがしか知っている必要があるであろう。

ナイチンゲールは若者の額を見ただけでは、そこに「悲しみ（のしるし）」を見ることはできても、そこに「恋の思い」を読みとることはできないのではないか。悲しみは恋とは無関係に別の理由で訪れることもある、いや、その方がずっと多いのだから。悲しみなら若者の顔の表情だけで分かる[28]。けれども、その悲しみが「恋」に結びつくには何かが足りない。

ところでナイチンゲールは、若者が「あの子」について語る次のような言葉を聞いたのである。

「明日の晩、王子は舞踏会《ぶとうかい》をもよおされる。」うら若い学生はつぶやきました。「ぼくのかわいい子も、それに出かけるだろう。［中略］ぼくはひとりぼっちで坐《すわ》っているだろう。すると、あの子はぼくのそばを通りすぎる。あの子は、ぼくにふりむきもしない。ぼくの胸は張りさけてしまう[29]。」

この言葉を聞くことなしには、ナイチンゲールは若者が恋の感情を懐いているとは分からなかっただろう。私は言いたい、彼女にあって、若者が語ることが、自分が歌う恋の物語と呼応したのである。だから彼女が「本当の(現実の)恋」として発見した恋もその基本ベースは相変わらず物語の中の恋である。ただ、現実の若者を見ることで、恋は、彼女にとってそれを歌うのは喜びであるのに、どうやら悲しみであり苦しみであり悩みでもあると分かってきたのである。そこに物語の恋を超える現実もある。そして、そのように複雑な恋はナイチンゲールにとって「神秘」だとして考える対象となる。

では一般に、人はどのようにして物語を通して或る感情を何らかの仕方で知るのだろうか。

(3) 現実の恋における「想像＝物語」という要素

そもそも物語とは何か。言葉は人への働きかけの独特の仕方のうちに起源をもつが、物事を描写する力をもつようになり、しかるに、言葉が何事かを描く力を手に入れるとは、実に、現実のみならずフィクションを描くこともできるということに他ならないのであり[30]、人は言葉の力ゆえに現実とフィクションとを自由に往き来する。現実の世界はフィクションによって膨らまされ、フィクションは現実から養分を得る。言葉とは、現実とフィクションと両方を物語るものなのである。ではフィクションとは何かと言うと、物語ることによってのみ生み出され、それについての物語が閉じてしまうことで終わり、それゆえに現実から隔離されていると言ってもよい性格の作品世界である。

全くの架空である物語世界と、現実のあれこれについて想像を巡らす物語と、そして現実を描いてみる物語(報告等)と、これら三つの間にははっきりした切れ目がないが、それでも物語内容の作用の強さ、つまりは他の諸事象との絡み具合の緊密さによって区別される[31]。

若者が「ぼくはひとりぼっちで坐っているだろう」というのは、明日の晩の想像でしかない。そして、そのような想像を巡らす前に、実は若者は次のような情景をも想い浮かべたのであった。

「もしぼくが赤いばらを持ってったら、あの子は明方《あけがた》までぼくと踊ってくれるだろう。もしぼくが赤いばらを持ってったら、あの子を胸に抱《だ》くだろう。あの子はぼくの肩に頭をよりかける。」

二つとも想像である。違いは、「ひとりぼっち」の方は確実なことと予想され、「あの子と踊る」方は、あるはずがないと思いながらも願望する内容として想い浮かべている、ということにしかない。そして違いが生じるのは予想も願望も現実（あの子は「もし赤いばらを持ってきてくださったら、あんたと踊ってあげますわ」と言ったし、若者の庭には赤いばらはない）を土台としているからであり、その点で若者が紡ぐ二つの物語（筋道）は想像でありながら両方とも現実に組み込まれている。

ところで、「ぼくの胸は張りさけてしまう」というのは感情の描写だが、この感情は、若者が「ひとりぼっちで坐っている」ときに味わうであろう感情のことを予想していっているのか、それとも今、舞踏会の様子を想像しているこのときに既に味わっていることなのか。――予想という建前をとりつつ、現に「胸が張り裂ける」感情が訪れている。このことは、「踊ってくれる」という場面をも想像してみるのに、その場面に相応しい嬉しさの感情やうっとりした気持ちを想像できる余裕が若者にはほんの少ししかないことで確認できる。若者は両方の想像をしながら、一つの想像に対応する感情だけを既にもってしまう。現実に悲しいのである。（詳しくみれば、私が本節の考察で「恋の感情」と呼んでいるものは、一人の女性を震源とし、かつ絶えず彼女へと注意を向けさせる――気難しい哲学的表現を使えば、彼女を志向項とする――諸々の感情、「好き」ということを中核に、憧れたり少しうっとりしたり遣る瀬なかったり胸が張り裂けたり希望をもったり等の一連の諸感情を、一つに纏《まと》めて言うものであろう。）

この現実を見聞きし、ナイチンゲールは、若者は「ほんとうの恋人」だと言う。翻り、ナイチンゲールが歌ってきた恋人たちと恋の物語は、特定の人や特定の現実に結びついていない。いつ、何処に居るか分からないどの恋人たちにも当て嵌まるかも知れない或る物語である。だから、お話の中だけの恋人と恋、恋の感情だけがある。そして、この物語を歌うことにナイチンゲールは喜びを見いだすが、それはいわば孤立している。物語を何度も歌い、喜びを何度も見いだすかも知れないが、物語や喜びが何かの現実によって生まれ、変化を及ぼされ、何かを生み出してゆく、というようなことがない。物語の内容と現実とが織り合わされてはいないのである。

そうして再び若者の場合に戻れば、後での現実の展開が若者の予想や願望と照らし合わされることが生じる。そうして、実際はどちらも生じない。若者はナイチンゲールのお蔭で赤いばらを手に入れ、けれども少女は赤いばらを持ってきてくれた若者を全く相手にしない。そして実に、若者はあっさりと次のように言って再び本の世界に戻る。彼の恋の感情は嘘のように消えてしまい、胸が張り裂けなどしないのである。

「恋なんてばかげたこった。恋なんて論理学の半分も役に立ちやしない。何一つ証明しやしないんだからなあ。いつも起りそうのないことを告げたり、本当でないことを人に信じさせたりするんだからな。［中略］ぼくは哲学に戻《もど》って、形而上学《けいじじょうがく》を勉強しよう[32]。」

だとすると、現実の若者の恋も、若者が想像した物語（少女の存在と言葉によって触発された、二つの違った場面の想像によって養われた物語）の中でのことでしかなかったとも言えるかも知れないではないか。少なくともそのような側面もあるのではないか。しかし他方、やはり現実の展開が若者の感情の移りゆきに作用している点で、若者の恋は閉じられた物語の中の世界での出来事であるわけではない。

（４）想像による感情の二つの性格

若者は、赤い薔薇を少女にあげ少女と踊る場面を、それから少女が振り向きもせずに自分がひとりぼっちでいる場面を想像し、恐らく前者の場面の想像では少しの幸福を味わい、しかしながら後者の場面の想像に自分を入れ込む力が圧倒的に強いので、こちらの想像世界の住人としての自分が味わうに違いない感情、胸が張り裂けるような感情を、現にもつのである。そうして彼の場合、想像は或る現実に促されてなしたのであり、かつ、ひとときの想像から現実に舞い戻るとき、その想像の一つ(赤い薔薇を少女に差しだす方の想像)を現実へと接ぎ木しようとするのだから、想像は現実へと織り込まれ、その隔離的性格は薄い。まして、想像上の主人公は生身の彼と同一人物として想い浮かべられているのだから尚更であり、もはや想像上の感情と現実の感情との区別も難しい。いや、確かに想像は想像でしかないことは否定できないが、私がここで「想像上の感情」と呼んでみたものは、実に「想像することとそのことが引き起こす感情」として、しっかりと現実の感情になっているのである。

ところで、私たちは言葉による物語(ないし詩句)が織り成す独自の世界を、現実世界から隔離されたフィクションの姿で受け取ることがある。そして、その言葉を辿《たど》ってその世界の一時的な住人となることができる。言葉に案内されて意味世界に遊ぶのである。そうして、物語の中の人物たちそれぞれの感情を(あるいは詩句に織り込まれた詩人の感情を)擬似体験する。(ただし、言葉を辿るからといって、前節で述べたような感情を描写する言葉を通じて感情を想像するのかといえば、それももちろんあるが、基本的には自分を物語世界の住人としてさまざまな場面におく想像を通じて、その場面で人が感ずるであろうことをおのずと味わってしまうという仕方で、疑似体験する。実のところ、私が若者やナインチンゲールの感情についてあれこれ述べてきたことも、私が作品世界の彼等に身を重ねる想像をするということがあって可能となったのである。)

それは体験である。その感受は生々しく、その感受とともに人は息をつめたり、唇をぎゅっと結んだりする。しかし、擬似でしかないのは、その時間はいつでも閉じられる性質のものであるからである。否応ない現実の強度はそこにはない。作品の主人公と一緒にどんなにハラハラしても、おやつを食べながらお茶を飲めば、人は安心できる世界に帰って来れる。いや、誰かがしてくれるお話を聴いている、あるいは本を読んでいるそのときに既に、話の内容に入ってゆく他方で、人は椅子の固さや部屋の寒さを感じたり、空腹を覚えたりするし、ふと目を上げると窓の外に庭を見る。ここに現実が紛れもなくある。体が感覚によって存在を訴え、その体がある場所として知覚されてくる世界が現実世界である。その現実世界は、人が行動によって対処しなければならないことが次々に関連をもって起きる、のっぴきならない世界である。そして、いわゆる人の現実の感情もその関連のうちに織り込まれている。感情を引き起こす事柄が現実の他の諸事象との諸連関に組み込まれているからである。

引き換え、小説を読んで熱い気持ちが湧き、その余韻が、庭に出て木立を眺めるときまでも人を浸《ひた》そうと、人の感情を掻き立てたものそのもの（物語の中の一齣《ひとこま》、事件その他）がこの現実世界に属しているわけではないことが人には分かっている。どういうことかと言うと、そのものの影響が、人に或る感情を引き起こしたということなどを除いて、この世界で更に生じるという可能性はないということである。（物語全体は物語という資格で現実世界に属する何かであるが、物語の中のそのものは、物語の中に留まっていて、物語世界を介してでなければ人に影響を及ぼさない。）現実世界では予測不能のことも生じるが、フィクションでは世界は閉じられていて、事柄の更なる生成はない。人が読書を中断し、これからさき、本（物語）は読み進めれば更にどういう感情を味わわせてくれるだろう、予測がつかないという状況があったとしても、再開した読書で人が味わう感情には必ず決着がつく。（もちろん、読書によって味わった或る感慨が人の人生を方向づけるというようなことがある。ただ、その場合、その現実への影響、干渉は当の本人を介してのみであり、そしてそのようなことがあるのはその感情がリアリティをもつからであるが、しかしながら、感慨自体を引き起こしたもの――物語の中の一齣――の方は、切り離された世界に属している。）

ただ、人は、意味世界で味わったたぐいの恐怖や嫌悪感を現実世界で味わうはめになんて決してならないで欲しいと思ったり、或る自分を魅する感情の現実版――すなわちフィクションではなくこの世界で起きる状況に即して感情が生じる場合――に出会うかも知れないことを予感したり願ったりすることはできる。そうして、ここに、ここで擬似体験と呼んでいる感情経験を、私が「感情の想像」だと言う理由もある。（「想像上の感情」ないし「想像による感情」と言っても同じことである。）現実世界で出会う感情に先がけてそれを想像するのだ、という位置づけを与え得るし、現実世界での感情は必ずや想像による感情の内容をはみ出た新しさ、独自さをもつからである。独自さは、想像された世界と違って現実の世界は常にその細部が想像を越えた濃密さをもち限りない発見と作用の可能性に開かれていることからくる。その細部がどのような感情上の反響をもたらすかは、現実に経験してみないことには分からないのである。感情の想像もそれを単独でみれば、一般の喜怒哀楽と並ぶ感情そのものである。けれども、それを生活の流れの中に置いてみれば、それはフィクションといういわば安全圏に身をおいて味わう感情でしかない。こうして、一方ではそれは、その時点での人に限定して言えばその人を満たすものであり、そのときの有りようを規定するリアリティをもち、他方で私たちはそれを、いつか自分にも訪れるかも知れないいわゆる「本物の」感情の擬似体験だと、感情の想像だと、言ってもよい。現実ののっぴきならなさの中に埋め込まれた生々しい感情体験とはやはり性格を異にするに違いないと、私たちは承知しているのであるから。しかし、それも感情は感情、現実の感情である。このように、想像による感情は二つの性格をもつのである。

(5) 感情の想像から現実の感情へ

フィクションである物語の住人に身を重ねて味わう想像による感情は、言うなれば言葉が引き起こす感情でしかない。ところが、である。第1節でみたように、日常の現実の生活の中でも、私たちは言葉によって(いわゆる物語ではない普通の言葉によって)さまざまな感情を引き起こされるのであった。だから、前項でみた疑似体験の感情と現実の感情との区別は、感情そのものの区別というよりは、感情を引き起こす言葉そのものがフィクションにおける言葉なのか、それとも現実の中で働きを示す言葉なのか、ということに由来していることにはならないか。

しかしながら再度、言葉は元々が現実とフィクションとを自由に往き来するものであった。そこで、何によって(フィクションの物語によって、あるいは現実世界の会話で遣り取りされる言葉によって、更にまた、言葉無しで現実のあれこれの出来事によって)引き起こされるのであれ、感情は動いてゆくもの、変化するものなのであるから、次のような逆転も生じる。すなわち、先にみたように若者の方は恋の感情から醒め、ナイチンゲールの方では、恋は想像を巡らすものから現実の感情へと姿を変えるのである。

先の引用の箇所ではナイチンゲールは、若者の恋のことを、言葉上ではない「ほんとうの恋」として分かった気でいて、ただ、自分は未だ恋については歌や物語の中でしか知らず、ほんとうの恋の感情は想像するしかない、確信をもちながらでも推測するに留まる、そういう仕方でいると思っている。けれども彼女が次のような言葉を発するとき、自分自身で気づかないまま、恋の実質的感情に満たされるに至ったと思われるのである。

「だれにとっても、生命《いのち》ってものは、とても大事なものだわ。緑の森に腰をおろして、黄金の馬車にのっている太陽や、真珠《しんじゅ》の馬車にのっている月を眺めるのは楽しいことよ。［中略］だけど、恋は生命にまさるものよ。それに、鳥の心臓なんて、ひとの心臓にくらべたら、何だっていうの？[33]」

ナイチンゲールは、若者のために生命と引き換えに赤いばらを手に入れる。すると、もはや感情は現実から切り離された物語世界の中でのことではない。

さて、以上みてきたことを、前節の考察をも含めて纏めるに、次のように言えるのではないか。恐らく私たちは言葉の学習を通して豊かな感情生活を育《はぐく》んでゆくのだ、と。感情とは何の媒介もなしに生じる、各人にとって最も直接的なものであると私たちは思ってしまいがちだが、そうではない。多くの感情というものは人間関係において生まれるものだが、人間関係は言葉の遣り取りによって方向づけられる場合が多い。その言葉の中には感情を喚起する言葉はもちろん、ストレートに感情を表現する言葉も含まれ、こうして私たちは多くの感情経験を、言葉を伴わせる仕方でなすのである。また、言葉は人々の状況、態度、行動その他を、その人々が味わう感情の言葉をもまじえて描く。すると、もしかして自分が経験したこともないたぐいの感情を表す言葉の内容を、物語に描かれた人々の有りよう（状況、態度、行動等）の想像を通じて理解しもするのである。

私たちは前もって感情についてのさまざまな表現に馴染み、かつ感情を誘発する状況のあれこれを想い描き、それに導かれて想像上のさまざまな感情を経験する。そうして、或る心持ちを懐いたときにこれが「＊＊＊」と呼ばれる感情なのだろうか、と確認し、更に（確認するだけでは、やはり言葉は感情を追いかけるということになるのだが、そうではなく）言葉での表現と照らし合わせ、その言葉が引き起こす想像感情が混ざりあうことで、微妙な陰翳のある感情が生まれる。感情経験は、どの程度に言葉をも養分としているのか分からないほどに言葉の影響下にあるのである。（このことと、感情は言葉で表現し尽くせない――感情を含めて現実的なものはすべて個的であるのに、言葉は一般性をもつのだから――ということは両立する。）ただ、言葉の影響化でこそ体験することが可能になる感情が多々あるのに、いったん通路を得たものとして感情は言葉なしでも次々に生まれ、かくて私たちは感情の直接性に目を奪われ、感情経験における言葉の働きを忘れてしまうのである。

（6）言葉による応答と感情の湧出――歓びと哀しみ――

年老いて独りでは生きてゆけなくなり、長く暮らした田舎を遠く離れて我が家に身を寄せてきた老母は、当然にそれまで濃厚につき合ってきた方々とのお喋りの時をもつことができなくなった。私には、それが一番の不憫《ふびん》に感じられる。菓子や果物、漬物を食しながらお茶を飲み、他愛もない話を、育った土地の言葉、方言で取り留めもなく喋り合う、これが母の他の何にも代え難い幸福であったのに違いないと、私は思う。

誰かに何か特に伝えるべきことを伝える、その最もすぐれた形態という側面が、言葉にはもちろんある。けれども、私たちには是非とも人に伝えなければならないことがいつでもあるというわけではない。それでも、私たちは喋ることを必要とする。伝達や報告のためにではなく。

言葉の重要な働きの一つは、人と人とをただ交流させるだけの働きである。何か取りたてての内容を言葉が運ぶ必要もない。だから会話の核となる内容としては会話者が互いに親しんでいるということとそのこと自身だけがある、そういう種類の言葉の行き交《か》いがある。それが人を楽しくさせ、満ち足らせるのである[34]。

私は庭が好きだ。頭上の木の葉の重なりの間から見える空、葉群《はむら》でちらちらする光、風の音、風にそよぐ木の葉の姿は、いつだって私を魅する。そして、季節によって庭の土、苔、水盤の水、樹木、草花その他の無数のものが違った姿を見せ、表情が違うから、それらすべてを追って、庭の佇《たたず》まいや庭で経験するさまざまな事柄、私の心を動かすものを想い浮かべ挙げてゆけば、限《き》りがなく、私は言葉を果てしなく紡ぐことに巻き込まれてゆくであろう。

　ただ、重要なことを一つ述べたい。それは、庭には動きがあること。光、風、雨などのせいだけの動きではない。樹木は芽吹き、葉を広げ、緑を増す。土は匂い、そこから草花の芽が顔を出す。茎が立ち上がり、葉を広げる。花は揺れ、太陽を追いもする。そして庭全体が午後には光を浴びて輝き、そしてやがて、夕暮れの落ち着きを身につけてゆく。このような動きこそが私を歓ばせる。動きは確かに私の心を動かす。感情を立ちのぼらせるのである[35]。私は幸福を感ずる。それに加え、私が樹木を剪定し、花壇を設《しつら》え、種を蒔《ま》き球根を植えなど、作業をすればそのことが庭の佇まいに跳ね返ってきて、この私を切っ掛けとした動きは、当然に喜びをもたらす。

　だが、なのに、ただ、どうにも私を貧しい淋しさのうちに見捨てるしかない庭の冷たさというものがある。それはどういうことなのだろう。樹木も花も黙して語らないということ、ここに理由がある。

　花ににっこりして向き合う私は、自分が独り相撲《ずもう》しているような、そういう気持ちにさせられることがある。ふっくらとした黒い土から、自分が蒔いたものの芽が覗くのを見つけるととても嬉しいが、それでも、淋しさがあることがある。自分の思い通りに庭に花々が咲き乱れて満足する、それでも足りないものを感ずるときがある。これはどうしようもないこと。だが、なぜなのか。恐らく、言葉、言葉を聞くことを私は欲している。

　自分を包む庭が沢山のことを語りかけると詩人は言う。だが、それは詩人が投げ入れた言葉を庭のうちに聴き取っているだけ、幸福な夢のヴェールが詩人を護っているときだけなのだと思われる。詩人というものは、結局は自分にかまけている存在なのだ。私はと言えば、贅沢に或る贈り物を待っているのであろう。その贈り物は、言葉が運んでくれる。私に向けて発せられる言葉が。

　どんな言葉にも、ありふれて、予想がついていた言葉でしかなくても、この特定のときに音声として現実に聞く言葉には、贈り物のような或る種の思いがけなさがある。こちらから発した言葉に返ってくるものだとしても、そこには私が投げ入れたものしかないということはない。会話をする人は対等である。私と庭とは決して対等にはなれない。庭は一方で私の与《あずか》り知らぬ無限の豊かさをもっているが、他方、そのどの部分が私に現われてくるかどうかは私次第である。人はそうではない。人はもう一人の可能な自分でありつつ、私が見知らぬ存在であり、私の努力次第でどうにかなるものではない存在である。ただ、それでいて、こちらを気に懸けてくれるかも知れない。そうして、言葉が発せられるとき、見知らぬ人が仲間になる。その瞬間だけかも知れないが、生の不思議を生きてゆく道連れとなる。そこに、言葉だけがもたらす貴重な歓びがある。（序でながら、文化、慣習による違いはあるが、人が体と体とを触れ合って応答する仕方には大きな制限がある。）

他方、私たちは言葉を知っているから、哀しみも知っている。日常の喜怒哀楽の一つとしての悲しさ、つまり、何かに失敗して悲しいとか、大事にしていたものが壊れたから悲しいとかの悲しさではなく、自分の存在を確かめる仕方で居ることそのことが連れてくるような哀しさ、それは、人と人とを寄り添わせる言葉が影のように連れてくるものではないか。生が我が生である、それだけのことでしかないという当たり前さ、このことに他ならないそういう内容の孤独と哀しみとは溶けあっていて、それを言葉は黙することで気づきのうちに残すのである[36]。

第6章　感情と意味世界

——感情に関して「適切さ」を言うとはどういうことか、を切り口に——

第1節　問題提起

(1) 怖がらなくていい

弟が急に顔を引きつらせたので「どうしたのだろう」と思って振り返り、弟の視線の先を見ると、途轍もなく大きな犬が弟の方を見ていた。自分も一瞬ぎょっとした。ただ、怖いというより、驚いたという気持ちの方が勝《まさ》っていた。同時に、弟について「ああ、怖いんだ、無理もないな」と思った。と、犬を連れていた少女が弟に言った、「怖がらなくていいわ。」「ほんとに？」信じていいか分からなくて弟は言った。「大丈夫よ。ほら、女の子の私がこうしてて、この子はこんなに大人しくしてるでしょう？　優しいんだよ、この子は。体はとっても大きいし、見かけは怖そうだけど。一緒に散歩していて楽しいの。お兄さんも大丈夫という顔で見てるわ。」少女は犬を「この子」と呼び、首筋を優しく撫でた。弟は大きくフウッと息を吐いた。

この描写1を材料に、感情についてさまざまなことを考えることができる。本章では特に、感情に関して「適切さ」を言うとはどういうことか、その多様な場合を検討したい。その検討を通じて、人間の経験における感情というものの位置がよく理解できるようになる、と私は考えるからである。

三つの感情が語られている。「怖い（以下では、名詞表現が便利なので「恐怖」と記す場合が多い）」という感情、「驚き」「楽しさ」。そして、恐怖は小さな男の子（弟）、驚きは少年、楽しさは少女が感じた（感じている）もので、或る時間に或る場所で居合わせた三人で、三人各様、違った感情が生じている。そこで、まず、余りに当たり前だが、確認しよう。感情とは一人ひとりにおいて生じる事柄である。

「感情はその感情をもつ人自身が感じるもの」と言うと、自明過ぎてほとんど無内容に思えるが、感じる本人を抜きにした感情というものはあり得ない[2]。そして、それぞれの感情は各人の状況に応じて生じるべくして生まれるものであるに違いない。複数の人が同じ時間に同じ場所に居合わせるということは、或る意味で同じ状況に居合わせていると言ってもよいが、人がそれぞれに携えている特有の状況（ないしは事情）をも一緒にしたものとしての状況を考えると、各人の状況というのは一人ひとり違うものである。

野球の試合の最終場面で劇的逆転による勝敗が決まった瞬間に、一塁側スタンドに陣取った一方のチームのファンたちの誰もが歓声を上げ、三塁側では誰もが悔しい思いをしている、そういう場合だと、同じと言っていい状況の中で大きく二つに分かれた人々の共通の対応があり、その対応を促すものとしての二つに細分された状況というものがあると考えてもよいかも知れない。しかるに、更に細部に目を凝らすと、個人によっては、深い悩みを抱えていて、大好きなチームの勝利の場面に居合わせても気が晴れはせず、周りの人々と同じように歓喜の情が湧き起こりはしない、ということはある。むしろ、その人（Aさん）にあって、周りの人々とちぐはぐである自分が孤独で淋しいという感情が生まれるかも知れない。Aさんの状況は周りの人々とは違うのである。

さて、このようにみてくると、或る特定の時に或る特定の感情が人に生まれるというのは自然なこと、その人にとって自然なことだろう。あるいは、感情が（さまざまな様相で）持続する場合のことをも視野におくと、人が或る感情を懐《いだ》く、ないし懐き続けるというのは、当人にとって懐くべくして懐くことなのであろう。

しかるに、感情というものがこのようなものであるなら、感情に関してその「適切さ」を言うことは意味をなさないように思える。というのも、適切さを言うとは適切ではない場合を言えるということを前提にしているわけで、感情が生じるべくして生じ、また持続する場合には持続するものであるなら、そのようにあるしかない感情に、適切なものか適切ではないかなどを言う余地はないだろうからである。（更に言うと、何かの適切・不適切が本当に問題にできるのは、何かを選ぶ・選ばないことができる場合だけのようにも思われるし[3]、それから、そもそも何との関係でどういう尺度で誰にとっての適切さを言うのか、という前提を明確にしなければならない。だが、これらの事柄は、論の進行過程で適切な箇所が見つかるときに取り上げることにする。最初から重要な概念の一つひとつに関する諸々の論点を洗い出し、固めてゆくと、その作業のお陰で、当座、全体の論の要点が見えなくなってしまう懼《おそ》れが大きいからである。）

だが、本章の冒頭におかれた描写に戻るに、少女は男の子に「怖がらなくていい」と言った。もちろん、この発言は、男の子に生じた恐怖の感情は不適切だと言っているのではない。逆に、怖がるのが当たり前だろうということを認めている。しかし他方で、恐怖の感情をもたないことが適切だ、と言っている面もある。そして実際、少女の言うことを受けて男の子は、何とか怖がることを止《や》めたのである。

もちろん、これには、状況が変わったからだ、だから感情の生起ないしは有りようが変わるのも当たり前だ、という解釈も成り立つ。けれども、では状況を変えたのは何かと言うと、怖がらないのが適切だと解釈できる（更に言えば、むしろ犬に対して親しみの感情をもつことが適切だという含みもないわけではない）少女の主張ないしは考えに男の子が納得することによってである。

そして翻るに、球場の一塁側スタンドで一人だけ喜びの感情をもっていない人に向かって、「何だ、お前は、皆が盛り上がっているのに何をしけているんだ」と、周囲の誰か（B氏）が難ずるかも知れない。やはり、その場では喜ぶのが適切だと言わんばかりではないか。

或る感情について、それが適切かどうかを言うとはどのようなことだろうか。

(2) 感情一般の発生の理由が分かるということと適切さを言うことと

二つの例のどちらでも、感情の適切さや不適切さを言っているのは(少なくとも最初の段階で言ったのは)、或る感情を懐いている当人ではなく、他の人である、ということに注目しよう。(すると、これは、人は「他の人の感情が分かる」という前提の上でのことである。少なくとも、分かると思っているという前提があるし、分かる場合があるということの承認を前提している。では、人はどのようにして他の人の感情が分かるのか、また、どの程度まで分かるのか。これはお決まりの問題である。日常生活で人々が現実問題として直面する重要な問題であるし、さまざまな領域に足場をもつ論者——研究者——たちがさまざまな角度から散々論じてきた問題である。私は本章で、他の人の感情が分かる、ということの内実と、分かる、ないし分かると思うことによってどういうことが生じるかを検討してゆくが、いまは、人は「他の人の感情が分かる」ことが屡々《しばしば》であるという前提を認めて、先に進む。)

他方、その感情を懐く当人にしてみれば、その感情が生まれるのは、適切かどうかを言う前のことである。適切・不適切が問題になる前に生じてしまうのである。仮に当人にも問題になる、ないしは当人が問題にする場合、それはいつも感情の発生に遅れてだ。(もちろん、未来に起きる可能性の高い或る場面を想像し、そのときは嬉しいだろうな、と想像するだけではなく、嬉しがるべきなんだろうな、と思う、そのようなことはある。しかし、これは一般性のレベルで考えているのであって、具体的な感情が生じるそのとき、適切・不適切の判断を伴って感情が生まれるのではない。)

では、少女やB氏は、感情を懐いている当人ではなく他の人であるということは、彼女らは、感情を外部のいわば客観的な立場から論評しているのだ、ということを意味するのだろうか。

ここで、さまざまな感情がどういうわけで生まれるのか、その発生を説明しようとする感情の研究者たちに目を向けてみよう。(日本の研究者たちは慣習として「情動」という言葉を使うことが多い。英語で言えば emotion という語とそれに対応する欧語を日本語に翻訳するときにこの語を採用した、その流れでなのかも知れない。英語でも feeling、passion 等、ニュアンスが違う沢山の語があり、日本語でも、「感情」「情動」の他に、「気分」「情念」「激情」等、多数あり、具体的場面ではどの語が適切か、ということがあるのだが、一般性をもたせてどの語かを選ぶのは簡単ではない。けれども、有る傾きや癖がない一番普通なのは「感情」という語だろう。実際、「情動」という語は、「強い、一時的な感情」を特に選んで表現するのに適しているという事情がある。そのため、「情動」という語を採用している学術的な本を読む場合、かなり面倒なことがある。ただ、印象では、新しい文献であるほど、それから啓蒙的色合いの強い本ほど、「感情」という言葉を中心に書かれているような気がする。）以下は、特に恐怖という感情がなぜ人に生まれるのかの学的説明の典型的な一例である。「学的」とは、感情というものが、人間がなすさまざまな経験の中でどういう位置を占めるかを見定めることで感情を理解しようと、感情とさまざまな事柄との関係を調べてゆく立場、それゆえに感情経験を外側から眺めることを要する立場であるに違いない。

恐れを感じる能力は、あらゆる物陰に、腹をすかせた捕食動物が潜んでいるような世界では、極めて有用である。それがあることによって、動物は、起こり得る、いかなる危険の兆候にも迅速に反応することができ、そして素速く逃げることができるように身体中にホルモンを大量に放出し、心を「逃げろ！」という、たった一つの思考でいっぱいにするのである[4]。

「有用」とは「適切である」ことの一つの有り方と言ってよいだろう。すると、この文章は、人が或る種の動物であるということに焦点をおいて（「人」という言葉は使われていずに、「動物」についての話になっているが）、動物としての人が恐怖の感情をもつことについて次のように言っていると読める。すなわち、①人が置かれた環境の或る状況、危険な状況との関係で、②生き延びることは良いことだということを当然視した上で、その良いことを尺度にして評価するときに、③恐怖の感情は、感情をもつ当の人にとって適切なこととして生じる、④なぜなら、恐怖は危険から逃げるよう人に促すからである、と。私は先に、そもそも何との関係でどういう尺度で誰にとっての適切さを言うのか、という前提を判《はっ》きりさせせなければならないと指摘だけしておいたが、ここでは、この前提が明確になっている。

この指摘が、進化論的心理学の観点からのものであることは明瞭で、恐怖感情というものの発生の理屈を言うことと、恐怖感情の適切さを言うこととは一体になっている。というのも、感情の発生の説明は、感情には有効な機能があることの指摘によってなされるのだから、その機能をもつものとしての感情は適切なもののはずだからである。

（では、発生の理屈からすると、感情はいつだって適切なものだとなるのだろうか。いや、学説は、大局的見地から恐怖感情一般の適切さを言っているに過ぎない。だから、個別の感情がどれでも適切だとは限らない。ジョセフ・ルドゥーが挙げている例だとこうだ。——この例は、エルスターによるルドゥーの著書からの長い引用文の中から採っている——。人はグニャグニャ曲がったものが小道にあるのを見ると恐怖を懐く。蛇だ、あるいは単なる棒きれだ、と判断するより前に、そのように反応するように情報処理システムがつくられているからである。すると、グニャグニャ曲がったものが実は棒きれであった場合には危険は存在しないわけで、恐れの感情は状況には相応しくない、ということになる。しかし、このことを認めた上で、ルドゥーは次のように言っている。

生存という観点からすれば、潜在的に危険な出来事に対して本当に危険であるかのように反応できる方が、潜在的に危険な出来事にまったく反応できないよりも有利である。棒きれをヘビと間違えたときの代償は、長い目で見れば、ヘビを棒きれと間違えたときの代償よりも小さい5。

「代償」を言うのは「不適切な場合があること」を認めるからこそ出てくる。しかし、個々のあらゆる場合に適切さがあるのではなくとも、恐怖の感情をもつことが全体としては適切であれば、それがいい、という見方である。——そして進化論の根本的発想からすれば、感情を懐く個々人にとって、というより、むしろ「人類にとって」適切である、ということにさえなるのかも知れない。実際、感情の役割を、感情を懐く個人の直接の利益につながる行動よりも利他的行動を促すことに見いだす考えなどは、この線上のものである6。——

また、次のような場合にも、或る状況で或る感情が生じることは不適切なことになる。

感情的傾向性は、最初に進化した低次の生物種にとっては有用であったかもしれないが、より後になって進化した高等生物種にとってはかつての有用性を失ってしまった可能性がある。

［中略］

任意の動物種にとって、最初に確立したときには有用だった感情的傾向性がその後の環境の変化によって有用ではなくなってしまう可能性がある7。

これら二つの場合は、ルドゥーの見解を紹介したエルスターが、ルドゥーに距離を置き、一般に進化論的な説明の誘惑に身をゆだねる前に心に留めてほしい、として挙げた五つのうちの最初の二つである。）

さて、以上では進化論的立場の研究者の考えを一例として紹介したのであるが、一般に感情はどのようにして生まれるのか、なぜ生じるのかに焦点をおきながらなされる、感情の研究者たちによる、或る感情の適切さ・不適切さの論評は、恐らく客観的であることを標榜するのだと思われるが、私たちの生活の中で時に問題として持ち上がる「感情の適切さ・不適切さ」の考えに重なるものだろうか。

(3) 人の感情と関わる

少女の場合で言えば、彼女は、男の子に「怖がらなくていい」と言いながらも、怖がるのも当たり前だろうということを認めていると思われる。男の子の兄も、弟が怖いと感じるのは無理がない、と思った。この点だけに限れば、少女と兄のどちらも、研究者たちと同じく、男の子の外にいて男の子の感情を推測ないし理解し、感想をもっているだけである。（研究者たちは単に感想をもつことに留まるわけにはゆかないが。研究者たちは広い視野で、かつ、背後に深く分け入って理解しようと苦闘している、と差し当たり見なすことができる。）そして「当たり前」とか「無理ない」とかの感想は、男の子が恐怖の感情をもつ理由の理解に自ずと付いてくることで、感情が生じた理由が分かれば、その理由に照らす限りでは感情は適切なものとして生じたのだと思うしかない、この点も、研究者たちの発想と同列のものである。

しかしながら少女が、「怖がらなくていいわ」と、恰《あたか》も男の子が恐怖の感情を抱いたのは適切ではないかのごとき発言をするとき、彼女は、グニャグニャ曲がったものが蛇ではなくて単なる棒きれなのだということを指摘して、いわば客観的な論評をなそうとする研究者のような位置にいるのではない。具体的な場面で具体的な感情に関わろうとする当事者なのである。

第一に、自分が大きな犬を連れているせいで男の子が怖がっていると考え、いわば自分の責任を感じたに違いない。そして第二に、「怖がらなくていいわ」と言ったのは、男の子のために、である。この発言は、「全体として恐怖の感情をもつことが有する有利さのために支払う小さな代償として時に間違って生じる、必要もないのに生まれた恐怖感でしかない」ということを確認する研究者たちの論評と同列の指摘ではない。怖がる理由はないことの指摘は、確かに少女にしてみれば事実の指摘かもしれないが、だからといって、単なる指摘、男の子は間違ったのだと言うことをも含む、いわば客観的な立場からの指摘ではない。男の子のための発言、男の子本位の、男の子に対する働きかけとしての発言である。そしてこのとき、男の子がもっている感情は、男の子にとって「懐かずに済むなら懐かない方がよい種類の感情だ」と少女が思っているということが根本にある。そういう感情を取り除いてあげたいのである。また、男の子に恐怖の感情が生まれた理由を理解し、そこで一方でその感情の当然さを認め、他方でその理由は根拠がないとして、従って、もし恐怖の感情の不適切さを言うとするなら、恐怖の感情をもつ必要はないという意味での不適切さ(裏側からみて、恐怖感を解消することの適切さと言う方がいいかもしれない)、男の子にとっての不適切さを言って、適切さへ導こうとしている。飽くまで男の子を中心にしてのことである。

球場での例は、どうだろうか。この例でも、或る人を前に、その場での感情の適切さ、不適切さを言っているのは、まずは、その感情をもつAさんではない。周りの誰か、B氏である。だから、外からの視点での評価である。しかし、その評価は研究者たちの視点が見いだすようなものではないのはもちろん、少女の視点から出るようなものとも違う。

B氏がAさんの鬱屈という感情が仮に分かったとしてAさんに向かってなす発言は、Aさんのためのものではない。鬱屈が恐怖と同じく、懐かずに済むなら懐かない方がよい種類の感情だ、ということは多くの人が認めるだろう。けれども、だからその感情を取り除いてあげたくて「何だ、お前は……」という言葉が出たわけではなかろう。発言者であるB氏は、自分自身の感情に水を差すような雰囲気を醸し出しているAさんが気に喰わないのであろう。だから自分本位だと言ってもいいかも知れない。そして感情の適切さ・不適切さということで言えば、B氏の側で積極的にあるのは、鬱屈という感情のその状況での不適切さの方よりは、喜び、ないし歓喜という感情の適切さの意識である。そこから出発して、その適切な感情から外れた感情をもっているAさんを難じて、「適切な感情を持て」と、(あるいは、そのような感情をもてないのなら、この場から出て行け、というような含みをもって)要求しているのに違いない。(翻って少女の場合、男の子に「怖がらなくていい」と言うからといって、代わりに「私みたいに楽しくなるべきだ、なるのが当然、適切だ」などと主張しているのではない。)

それにB氏は、Aさんがなぜ気鬱ぎの感情をもっているのか、そのことには無頓着である。そこでB氏の場合、気鬱ぎという感情の適切・不適切は、その感情が生まれる理由がどのようなものであるかなどには全く関係なく、また、Aさんにとっての適切・不適切ということでなく、B氏や周りの多数の人々にとっての(とB氏が思う)適切・不適切という観点から言われている。

(4)問題の移りゆき

ところで、B氏が、Aさんがなぜ気鬱ぎの感情をもっているのか、に無頓着だということは、気鬱ぎの理由が分からなくても気鬱ぎでいることはB氏に分かっている、という前提での物言いであるように聞こえる。そしてそのような前提を認めれば、感情一般について、①人は他の人の感情がどのようなものであるかをどのようにして分かるか、という問題と、加えて、②感情が生まれている理由も分かるとすれば、それはどのようにしてか、という問題がある、ということになりそうである。

けれども少女の場合に返るに、男の子の恐怖の感情が分かることと、その感情がなぜ生まれたかが分かることとは切り離せるのだろうか、という問題もないわけではないことが理解できる。というのも、本章冒頭の描写に戻って、男の子の兄に目を遣ると、兄は初め男の子がどのような感情をもっているか分からなかった。しかし、次に分かったのだが、それはどうしてかと言うと、弟の視線の先に途轍もなく大きな犬を見つけたからで[8]、その分かり、怖いという感情だという分かりは、弟は犬を見たから怖いんだという、なぜその感情が生まれたかの分かりと一緒になっているからである。そして、犬を連れている少女の方は、兄より先に、この一緒になった分かり方をした、というわけである。

こうして、人はどのようにして他の人の感情が分かるのかという問題には、感情が分かるということには感情が生まれる理由が分かるということが絡むのかどうかという問題が伴走していることが確認できる。

第2節　人の感情が分かるかという問い

(1) 顔の表情その他を見る

人はどのようにして他の人の感情が分かるのか。顔の表情を見ることによって、という答が直ぐに出てくるだろう。男の子の場合、本章冒頭の叙述は真っ先に顔を描写している。野球場のAさんの方はどうだろう。その場でB氏がAさんへの注意が向くのは、皆が拳《こぶし》を高らかに突き出したり叫んだり立ち上がったりする中で、Aさんが一人静かにいるから、ということもあるだろう。しかし、その人が皆と違って大喜びで有頂天になっているのではないということは分かっても（分かる気がするのだとしても）、どのような感情のうちにあるのかは、少なくともその顔を見るまでは分からないに違いない。（因みに、Aさんを知っている人が、姿恰好からAさんだろうと思っても、やはりAさんだとはっきり分かるのも、顔を見ることによってである[9]。なお、Aさんの言葉による報告がある場合は除く。言葉の関与という主題には後で返る。）そして顔の方をよく見れば、皆と同じように派手な振る舞いをしていない人も、贔屓《ひいき》のチームの久々の勝利に感激して、その嬉しさをじっくりと噛み締めているのだ、ということが分かるかも知れないのである。

してみると、人の顔の表情というのは格別に、その人の感情を表すものである。「表情」という言葉が実に「情を表出している」ということを言うための言葉であり、しかるに、その表情は第一義としては顔の表情であると私たちは理解している。街の表情とかを言うのは、街を顔に喩《たと》えることをも含む転用である。(ただし、声の表情については、少し込み入った事情を考察しなければならない[10]。)そして、心理学者が人の「さまざまな表情の顔」の写真を被験者に見せて、この人はどういう感情を懐いているのだろうか、と質問するということがあるようだが、そもそも、そのような質問ないし調査を思いつくのも、顔の表情が感情を表し、表情を見る者はその感情が分かるという、一般的な考えに基づくのだろう[11]。

顔の表情が感情を表すという考えについて、まずは、その基本を押さえなければならない。この考えは、顔を見る人の側からのものである。(時に、顔に触れて、泣いていることや口の端がつり上がっていることが分かる、などのこともあることをも考慮すると、知覚する側からのものだと一般化する方がよい。)「見えるもの・に読み取ることができる・見えないもの」の一つとして感情を位置づけている。

しかるに、読み取り得るものは感情の他にもさまざまにあり得る。いたずらを企《たくら》んでいるな、とか、きっとまた夢物語でも紡いでいるのだろう、とか。そして、このような読み取りは人の顔という特殊なものが知覚対象であるからこそ生じ得るのだが、読み取りが、より一般的な構造、知覚内容に依拠して別の事柄を想像するという構造をもっていることが重要である。黒雲を見て雨が近そうだと思い、濡れた地面を見て昨夜は雨が降ったのだと思う、犬の吠え声を聞いて来客が分かるなどが、その構造の例である。そして、いま「来客が分かる」と述べたが、もちろん外れることはあるわけで、ただ、自分の飼い犬の性分からして、あの吠え声は来客のときのものだと確信しているゆえに「分かる」としたまでで、その分かることの中核をなすのは来客を想像することである。

(顔を見る人の側ではなく、顔に或る表情を浮かべている当人の側の経験の方に目を遣れば、まず体——多くは体の局部——の感覚という経験がある。冒頭の例で言えば、男の子は自分の顔が引きつった際の皮膚の突っ張った感じとかを感じるだろうし、心臓がどきどき拍《う》っていることも感じるのかも知れない。歯がガチガチする感じももつかも知れない。犬を散歩していて楽しい少女はと言えば、特に目立つ体の感覚はなくとも、体がゆったりと寛《くつろ》いでいる感じをもっているに違いないし、男の子の顔を見た瞬間に自分の目が急に、ゆったりしたものから瞼を強く引き上げたような具合になる、その動きの感覚を覚えるだろう。——そしてそのときの少女を見る人がいたら、少女が何かに驚いたのかな、とか、何かを発見して注意を奪われたのかな、とか思う可能性が高い。——

ところで、ここで私は、男の子が恐怖の感情を味わった、とは述べていない。後で詳しく考察するが、男の子はもしかして顔を引きつらせた瞬間には、右記のように、自分の顔に感じる感覚が変わったこと、それから心臓の動悸の感覚を覚えるが、後は呆然と犬が見えているままにまかせているだけ、ということもあるのかも知れない。そして、次にのみ、ふと気づいて「ああ、自分は怖いんだ」と気づく、あるいは少女に「怖がらなくていいわ」と言われて初めて「怖かったんだ」と気づく、それが実情ということだってある。——この場合、「気づく」というときに何が生じているのかについても、後で議論する。

それから、同じく或る表情をする側の経験で言えば、恐怖の感情をもっていると人に見てもらえる——思ってもらえる、想像してもらえる——ような表情をつくる、夢見るような表情をしてみせる、何かに注意を向け目を凝らしている振りをする、などのことがある[12]。これは、或る表情と或る感情との対応関係を知って後に始まることである。)

さて、表情から感情が分かるというのは、知覚を契機に想像する、という一般的構造の一つのケースとしてあるのだから、その分かりには不確かさが付きまとう。いや、むしろ表情だけを見ても分からないということの方が圧倒的に多いと思われる。そして、人の顔を見てその人の感情が分かるのは、大抵の場合にその人がどういう状況にいるのかを同時に理解するときである。(尤も、状況の理解の方も感情が分かることによって生じるということもあり、感情の分かりと状況の理解とは同時的発生だという場合が多いのではないか。)では、その状況とは何か。男の子の場合だと、この子が大きな犬を見たという状況である。少女はこの状況が最初から把握できていたゆえに男の子は犬が怖いんだと分かったし、男の子の兄は、弟の視線の先に犬を見つけたその瞬間に弟の感情が分かったと思った。

ここで球場の例に戻ろう。私は、「B氏がAさんの鬱屈という感情が仮に分かったとして」という慎重な言い方をしておいた。実のところ、B氏はAさんの顔を見ただけでは、Aさんがどういう気持ちでいるのか分からないのが普通ではないだろうか。二つ理由がある。一つには、気鬱ぎは激しい感情ではなく、それに伴う表情も目立って特徴あるものではないということ。もう一つは、B氏が、Aさんを含めた人々にとってのそのときの状況として認めたのは、一塁側スタンドに陣取る人たちの贔屓のチームが勝ったというものでしかない。そして、だからこそB氏は、Aさんの姿や表情は状況にそぐわないと思う、つまりB氏には、Aさんがもっている感情はその場の(Bさんにもすぐに分かる)状況との関係で理解しやすい感情とは違うということだけがはっきりしているのだ、と思われる。実際、その場にいるほとんどの人々が喜んでいることの方は状況からして当然のことと分かるのである。(Aさんの感情を理解するには、別の状況の理解が必要である。状況の重要性と状況とはどのようなものか、ということが第7節以降の主題の一つとなる。)

ところで、いま私は激しい感情とそうではない感情との区別を話題にした。そのことに関連して思うに、感情の心理学者が研究に使う、「さまざまな表情の顔」の写真の例を書物で見ると、気がつくことがある。多くの写真が、一時的な表情を写している。その表情で五分も一〇分もしていることはあり得ない、そういう表情である。別の言い方をすれば、仮にその表情を持続しようとするなら、非常な努力、つまりは強い意志が必要で、疲れるに違いないのである。(それでいて、これらの表情のほとんどは、生じるときには意図せずに否応なく生じてしまう。なお、激しくない感情の方は、代わりに持続しやすいということもある。)

なぜだろうか。激しく特徴も強い、そういう種類の感情に対応する表情を探してのことであろう。(それもそのはずで、日本語で言えば「情動」の研究のために用意された写真と言うべきか。しかし、激しいものである情動を感情の典型だと考えると、重要なこと、すなわち、感情における意味の関与を見落とすことになりがちだと、私は考える。この関与は、本書全体が取り組んでいる主題である。)そして、そのような表情を材料に考察すると、表情と感情との強いつながりが発見しやすいに違いない。

(では、そのような表情をしていないとき、人は何の表情も浮かべていないのだろうか。いや、二つのことを考えなければならない。一つは、人はいつだって何らかの感情のうちにあるもので、ただ、落ち着いて生活しているときには特に取り立てて話題にするようなものではない「穏やかな感情」を懐いていて、すると、対応して表情も穏やかなもので、持続もする。そうして、そのような穏やかな感情にもさまざまあるわけで、すると、表情を見ても、そのときにそれらのうちのどのような感情でいるのか、よく分からない場合も多い。いや、人――周りの人――が特に気にしなければならないような感情ではないのに違いなく、それなら読み取ろうとしなくて済むのだ、と言ってもよいだろう。ただ、読み取り手次第ということはある。人が、恋人のほんのちょっとした表情の変化に敏感になるというようなことは誰でも知っている。表情に感情を読み取るというのは、知覚から出発して何かを読み取るという、想像の一般的働きの一つのケースなのであり、知覚内容に何を読み取るか、読み取り得るか、これは人によって大きく異なる。例を挙げないが、何事でも、行動において熟練した人は、知覚内容にさまざまなことを読み取ることにも熟練している人で、その読み取りが行動に必要なのだ、ということは分かりやすいだろう。もちろん、沢山の読み取りのために知覚仕方そのものをも変えるということも見落とすべきではない。

それから、もう一つ考えねばならないのは次のことである。すなわち、表情は、実は、これまで問題にしてきているような、或るときに人に生じている感情であるだけではなく、人の性格ないしは気質のような持続する何かをも示すのだということ。このことからは、感情と性格とはどのようにつながっているのか、という論点が出てくる[13]。

しかしながら、特徴がある表情ですら、それがどういう感情を表出しているかについては不確かさがある。繰り返しになるが、男の子が「顔を引きつらせる」というのは、劇的な変化だが、兄である少年は、男の子が恐怖の感情をもったということは、顔を見るだけでは分からなかった。弟の視線の先に大きな犬を見つけた瞬間に初めて、「ああ、怖いんだな」と分かったのである。表情が生じたときの状況が重要なのである。そして、このことを別の言い方をして説明すれば、顔の表情に何を読み取るかは、文脈によって定まるということである。文脈とは何か。意味を供給するものである。こうして、読み取りとは知覚から出発して意味次元へと向かうことであり、そのときには想像の働きがある、という一般的な構造において、他の人の感情が分かるということの実態を理解しなければならない。

(2) 知覚と想像

そこで確認したい。「私たちは人(他の人)の感情がどのようなものか分かるか」、また「分かるとすればどのようにしてか」という問題の提起においては、知覚の成立は前提条件となっている。知覚そのことがうまくいっているのかということは問題にならない。具体的に言えば、私たちが人の顔や犬を見れば、顔や犬がどのようなものであるか、どのような状態である(になる、になった)か、たとえば目を大きく見開いている、顔が赤くなった、犬は大きいなどのことが確定的な仕方で分かるということは前提していて、その承認の上で、感情の方は分かるか分からないかという問題を立てている。ここで「私たち」とは目が見える人全般のことで、少女も少年もその中に入っている。だから、二人とも男の子の顔が引きつったと見たのであり、もし男の子が青ざめたのなら、そのように顔色が変わったのも二人とも見るはずなのである。一人は男の子が頬をゆるめたと見る、顔が真っ赤になったと見る、というようなことは問題にならない。

こういう前提に立った上で、一方、感情の方はどうかというと、見えている内容を手掛かりに探るものという位置づけになっている。(直ちに分かると言いたいときでも、或る知覚内容を手にしていてその内容を手掛かりに分かるのである。なお、感情を懐く当人の言葉による表現と、感情について語られる言葉を聞くことで感情を想像するとはどのようなことかについては別に考えるべきである。第5章を参照。その場合でも、言葉の音声あるいは文字を聞くか見るかの知覚が必要であるが。)そして探るとは想像するということであり、男の子の感情がどのようなものかが分かるという場合でも、その実質は、或る感情を想像することなのである。また、人の声を聞いて、その声の有りようで、声を出している人が怒っていることが分かること、あるいは、この人の感情はどのようなものだろうかと気になる場面もあるので、一般的に言えば、知覚内容がどのようなものであるかが確定的に分かることを前提に、その内容を手掛かりに感情を想像するという構図になる。そして、想像された感情は意味次元に位置を取るものである[14]。

とは言え、私は、なぜ、このような当たり前のことを確認しているのか。哲学者たちを始めとする人々が、①「人は他人の感情を分かるかどうか」という問題を、「人は他の人の心が分かるか」という大きな問題の一つに過ぎないと考え、かつ、この大問題には、②「人は他の人が見ている黄色がどのようなものか分かるか」という問題や(屡々、「私が見ている黄色とあなたが見ている黄色とは同じだろうか」という問題として提出される)、③「人の痛さが分かる、分からない」という問題も含まれているとして議論することが多いからである。この問題の立て方では、②の問題を①と同列に立てているので、②は問題にならないという前提で①が問題になっているということが見えなくなってしまう。しかも、②の問題こそ重要であるかのごとき扱いがされていることも、けっこう見受けられる。

どうして、このようなことが起きるのか。私が本章で感情に関して最初に確認したことは、「感情とは一人ひとりにおいて生じる事柄だ」ということであった。しかるに、哲学者たちがこれら①②③を一緒に論じるのは、その「一人ひとり」ということを、痛さを感じることや黄色を見ることにまで広げ、「主観」の概念とリンクさせ、主観の概念を心の概念と重ねるからだと思われる。恐怖も黄色も痛みも人それぞれが経験することで、その内容は人ごとのものである、別の言い方をすれば「主観的内容」だ、言い換えれば心の出来事だというわけで、だから①②③の問題が、「他者の心が分かるかどうか、分かるとすれば、それはどういうことか」という問題の諸局面として持ち上がるのは当然だとするのである。（しかも、「人の感情が分かる、分からない」という①の問題が持ち上がるのは日常生活で普通のことであるのに対して——③の問題もそうであろう——、「人が見ている黄色がどのようなものか分かる、分からない」という②の問題の方はそういうわけではない、という事実はあるわけで、すると、この②の問題こそは取り組み甲斐がある問題であるような気がしているのではないか。それから、時に問題は更に広げられる。他者の心が分かるかどうかどころか、他者が心をもっているかどうかがどのようにして分かるのかの問題もあるのではないかと、哲学者たちは言う。また、「心の概念」が「意識」の概念とも等値される。そうして意識の概念を前面に出すときには、色＝知覚的質、痛さ＝感覚、恐怖＝感情という、違った事柄を、更には、龍＝想像しているもの、三角形の概念＝知的概念のようなものまですべて、意識内容として同列のものとして扱ってもかまわない気がしてくる。そこにもってきて、ロボットに心をもたせることができるか、どういう場合に人はロボットが恰も心をもっているかのごとく思うか、などを工学者たちが議論すると、この問題はとても重要なものであるように思えてくる。ただ、ロボットを持ち出すとき、人々はロボットを見てロボットの様子が分かるなどのことは当然としているのである。そして、その見える内容のうちには、人の顔に似せて造られた頭部をもつロボットの顔面の色の変化なども入っている。——もちろん、これを前提として認めない議論もある。だが、その場合の議論は、体は見えていて存在していると認めるが、その体のうちに見えはしない心が有るのかどうかを問題にするという、そういう立場どころか、そもそも、「そのように見えている体とは見ているという人にとってのみ何かであるが、それ自体で存在しているものではないのでは」という問いすら提出している立場、いわゆる独我論――「我」というものを体なしであり得る精神と捉えた上での独我論――に向かう立場であり、人の感情が分かるかという問題から全く離れてしまうことになる。他の人というものが消えてしまうのだから。）

第3節　回り道の考察――知覚から想像へ――

(1) 色の特定

色ないし色の経験、それから痛さの経験に関連することで議論すべき沢山のことについて、私は別の著書で詳しく考察した[15]。そこで、そちらをご覧いただきたいが、本章では、色の特定、痛さの特定がどのようにしてなされるかという点についてだけ、簡単に確認しておきたい。なぜかというと、二つの理由がある。一つには、「人は、他の人が経験しているという色、痛さがどのようなものか分かるか」という問いが成り立つには、どの色、痛さを問題にしているのか特定できていなければならないからであり、しかるに、この特定に焦点を当てると、問題そのものの不毛さが分かるからである。第二に、色の特定や感覚の特定を話題にすることで、感情の特定という主題を浮かび上がらせることができるからである。実のところ、この主題は思わぬ広がりをもつことが分かってくるであろう。（ただ、感情についての考察そのものへと先を急ぎたい読者は、色に関する議論、また、場合によっては痛さについての議論も、飛ばして読んでくださってもかまわない。それらの議論を通じては、「知覚を前提して始まる想像」という、常に立ち返るべき主題があることが導かれるという、この結論だけは念頭においていただきたい。なお、感情が分かるというのも、繰り返し述べているように、感情の想像に他ならない。ただ、もちろん感情の経験は別のことである。しかし、人は自分の感情経験を理解するために、想像が開く意味世界を経由する。というのも、感情を理解するには感情を種別化しなければならない、つまりは一般化しなければならないが、一般化するとは意味事象化することなのだから、である。第5節の考察を参照。）

「他の人が経験しているという黄色、痛さ」というような言い回しだと、もちろん、その人が「黄色」や「痛さ」という言葉で指示しようとしている色や痛さのことだ、と考えることもできる。（そして、自分が同じ「黄色」や「痛さ」という言葉で指そうとしているものと同じなのかが気になる、というわけである。——ただ、このとき、二人それぞれが口にする「黄色」という言葉が少なくとも言葉としては同じだということは前提している。この前提をどうして取り得るのか。音声として同じものを聞くとか、文字として同じものを見るとかを前提しているのではないのか。）けれども、その指示が向かう何かを、どのようなものかを分からないままでも、少なくとも「どのもののことか」を具体的に、言い換えれば個的に何かとして確定しないことには、その内容が分かるか分からないかの話もできない。具体的確定は言葉だけに頼ってはできない。言葉は一般的次元の事柄にしか関わらないからである。（しかしもちろん、言葉ならざるものの助けがあれば、一般性をもつ意味の次元を介して個的なものに届きはする。なお固有名詞の場合でも、意味次元に関わるという事情は同じである。序でながら、固有形容詞、固有動詞などというものはない。これは、なぜ固有名詞が存在するかを含めて、面白い主題である。）そこで、色の特定、痛さの特定の仕方とはどのようなものかを確認した後で、それらと比較する仕方で、人の感情の特定とはそもそもどのような事態なのか、考えてみよう。

「他の人が経験しているという黄色がどのようなものか、私に分かるか」という問いを具体的に考えると、どのような場面になるだろうか。黄色であって赤色を問題にしているわけではないのだから、「私が黄色として見ているものを、あなたは私と違ったふうに見ているのではないか、そして、その内容が私には分からないのではないか」という問題になるしかないであろう。とすると、「あなたにとっての黄色」と「私にとっての黄色」とを比べているわけである。けれども、比べているそれぞれでもって何を言っているのか、はっきりさせなければならない。

「私にとっての黄色」、「私が見ている黄色」とは、私が自分の心を覗けば分かるというのだろうか。そして、私には「あなたにとっての黄色」が分からないのは、私はあなたではなく、あなたの心を覗くことはできないからだ、というのだろうか。

「私にとっての黄色」と言っても、実際には私は沢山の黄色、少しずつ微妙に違う黄色を経験する（普通に言えば、見る）のである。すると、それらのうちのどの黄色を選んで、「あなたにとっての黄色」と比べようとしているのか。そしてもちろん、「あなたにとっての黄色」の方も、あなたが見た数ある黄色の中のどれを比較のために持ちだそうとしているのか、確定しなければならない。しかるに、選択ないし確定のために、それぞれの心の中に並ぶ、それぞれにとってのさまざまな黄色の一覧から、「これ」と特定するのだろうか。いや、私に黄色く見えるもののうちのどれかを指定しようとするなら、「黄葉した銀杏の葉を私が見るときに見える黄色」「この菊の花の（私に見える）黄色」「いま光った稲妻の黄色」というふうに、自分に黄色く見えるもののうちのどれかを特定しなければならない。注意すべきだが、「黄色」と「黄色に見えるもの」とは違う。「黄色に見えるもの」とは同時に「丸かったり薄っぺらだったり大きかったりなどするもの」で、黄色とはそのものの一つの性質という位置にあるものである。そして、「私が黄色として見ているものを、あなたは私と違ったふうに見ているのではないか、そして、その内容が私には分からないのではないか」という問題が意義あるものとして成り立つためには、たとえば「私が銀杏の葉を見るときに私に黄色として見える色」と「あなたが銀杏の葉を見るときにあなたに黄色として見える色」とを比較する場合のこととして考えないわけにはゆかない。「私が銀杏の葉を見るときに私に黄色として見える色」と「あなたが菊の花を見るときにあなたに黄色として見える色」とを比較するなどのことを、この問題の提出者は考えもしないだろう。

ということは、どういうことか。「銀杏の葉」とか「菊の花」とかに言及することなく、「私にとっての黄色」「あなたにとっての黄色」ということでもって何を言おうとしているのか、はっきりさせ得ないということである。そして、その際、「銀杏の葉」や「菊の花」が何であるかに関しては、私とあなたとのどちらも知覚によって捉えることができて一致しているという前提がある[16]。

(2) 色の帰属

ところで、「私にとっての黄色」ということで何を言おうとしているかをはっきりさせるために、場合によっては、単に「黄葉した銀杏の葉を私が見るときに見える黄色」というふうに銀杏の葉に言及するだけでなく、「銀杏の葉に午後遅くの陽の光が当たったときに私がその葉を西側から見るときに見える黄色」と光にも言及する方がよい場合も多い。これはどういうことか。極めて単純で、色が生じるには、物だけでなく、光も必要だ、ということである。そしてもちろん、物と光だけでなく、見る人も必要なわけで、しかるに、「色は見る人それぞれの心において生じることで、だから他の人は、その色がどのようなものであるかは分からない」ということを力説する人たちは、これら必要なもののうちの「見る人」を殊更に強調しているに過ぎない。

力説内容の中心には、「どの色であれ、人が色として経験する内容は人ごとに違う」というものがある。この指摘内容は、確かに当然のことではある。というのも、色が生じるには、物、光、見る人の三者のどれもが必要であり、そのうちのどれでも違ってくれば、色が違って見えるのは当たり前だからである。同じ人が同じ光の中で薔薇の花を見るか葉を見るかで、違う色が見えるのは当たり前である。同じ人が同じ薔薇の花を見るのに、白色蛍光灯の光で見るか黄色い電灯光で見るかで、花の色は違って見える。そうして、同じ伝で、見る人が違えば、同じ光のもとの同じ薔薇の花が違った色で見えると断言してもかまわないであろう。

しかるに、人それぞれが色を見ることを人の「心」の概念に関係づけ、「色は心において生じるものだ」とする主張は、これら当然のことのうちの最後のことだけを或る仕方で指摘、強調しているに過ぎない。ただ、この主張が、色を薔薇の花の色と理解する仕方を、恰も間違った皮相な考えだと難じたり退けたりすることを含むとするなら、単に或る見過ごされがちな側面にスポットを当てるということに留まらず、馬鹿げた主張となる。（そして、心の概念の行き過ぎた拡張という過ちをもしている。）

色を含めて「何かの性質」というのは一般に関係的なもので、関係する諸項のどの項の性質としても考えることができる。しかるに、色が生じるには、物、光、見る人の三者のどれもが必要で、三者の関係の中で生まれることだから、色は物の性質とも、光の性質とも、心の産物とも言うことができないわけではない。それなのに、色は物の性質か、光の性質か、心の産物か、と三択のうちのどれが正しいかと問いたくなる人が多い。しかし、このように問うのは適切ではない。三つの考えが出てくる理由を調べ、どういうことに重点をおく場合にそれぞれがそれなりの正当性をもっているかを理解することが重要である。しかるに、それなりの正当性を指摘することで重要なのは、その正当性に連動する、それぞれの見方の生産性（言い換えれば役に立つかどうか）の方である。そしてこの観点からすれば、色を物象[17]の性質だと考えるのが最も生産的であるし、だから日常、私たちはこの考えを採用している。他方、色がどのようなものかは見る人ごとに違う、と指摘するのは、ほとんどの場合にトリビアルなことである。比較しようがないのが原則で、すると、どのように違うかを言えないので、この指摘を踏まえて、更に先に何か意義あることを見つけてゆくことが、ほとんどの場合にできないからである。

ただ、私に黄色く見える色が他の人にはどのように見えるかを（私が見ている内容とは違うだろうと）気にすることも、私がユニバーサルデザインに携わるとか、そのようなときには意味をもつ。私が黒い背景に黄色の図案をあしらうことで「注意！」を人に喚起し、青の図案では「安全」を示す標識を作製するなら、それら二つの標識を青黄色覚異常の人は区別することができないことを考慮していないと、誰かから責められるかもしれない。ただ、このような場合でも、では赤の図案と青の図案ならよいだろうかと考慮するとき、私は赤いペンキや青いペンキなどに頼るしかないことの方も忘れてはいけない。物に色が付いていることを認めないことには、色を扱う行動は何もできない。

（3）確定した具体的なものとして色を見る

こうして、色を物象の色として考えることが基本である。この基本は、色というものは人がそれぞれに経験する事柄なのだ（それゆえに、更に先に進んで、色は心において生じることだ）と考える場合にも必須の条件として含まれている。そして、先にも述べたように、その「見えるもの（物象）」の特定は、特定している本人だけでなく、特定する言葉を聞く他の人もまたできる。この銀杏の葉だ、菊の花だと。しかるに、この特定は知覚によってなすのである。そして、視覚という種類の知覚による銀杏の葉や菊の花の特定に、それぞれの色が付いてくる。銀杏の葉や薔薇の花を見るとは、それらの色をも込みで見ることなのである。色だけを、色をしているもの抜きで見ることはできない。

それで、私が銀杏の葉の色を見ていて、あなたは菊の花の色を見ていて、さて二人が見ている色は同じだろうか、とは決して問いはしない。一方、銀杏の葉の黄色と菊の花の黄色とは少し違うね、菊の方が少し淡く白っぽいかな、とか比べることは有意味にできるが、それは私が見る二つの黄色を、それぞれ「この銀杏の葉の黄色」と「あの菊の花の黄色」としてのみ特定できる黄色として比べるのである。自分の心の中の二つの黄色を比べるのではない。そして、あなたも同じようにあなたに見える銀杏の葉の黄色と菊の花の黄色とを比べることができる。そうして、そのことに関して、それら二つのあなたに見える黄色がどのようなものか私には分からないと言うこともできないわけではないが、それは言っても詮なきことで、重要なのは、菊の花の黄色が銀杏の葉の黄色より淡いという点で、私とあなたと二人の判断が一致することが当然のこととして大いに期待できることの方である。このとき、言葉の介在による判断を言うことが嫌なら、二つの黄色を写生によって区別することを私とあなたとが試みるとき、二人がどのような絵の具を使って、それぞれの二つの色を描き分けるか、観察してもよいだろう。

更にもう一つ確認しておく必要がある。見ることで見える色は、どう見えるか理解しようとか想像しようとかする相手ではない。これは余りに当たり前のことである。想像は常に不確定で、想像したもの以上の内容は含まないが、見えている色は確定して見えるし、その上、見ることを続けることで新たな発見がある。想像内容は想像する人が投げ入れたものでしかないが、知覚による発見の内容は、知覚者が投げ入れたものではない。

(4)痛さの特定と痛さの想像

では次に、「人(他の人)の痛さが分かる、分からない」という問題を取り上げよう。

この問題が成り立つためには、どの痛さについて分かるとか分からないとか言おうとしているのか、痛さの特定が必要である。特定するとは「痛さがどのような痛さであるかが分かる」ということとは別のことである。(翻り、花子が見ている黄色というものがどのようなものか太郎に分かるのか、という問題を仮に提出するとした場合、花子が見ている黄色というもので何を指しているのか特定できないことには問題が成り立たないが、その特定が、花子がこの花を見たとき見いだす色のことだというふうにできて、かつ太郎もその花を見ることができれば、太郎は、花子に見えている色の内容——色がどのようなものであるか——が太郎に分からないまま、ということはない。太郎がその花に見る色だと考えればよいからである。確かに正確に言えば、花子に見える色と太郎に見える色とは異なる。しかし、だとしても、両方を同じと考えることが生産的で適切なのである。そもそも花子か太郎だけに限っても、花子なり太郎なりが同じ花を二度目に見るとき、その「自分にとってのものでしかない」という見える色も、一度目に見えた色と二度目に見えた色とで、厳密には同じではない。しかし大抵の場合に[18]、二つの色を同じだと受け取るのが当たり前なのである。時の流れの中ですべては個別的で独自性をもつのであり、しかし、そのときの要求水準で或るものと他の或るものとを同一と考えることこそが重要である。)

さて、あなたが「痛い」と言うとき、痛さとは、その言葉であなたが指している痛さのことだ、というのは間違いない。だが、その言葉を聞く私は、その言葉による特定で満足するしかないのか。そして、あなたが指しているのだから、あなたにしか特定できないのか。いや、必ずしもそうとは限らない。

あなたは痛さを自分の体のどこかの痛さとして経験する。その経験はあなただけの事柄であるが、あなたが或る部位に痛さを感じるあなたの体の方はあなた自身と他の人とが共通に知覚できる。(と言っても体の全部が知覚できるわけではないし、痛さを感じる部位を知覚できるとは限らない。当人も自分の背中は見ることはできないし、手が届かないと触れることもできない。しかしながら、知覚するとは、いつでも知覚対象の一部分の知覚である。たとえば裏は見えない。)体を知覚することは石ころや樹木等を知覚することと違わない。(確かに自分の体を知覚する仕方の細部には特殊性がある。しかし、どの知覚対象であれ、細部ではそれぞれに特殊な知覚の有りようを要求する。また、その要求される有りようは、知覚種類——視覚や触覚等の種類——に応じても、さまざまである。)そして私たちは、自分と他の人とがほぼ同じような体をしていることを知覚によって見いだす。他方、誰もが自分の体のあちこちに痛さを覚えることがある。そして、私たちが自分の体を見出すのは、この痛さなどの感覚によってなのである。(動かす仕方で自分の体が分かっているということについての叙述は、ここでは省く。詳しくは『経験のエレメント』を参照。)

こういう事情ゆえに、あなたが感じる痛さの特定は、あなたの体の或る部位、痛い部位の特定を伴い(あなたが漠然と「この辺りかな、はっきりしない」と言う場合でも、特定の一種であることに変わりはない)、そのことによって、あなたではない人々も、あなたが経験している痛さを、知覚世界(結局は物的世界[19])の或る位置に場所を占めるものとして特定できる。あなたの心の事柄として受け取るしかないわけではない。「この指が痛いのか、怪我しているからね」とか、「赤く腫れているけど、この部分が痛むんだな」、「見たところは何ともないけど、ここが痛いんだね、圧《お》してみたらもっと痛い?」とか言うことができる。体は物的なものとして、地面や樹木などと同格のものとして知覚世界のメンバーであるし、石ころと同じように圧したり掴んだりできる。そしてあなたが「お腹が痛い」と訴えるとき、痛い部分は体の表面ではないから知覚できないとしても、知覚できる部分の奥の方というふうに特定できる。そして、このような特定あればこそ、そのようにして特定された痛さに関して、その痛さは「どのような痛さなのだろう」を問うことができる。(「痛い」という言葉を理解し、その理解に依拠してのみ痛さの内容——どのような痛さか——について更に問う、というだけのことではない。)別の言い方をすれば、どの痛さのことかと特定することとその内容が分かることとは分離していて、後者については想像しようと努めることができる。そして、肩が凝って痛いところに、転んで擦りむいた膝まで痛いとあなたが感じているときに、膝の方の痛さはどのようで、肩の痛さの方はどうなのだと、きっぱりと区別して特定できる二つの痛さそれぞれに関して問題にし、想像を試みることができる。いや、想像することを誘われるのである。

そして、あなたが痛いのは「体のどの部位か、どのような状態の部位か」を特定することで、あなたならざる人(たとえば私)も、自分が、自分の体の同じ部位に、その部位が同じような状態のときに痛さを感じた経験があるなら、あなたの痛さがどのようなものであるか分かる気がするだろう。ただし、分かるとしても「想像する仕方での分かる」である。(翻って、私があなたと一緒に目の前の菊の花の色を見ているときに、私は、あなたが見ている色は自分が見ている黄色のようなものなのだろうな、と想像はしない。同じ黄色を現に見ていると思っているのだから、想像しようという動機がない。——「どういう色だろう」と問う動機がないのと一緒である。——私はあなたではないのだから、私は、自分に黄色く見える色があなたにはどのように見えているかは実質的には想像しているのだ、それしかないだろう、と主張することは、私があなたではないという当たり前のことを強調しようとする余りに、痛さを感じる経験と色を見る経験との違いの方を疎《おろそ》かにするという、馬鹿げたことをやっているに過ぎない。)

(5) 体の知覚と痛さの想像

ただし、以上の考察では、痛さを特定する通路としての体の或る部分の特定は、痛さを感じている人によるものであった。痛さを感じている本人ならざる他の人々は、その人の体を知覚できるけれども、その体のどの部分かは本人に教えてもらうことを前提した話であった。だから、本人が訴えて初めて、痛さを想像し始めるわけである。このとき、言葉の助けを必要としている。では、言葉の介入がない場面ではどうだろうか。

次のような場合がある。私が、擦り剥《む》いて滲んだ血が固まっているあなたの膝を見、そうして、そのような状態のときの膝は痛いんだという経験、ないし知識があるなら、「痛いだろう、痛いのではないか」と思う。そして、そのような思いが生じると（また、生じて初めて）、次に、どのような痛さだろうと問うこともある。そして、自分の経験に照らせる場合には想像もできる。（経験なしの知覚だけの場合では、想像を越えた部分があるだろうことは認めざるを得ない。しかし、たとえば医者たちは多くの患者たちの言葉による表現や振る舞いを通じて、幾らか想像しやすくなるのかも知れない。なお、経験ある場合でも、人が感じる痛さは想像するしかないのに変わりはない。）

このとき、三つの留意すべき点がある。一つには、自分が知覚している人の体部分、「擦り剥けて傷ついた膝の部分」が痛い（そのような膝の状態にある人が痛く感じる）のではないかと思うことである。痛さがあるなら、その痛さはその人の膝の痛さだと特定した上で、その内容がどのようなものかを想像しようとするのである。

そして二つには、膝の状態を、擦り剥《む》いて滲んだ血が固まっていると見、更に打ち身で青黒い部分もあるとか、傷の線が何本も斜めに走っているとかのことを、より注意深い知覚によって探索できるのであるし、知覚的探索によって得た内容は確定している事柄として認めるのである。他方、想像は発見ではないし、想像の内容は想像する私の側が想像することで投げ込んだ内容以上でも以下でもない。当たり前だが、傷を見ることを契機に想像する痛さというものは、想像する人の想像そのことによって内容を得るだけである。

三つ目は、実は膝の擦り剥きの場所はむしろ特殊で、人が体のどこかに痛さを感じているとき、体のその部分に特に目立つ何か(傷とか)を認める(知覚する)ことがない、そういう場合が多いということである。人が頭痛や腹痛を感じているとき、そのことを周りの人が、その人の頭や腹を見ることで分かることなどない。代わりに、顔の表情の方に、どうしたのかな、と思わせる様子が見える場合もある。

第二の事柄から先に言うと、これは、「知覚を前提して始まる想像」という、常に立ち返るべき主題があることを指示するという点で重要である。そして、色を見ることを含めて、知覚すること一般は、想像とは大きく違う事柄なのであり、従って、想像を優れて心の事柄だとするなら、知覚を、人が一人ひとりなすものだからといって心の事柄だと無造作に位置づけるのは、余りに粗雑なことだ、ということを更《あらた》めて確認しなければならない。本節(1)で、恐怖などの感情、痛さなどの体の感覚、色などの知覚的質について、それらを自分ならざる他の人がどのように経験するのか、分かるかどうかと、三つの問いを同じ仲間であるかのごとくして提出することの不用意さを指摘したが、その指摘を繰り返したい。

次に第一の事柄だが、これは、男の子の顔の表情を見て男の子は怖いのだと思う少女は、男の子が恐怖の感情を自分の顔に感じているなどと思いはしないということと対比させて、考察を進めなければならない、という点で、ここで確認する意義がある。痛さの特定は体部分の特定と不可分なのであるが、仮に感情の特定を言うとして、その特定は体部分の特定を含まない。(痛さを心の事柄だとする論者たちは、前者の不可分性を忘れがちである。)

そして第三点は、顔の表情を見ることでその人がそのときに懐いている感情が分かるという主張との関係で注目されるべきである。

第4節　感情の特定と人の有りよう

(1) 感情の特定

さて、色と痛さについての以上の考察で準備を整え、感情についての考察に取りかかろう。

前項末尾で、「仮に感情の特定を言うとして」と述べたが、感情の特定とはどのようなものだろうか。「人(他の人)それぞれの感情が分かる、分からない」という問題は、日常、普通に私たちに降りかかる問題であるが、そのとき、どの感情を問題にしているのだろうか。

「さまざまな表情の顔」の写真を被験者に見せて、この人はどういう感情を懐いているのだろうか、と質問する心理学者は、①顔の表情によって或る感情が(どのようなものかは分からないままに、表情の裏にあるものとして)特定されていると仮定していて、その上で、②その感情が分かるか分からないか、を確かめようとしているのだろうか。だが、本章冒頭の少女の場合で言えば、少女は、男の子が顔を引きつらせたのを見た瞬間に、男の子が恐怖の感情を懐いたと思った。①の段階があって次に②の段階で「分かる」ということが生じたわけではない。つまりは、何か内容は分からないけれど男の子は或る感情を懐いていると思われ、だから次にその感情がどういうものか分かりたいし、実際に分かった、というわけではなかろう。感情の特定と感情の内容との特定は一緒になっている。

他方、男の子の兄である少年の方はどうか。彼は、弟の引きつった顔を見ても、弟がどのような感情をもっているのかは分からなかった。だったら、弟が何らかの感情をもったことだけは(その内容は分からないままに)分かったというのではないのか。いや、「どうしたのだろう」と思うということは、予想される答を感情に限定しているわけではあるまい。

少年が、弟と向き合って談笑していたのではなく、一緒に歩きながら話していたところに弟が急に立ち止まった場合にも、少年は、弟に関して「どうしたのだろう」と知りたいと思うだろう。(問いを内心のみで発するか、弟に向けて答を求めるかは、別問題である。)しかし、その内容が感情に限定されているはずはない。弟が、「ぼく、忘れ物をした」と言うなら、兄の問いは答を得て、止むであろう。その答は感情を名指してはいないが、それで十分なのである。

「どうしたのだろう」という問いは、その時間に弟がどのような状態にあるのか、その一点に向かっている。弟がそのときに「有る」、ということの中心、最も注目すべき事柄が問題なのである。「忘れ物をしたことに気づいたので立ち止まった」というのなら、それまでに継続していた行動から新たな有り方へと転じるという重要な局面が弟の「そのときの有ること」

の中心を満たすのである。そして、だとすると、翻って感情というものは、「どうしたのだろう」という問いに対する答の資格をもち得るのだから、人の「或るときの有ることとの一つの中心」を成すことができるものだ、ということになる。また、感情の特定とみえる事柄は、人その人の或るときの中心を特定する一つの仕方に他ならないとさえ言える。

(2) 或るときの人の有り方のさまざまと感情

或るときに人がどのようにしているのか、の答を満たすものにはいろいろある。銀杏の葉が次々に舞い落ちるのを見ている、風に吹かれている、寒がっている、肩に痛みを感じている、音楽を聴いている、畑を耕している、仕事の段取りを考えている、旅で訪れた湖を想い出している、その湖の畔で暮らせるとするならどのような生活になるかを想像している……、そうして、浮き浮きしている、淋しい気持ちで佇《たたず》んでいるなどの、或る感情とともにいる。これらの中で、感情というものの特徴はどのようなものであろうか。

何かを見たり聞いたりの知覚の場合には、知覚する人がどのようにしているのかを言うためには、知覚対象に言及しなければ中身を確定できない。痛いとか痒いとかの感覚することが前面に出ているなら、体のどの部分の感覚かの特定で補う必要がある。何かを想像したり考えたりしているなら、その何かを言って初めて具体的になる。仕事もその内容を言わなければならない。そして、想像している何か、考えている何か、或る仕事というものは、やはり対象の位置にあるものである。ところが、感情ばかりは、それ自身で充足している。これはどういうことか。(感情の志向性——感情には、何かについての感情だ、という性格があるということ——を言い立てる哲学者たちがいるが、この志向性なるものの正体が何かは、感情の意味事象との関わりがどのようなものであるかについての本章の考察で理解できるだろう。)

感情というものは、知覚や体の感覚、思考、想起、想像などをしていることと並んで(同格の事柄として)人の「或るときの有ることとの中心」を成すことができるものだ、というどころではない、ということを示していはしないか。実のところ、銀杏の葉が舞い落ちるのを見ている私は、その様子に見惚《みと》れているのかも知れない。言い換えれば「うっとり」した感情に満たされているのかも知れない。そして、肩が痛くて「恨めしい」感情でいて、音楽を聴きながら「切なさ」を覚え、仕事のことを考えながら「憂鬱」である。旅の風景を想い出すことは「楽しく」、想像は「憧れ」の気持ちを伴っている等々。このようにみてみると、感情こそは人のその都度のさまざまに入れ替わる有り方の異なりを通じて、ほとんどいつも生まれているものではないのか。(目覚めの時間ということを考慮する必要があるが[20]。)そして、私は先に、「感情の特定とみえる事柄は、人その人の或るときの中心を特定する一つの仕方に他ならないとさえ言える」と述べたが、実は単なる「一つの仕方」であるのではない。人の「或るときの中心」という幾らか曖昧に述べているものの更なる核、「そのときどきの人の有りようの質を捉《つか》まえようとするときの仕方」である。質とは、人のそのときどきの或ることを彩って「その人でしかなく、そのときでしかないもの」にするもののことである。そして、だからこそ、同じときに、同じように銀杏の葉が舞い落ちるのを、太郎も花子も見るし、同じように一緒に力を合わせて仕事をすることもあるし、同じようなことを考えていることもあるが、それらのとき二人それぞれが懐く感情は別でしかあり得ないのである。(ただし、感情と並ぶ人の固有さとしては、各人の体とその感覚、それから想像とその派生形態、最後にそのときどきの行動をも挙げなければならない。ただ、体の感覚の方はその体の状態にある当人だけが経験することだが、一方で人の体というものは他の人による知覚の対象となることができる。そして体は物質的なものとして知覚世界の一員であり、知覚内容の方は、人ごとに違うけれども、知覚世界は人々に共通だと言うことも許される。また想像について言えば、人は想像するとき、己一人の想像世界を繰り広げるのではあるが、想像というものは意味世界に関わるものである限りで、他の人と共通と言ってもよい世界に通じている。また、想像の或る仕方での働かせ方では、諸々の言葉や記号、概念を固定的相互関係に置き、その関係を保とうと努力し、その努力を人々の間で共有しようとするが、そのことで想像内容は――思考内容と呼ばれることが多いが――、ますます各個人の特殊性から離れた性格をもとうとする。最後に行動であるが、行動はそれが何を実現しようとしているかによって内容が定まる。しかるに、その実現は別の人によってなされることもあり得る。行動における各人に固有なものは――行動実現に必要な体の動き等を別にすれば――行動の内面である。行動ないし行為の内面については、第2章の註30を参照。)

(3) 感情を気にすることは人の或るときの存在の有りようの質を気にすること

すると次に、人の或る感情について、それはどういうものだろうかと問うことは、その人が或るときにどのようにしていたのか、その中心を質において問うことに他ならない。あなたが見ている黄色というのは私が黄色として見ている色と同じかどうか分からないと考え、ではその色はどのようなものかと問うても詮なく、そのように問うことは止《や》めるがいいにしても、どの色を問題にしているかと敢えて言えば、目の前の銀杏の葉の色を問題しているのだ、というふうに特定することになる。そして、そのように特定できなければ、（トリビアルな問いでしかないにしても）問いそのものが成り立たない。また、痛さについて、あなたが感じているのはどのような痛さだろうと問い、想像しようと努めることは大いに意味あることだし、想像できることも多いが、その場合には、どの痛さのことを問題にしているかは、あなたの体のこれこれの部分に感じている痛さだという仕方で特定してのことである。ところが、あなたはどのような感情でいるのかと問うことは、あなたはどのようにしているのかと、あなたの存在そのことのそのときの質を気にすることなのである。そして、あなたの痛さを理解するとは痛さが想像できたと思えることに他ならないのと同じように、あなたの感情を理解できたと思うのと、あなたの感情を想像できたと思えることとは等しいのだが、感情の想像において私は、そのときのあなたに最も固有の有りようを捉えたと思うのである。（ただし、心《しん》から捉えることはできないという思いがいつも伴走している。）

「あなたに見える」黄色の中身を問題にするとは「あなた」のことを問題にしているかのようで、実際にはあなたという存在の大事な部分には全く届かないことをやっているのであり、あなたの痛さを問題にするのは、痛む体というものこそあなたの基底を成すものであるから、あなたの有りようを気に懸けているのに違いないのだけれども、それでもあなたの体の或る部分にしか関わらない、その点では、あなたの存在の中心にまでは届いていない問いであると言える。しかしながら、あなたの感情を問題にするとは、あなたの有りようを最も大切な一点で問題にすること、気に懸けることなのである、そうではあるまいか。

第5節　理解・分類・想像

(1)感情の多様性の特徴――感情ではない要素が入り込んでくる?――

さて、以上の叙述で私は、感情を「人のそのときそのときの有りようの中心をなす最も大切な一点」として、そのときそのときという時の指定に拘《こだわ》る言い方をしてきた。このことは、感情とは常に現在の事柄であるということ、そうして、現在とはまさに人が現に存在しているそのときのことであること、それから、感情は時とともに移ろいゆき入れ替わってゆくものであること、これらを見据えるがゆえのことであった。しかるに、感情の時間的性格ゆえに、あらゆる感情はすべて個的で独特である。(感情に限らず、時間的世界ですべては個的である。)

だが、人は誰かの感情をその独特性において理解しようとするのだろうか。いや、理解とはそもそも一般化することを含む。そこで感情の場合にも、私たちは感情を種別化し、問題にしている感情の種別を言えば、その感情を理解したと思う(或る程度、言い換えれば人に許される程度に、理解したと思う)のである。具体的には、たとえば悲しさ、喜び、恐怖、怒りというふうに。そして同時にもちろん、悲しさと一口に言うものの中に分け入って、もの悲しさ、うら悲しさ、悲哀、悲痛等の互いに相当に趣の違うものを区別してゆけるので、その区別の適用ができるなら、なお一層、人の感情を理解できたと思う。

ところで、感情の種別化は、色の種別化と同じような論理をもっているだろうか。いや、色と感情とで大きく異なる点を二つ指摘し、そこから重要な論点を引き出してゆきたい。

第一の相違。色については、そもそも色と色ではないものとの区別は、白、灰色、黒色の扱いに関しては若干の曖昧さがあることは別にして、はっきりしている。たとえば、色と音とは同じような仲間として論じられることが多いのだが[21]、だとしても、全く別のものである。混同しようがない。ところが、感情と感情ではないものとが明瞭な境なくして移りゆくようなことがありそうなのである。

その例となりそうなものを、沢山の感情の研究者たちの仕事を概観した著作家、コーネリアスが行った紹介の中から二つ探してみる。一つは、「愛」。「感情としての愛」と「関係としての愛」とは混同されがちだけれども区別すべきだ、と言う感情の研究者がいるそうである[22]。「関係としての愛」ということで何を指そうとしているかはともかく、少なくとも、感情ではないものと混同されるたぐいの感情があると、そういう指摘だと理解してよかろう。それから、二つ目は「希望」。「希望の経験」というものは幾つかの学説では感情研究の対象となる余地がないし、あるいは、それについて沈黙するしかなかった、とのことである。他方、別の学派の研究者たちはこの経験を調べて、希望は他の感情と同様に「パッション(情念)」として経験されていることが分かったと主張し、しかも、それなのに同時に、希望を感情としてよりもパーソナリティの特徴あるいは気質と考える人々もいることも発見したらしい。ともあれ、希望というものは大部分の感情説が問題のある感情とし、体系的に処理することを避け、ペストのように厄介なものとして扱ったと、コーネリアスは言う。

また、別の著作家も言う、

> 「希望」は感情である必要はない、それは、ある出来事が現に起きることを信じ、かつ、その出来事が現に起きることを欲求しているだけである、そう考える人もいるかもしれない[23]。

私たちの日常経験に照らしても、絶望が感情なら希望も感情として捉えるのが当然であるように思える一方、「次の歯科診察日は来週水曜の午後を希望します」などという言い回しでは、希望とは、意志と願望や期待等が入り交じったものであるようにも思える。語の多義性に過ぎないと切って捨てようとする人もいるかもしれないが、少なくとも、なぜ違う内容を同じ語で言い表そうとするかを説明しなければならない。しかるに、意志と感情との戦いのようなものを想い浮かべる人にとっては、意志が感情の一種であるはずはないわけだし、願望の方は欲望、欲求とは連続しているようで、欲求の中で空腹や尿意をも挙げれば、これは感情として捉えるのには違和感があるだろう。

このように、感情とはどのようなものかは、分かり切っているようでいて、検討し出すと何だかごちゃごちゃしてくる。(感情の研究者たちは日本語で「情動」と呼ぶのが相応しいたぐいの、強くて、生じる始まりの時点が明確な感情の考察から取りかかることが多いようだが、いつまでもその手の感情だけに留まってもおられないと思われる。すると、「感情」「情緒」「気分」「心持ち」等、さまざまに違った表現が似合うものの区別と連続性とをどう整理すればよいのか、この部分でもお手上げになるのではないか。)

このように、感情と感情ではないものとの間に明瞭な区別がないような、何とも曖昧な事態もあるのは、どういうわけだろうか。私は、徐々に迫ってゆくが、感情を「意味事象」との関係で理解することで、事態が呑み込めてくると考える。

第二の相違点。

感情とみなしてよいのかはっきりしない「感情のようなもの」があると認めるとしても、「感情以外の何物でもないもの」と考えるものはもちろんある。そのようなものがなければ、どうして私たちは感情という概念をもち得るというのか。たとえば恐怖、怒り、悲しさ。感情の研究者たちは、そのようなものを「基本(的)感情」と考えるようである[24]。ただ、何を基本感情とみなすべきなのかについて必ずしも研究者たちの間で一致がみられるわけではないのではあるが。

研究者たちにおける「基本感情」という概念の含みがどういうものであるかはさておき[25]、私は、私たちが普通に「感情以外の何物でもないもの」と考えるものを「典型」の概念を適用して捉えたい。代表例だと言ってもよい。

ところで私たちが、色についてその代表例を挙げよと言われたら、どうだろうか。ただただ、自分の好みの色の方から順に思いつくままに挙げてゆくかも知れない。さまざまな花や果物などを想い浮かべ、それらの色を列挙する人もいるだろう。これは、色と色とは違うものとの区別がはっきりしているから生じる事態である。けれども感情の場合、希望を真っ先に挙げる人はいないだろうし、代表例に推《お》す人もいないだろう。先に述べたように、感情の仲間にいれてよいかどうか自信がないというか、はっきりしないように思えるからであろう。

けれども、色の場合に関してもう少し考えるに、色の代表例として最も相応しいものとしては、赤、青、黄色などを挙げる人も少なくないと思われる。これはどうしてだろうか。「基本的な」色だと思うからではないか。つまり、いわゆる「原色」で「派生的な」色に先立ち、それらを混ぜ合わせることで他のさまざまな色(派生的色)を作り出せるという意味で。たとえば赤と青という二つの基本的な色から紫を派生色として作りだすことができる、というふうに考える人は多い。ところが、感情の研究者たちが「基本的感情」を言うときにも、その含みの一つとして、それらはいわば単純な感情で、それらから、より複雑なさまざまな感情が派生するという意味をもたせているようである。

コーネリアスによれば、プラチックは次のように述べているそうである。

基本となる、第一次的な感情があり、その他は、そこから派生した第二次的な感情である。ちょうど色に原色と、混合されるその他の色があるのと意味は同じだ[26]。

具体例の紹介は、遠藤利彦氏の著書で知ることができる。

「悲しみ」と「怒り」の融合は「羨望」を、また「恐れ」と「嫌悪」の融合は「恥」を生み出す[27]。

けれども、本当にそうだろうか。そもそも、色を混ぜるとは違った色の絵の具を混ぜるとか、違った色の鉛筆で塗り重ねる、違った色のセロハンを重ねる、異なる色の小さな斑点を交互に白い紙の上に並べる、違った色の光で同じ場所を照らすとかすることであり、そのようにしたときに、単独の絵の具等がもっていた色とは違う色を見ることができる、このことを指して色の混合と言っている。だが、色や光のように、体や道具で操作できる物的なものを混ぜることがどのようなことかはよく分かるが[28]、感情を混合、あるいは融合するとはどういうことか。「何らかのかたちで派生する」とは、言葉だけで分かった気にさせるが、実は曖昧な内容しかもち得ていないのではないか。

次のことを見逃してはならない。基本的色から派生した色は、当たり前だが飽くまでも色である。しかるに、もしかして、基本的感情と言われるものから派生する感情と言われるものは、もはや感情の仲間に入れてよいかはっきりしないものではないのか。複合とは要素間に関係あって初めて生じることだろうが、感情の場合には、その関係による接合には判断が入り込んでいるのかもしれない。

このような事情がなぜあるかについても、私は、元々感情は意味と関係をもっているゆえのことだ、ということを示してゆきたい。

(2)同じ・似ている・違う――分類の原理――

色の混合は、違う色をした物や光の混合に依拠している。色を直接に混合するのではなく、色をしているもの(物や光)を混合することで、混合したもののそれぞれの色とは違った色をしているものができてくるのである。(色と色をしているものとは違う。後者は条件が許せば触《さわ》ることもできる[29]。また、或る光や幾つかの光の混合が色として見えるには光を反射する物体が必要である。――だから、つい今し方、「色をしているもの」として物と並べて光を挙げたが、厳密に言うと、光は「色をしているもの」と言うべきではないだろう。ただ、色を現出させるために操作できるものであることに変わりはなく、この点が重要なのである。なお、色の所在を人の心に求める人の話を第3節でしたが、色の混合を言うのに人の心を混合させることを言う人は決していない。――)しかるに、感情の混合ということを言い出すとき、物や光に相当するものを当てにできるのか。この問いは、混合から戻って、一つひとつの色を特定し、他の色との異同を言うのには物ないし光に依拠できるのだが、そのように頼るものがない感情に関して、或る感情の特定やその感情の他の感情との異同を言うのはどのようにして可能になっているのか、という問いまで差し戻さなければならない。

異同を言うとは分類することに他ならない。現実の時間的世界ではすべてが個別、独自の事柄であるが、それらにさまざまな観点からの同じさを言う。同じさを言うのは、或る観点から同じと認めるものを一つに括り、逆から言えば同じとは認めないものを括りの外におく、そういう分類をすることに他ならない。そもそも、それらに関して何かを言葉で語ることそのことが、何らかの観点での同じさを言うことができることを認めないことには可能ではない。(私はいま言葉を使って考察しているわけだが、色のグループを色ではないもののグループと区別する分類ができ、色の中で黄色のグループや青のグループを見いだすことができるという前提で「色を表す言葉」も用いている。感情についての語りにおいても同様の事情がある。)

そこで、「黄色」を言うとき、銀杏の葉や菊の花やバナナを見るときにそれぞれの物の表面に見える色を「同じ」と見なせる色として捉えている。しかし、「黄色」の中に、似ているけれども微妙に違う色を見つけ、「真っ黄色」「レモン色」「山吹色」として区別するとき、バナナやレモンや山吹の花をもってきて見比べることでその区別を確認するわけである。そしてこのときももちろん、レモンを二個、三個と並べて見るとそこに少し違った色合いを認めても、その違いは無視して(あるいは許容できる範囲内の差異として)どれも「レモン色」だと引っくるめているのでしかない。或る具体的な色の有りようを表現しようとして他の似たような色との微妙な区別を掬い上げ、その具体的な特定の色のために名づけた色がまた、実際には決してその独特の色を唯一取り出すこととならず、より細かな分類となるしかない運命にある。こうして、「黄色」は大分類、「レモン色」「山吹色」等は小分類だということになる[30]。なお、レモンや山吹など自身が物の分類の上で登場しているのだが(これもレモン、あれもレモン等)、色の分類は違う物にまたがって言うことができる。レモンだけでなく或る布をもってきて並べて、これら両方に共通の色がレモン色だ、と言えるように。一般に分類は或る観点のもとでなされるが、同じ観点のもとで、どの水準でなすかということが付け加わる。この水準の設定は、一つひとつ違う個的なものなのに同じと見なす、その同じさの要求の強さをどの程度にするのかによってなされる[31]。

ともあれ、色に関して、同じ、似ている、違うということは、どの水準で言うにせよ、それらを、同じ色のもの、似ている色のもの、違う色のものを持ち出すことで確認できる、これは当たり前のことだけれども大事なことで、きちんと押さえておかなければならない。そして、同じもの(ないし同じと見なせるもの)を違った時間に見ることをも考慮すれば、反復という概念をも援用する必要がある。

ただ、反復の概念を呼び出すと、実はここに隠れたもう一つの前提があることに気づく。それは、私たちが何かを見るとは目で見るのであり、見ることで目が疲れたりなどのさまざまな変化はあるのだけれども、目は何千回何万回と何かを見ようと、同じ状態に回復するという前提である。もちろん、この前提も、厳密に言えば「同じと見なせる」ということなのだが、ここで「厳密には違う」ということを言い立てても何の生産性もない。それはトリビアルなことに拘泥することである。(私が知っている或る人は、体調によって、見えるものすべてが青みがかって見えるときと、すべて赤みがかって見えるときとの交替があると教えてくれた。同じものを見て、その色が違って見えるというのである。しかし、その人も、青や赤と呼ぶ色を繰り返し見ることができるということを前提している。なお私たちは林檎を明るい光のもとで見、少し暗い所で見ても、同じように赤いと見ることが多い。ただ、同じ条件で林檎を写生し色を塗ろうとするときなどでは、赤さが違うことに気づくのである。同じように、銀杏の葉が色づいて黄色が綺麗だなと思うとき、西日が射すと、その黄色がまた違って見えることに気づく。一般に、色を物の捉えの通路として見る場合の方が、色の微妙な差異に無頓着なことが多い。同じさの要求の水準が、色をしているものの同じさに焦点をおいて設定されているからである。)

すると、色の同じさを支えているのは、物(稲妻や虹、空などを含めて物象)の同じさないし反復と、見る目の状態の反復である。従って、色の違い、類似も同様である。違う色、類似する色それぞれが、その色としては同じだということが前提されて初めて色の違い、類似が言えるのだから。そして、目の方は人は選ばずに具えているものだから、結局は色の異同は、色をしている物(物象)の反復を当てにして言われるのだ、ということになる。(「同じさ」を言うとは、複数の事柄を前提して、それらの同じさを言っているのだ、ということに注意しなければならない。)

(3) 人が見ている黄色がどのようなものであるかを理解することと、人が懐いている感情がどのようなものであるかを理解すること

ところで、以上の色の分類ないし異同の話は、それぞれの人が自分でさまざまな色を見ることに即したものである。しかるに、私は感情に関し、他の人は感情が分かるか、どのようにして分かるかを一貫して主題にしてきていて、人が感情をもつ一人称の経験の方は話題にしてきていない。これには戦略的理由があったのである。(その理由は本節(4)で——その段階で

——きちんと述べる。）そこで、色に関しても感情に関する考察に揃えて、人がどのように色を見ているかが私に分かるか、という話題を前面に出して、今し方なした考察を振り返るとどうなるか。この話題は既に第3節で色の特定について論じた際に扱い済みなのだが、本節で新しく分類や反復という概念を登場させたので、そのことに注意を払って、若干、もう一度確認しようというわけである。

私たちは人が「黄色」を見ていると言うときに、その人の一人称的経験内容としての黄色なるものがどのようなものか決して分かりはしないと指摘することもできる。ただ、その指摘はトリビアルなことでしかない。それに対して、その人が見ているものを確定した上で自分もそのものを見れば、その人が見ている色はそのときに自分に見える色のことだと思う、こちらの方が生産的で一番自然なことなのである。既に述べたように、色をしている物象の確定なしにどの色を問題にしているかを言うことはできないのであり、しかるに、たとえば「黄色」と二人が呼んでいる色の内容は人と自分とで同じだろうかという問いを提出することそのことが、その色をしている物象の方は人と自分とで同じと確定できることを前提して初めて成立するのである。そして私たちは、黄色や青の区別も、黄色をしているもの、青色をしているものを見ることを頼りになす。頼りにできるし、頼りにしなければできないのだが、黄色や青の区別とは、必ず多様な色のグループ化でもあるのである。たとえばレモン色や山吹色を含めるか含めないかで変化するとしても「黄色と見なすグループ」と、同じく、藍色や群青色を含めるか含めないかで変わるにしても「青色のグループ」との区別となるしかないのだから。しかるに、頼りにするためには、黄色い色をしたものが反復して目の前に出てくることが必要である。そして「反復」と言っているが、実は違った時間に出現する以上は別のもの、それぞれが独自のものであるはずなのであり、しかし「同じ色」をしたものの反復だと見るわけである。

こうして、「他の人が見ている色がどういうものかを捉えることは、同じものを自分も見ることで果たされる」、このことを受け入れる限りで、前項での考察はそのまま、人は他の人が見る色をどのように理解するのか、ということを敢えて話題にする場合でも、通用する。（実際には話題にしてもしょうがない、得ること少ない話題である。）

だが、他の人の感情が分かるか、という、日常の生活上でも重要なこととして発生する問題の場合、その人と自分とに共通なものとしての物象（色の場合の、或る色をしたもの、黄色い銀杏の葉、菊の花、レモン等）とその反復を持ち出すことはできない。他の人の感情が分かる場合には自分の感情経験を援用するしかない。ところが、その自分の感情は他の人からみればその人自身の経験内容ではない他の人の感情でしかない。だから、共通のものを当てにできないと思われる。

人と自分とに共通なものとしてのさまざまな色をしている物象を持ち出せば、同時に自分の色の経験を持ち出すことになる。そして、あなたがいま見ている色がどのようなものかを理解するのに、自分が直接に見る色、さまざまな物象に見る色のことだと考えれば済む。そのように考えてよいし、そのように考える方がよいし、更にそのように考えるべきである、という現実がある。しかし、あなたがいま持っている感情を私が直接に感情として経験することはできない。球場の一塁側スタンドのほとんどの人々が同じ喜びの感情をもっていると言い得るとしても、そのことは人が他の人の感情を感じているということとは違う。既に何度か述べたように、人の感情が分かるとは人の感情を想像することとしてのみ果たされるのだから。

（4）他の人の感情の想像・自分の感情の理解・一人称の感情経験

しかるに、A．人の或る感情を、分かると言えるほどの仕方で想像するためには、その（それと同じような、同種の）感情を自分自身が懐いた経験が必要ではないか。すると、B．人の一人称としての感情経験を先に論じないことには考察を先に進めることはできないのではないか。いや、Aについては賛同しないわけにはゆかないが、Bはそうとは限らない、と言わねばならない。というのも、人の感情を想像するのに必要なのは、先立って感情を種別化して理解しているということなのであり、その理解のためには、自分の感情を種別化して、「恐怖」だ「喜び」だと理解した経験が前提になるが、ところがこの理解の経験は、その恐怖とか喜びとか言われる（言われることになる）感情を懐く経験そのことと同じだとは限らないからである。もちろん、感情を懐くからこそその理解があるのだけれども、感情を懐けば必ずや感情の理解、種別化することによる理解もあるというわけではない。

ただ、それでいて、或る感情がどのようなものかの理解なしに、誰かがその感情を懐いているかどうかとか、懐いているときにはどうだとかの考察をすることはできない。考察とは一般化をなす言葉を使用するものだからである。それで私たちは(研究者たちも含め)屢々或る(種別化された)感情の理解を前提に、或る感情経験について語り始めるが、そのことで、感情経験(一人称の感情経験)があるときには当然その感情の理解もあるかのごとく勘違いしてしまう。そういう罠がある。私が、一人称の感情経験についての考察を先延ばしにしてきたのはこのような事情があるからなのである。

第6節　理解としての想像を導くもの

(1) 表情の分類と感情の種別化

他の人の感情が分かるか、という問題に面して、その人と自分とに共通なものとしての物象(色の場合の、或る色をしたもの、黄色い銀杏の葉、菊の花、それから稲妻や空など)を持ち出すことはできない、と述べた。しかし、私たちが人の顔の表情を見ることでその人の感情が分かる気がするときに、その人の顔も、物象のうちの一つではある。また、その人の表情と同じような表情を、別の何人かの人の顔に認めることも多い。そして私(自分)自身も顔をもっているし、その顔にさまざまな表情を浮かべているに違いなく、稀にはその表情を鏡で見ることもできないわけではない。

そこで、或る表情の写真を多くの人々に見せて、その写真に撮られた人の感情を当てなさい、という課題を与える研究者たちの遣り方は、人々が共通にさまざまな顔を見ることができるということを前提し、それらの顔の(あるいは一つの顔のさまざまなときの)表情の同じさ、類似、差異を認め得る(言い換えれば分類できる)という事態に着目している。しかし、色の場合には、色の分類ないし細分そのことが終点であるのだが、同じように表情を分類することで終わるとするなら、感情の出番はない。表情から感情へ(表情の区別――つまりは分類――から、一つの種類の感情の推定へ)と進まなければならない。これは、知覚から想像へ向かうという一般的構造の、一つの極めて重要なケースである。実際、人の顔の表情を見ることでその人の感情が分かるという主張は多い。

しかしながら、私としては問題を立てなければならない、表情を見るだけで、その表情を或る感情(種)に対応する表情として種別化できるのか、と。そして言わねばならない、極めて重要なことだが、表情のさまざまを役立つ仕方で区別するに当たり、現実には私たちは、むしろ感情の種別化の方から出発して表情の分類を試みるのだと思われるのだ、と。これはどういうことか。

説明のために、顔の表情も何かの色と同じく見る相手であるのだから、色を分類するときの幾つかの場合を挙げて、それらと比較する仕方で、感情が分かる仕方で表情を見るとはどのようなことなのか、調べることにする。

A. 苺の実の色を、赤いとか緑色だと見ることは、色をそれとして見るだけである。仮に、緑だ、いや、明るい緑と言うべきだ、薄赤い、真っ赤だ、黒っぽくなった赤だとか、その色そのものの有りようを細かく表現しても、その表現は色の個的有りように迫ることはできず、必ずや色を分類することを含んではいるのだけれども、色を見えるがままに見ているだけであることに変わりはない。また、他の何かの色と比べて、若い苺の実は葉と同じように緑であって赤ではないんだということが分かったり、それでも苺の実の緑は苺の葉の緑よりは薄い、白っぽいとか、色の微妙な違いも指摘したりできるが、それは要するに、色の異同、類似に関心をもつだけのことである。そして異同、類似を言うことは実質的には分類しようとしていることだが、そこ留まりである。

B. それからもちろん、熟した木苺の実の色が赤いか橙色か紫か黒かで、木苺の種類を、ラズベリー、モミジ苺、パープルラズベリー、ブラックベリーと見分けることができるが(できる人がいるが)、これは単に、色がその色をしたものの把握の通路になっているという、視覚の一般的構造に従っているに過ぎない。むしろ、色をしているもの(物象)に向かわずに色だけに関心をもつ方(A)が、抽象であり、高度な経験仕方である[32]。

C. けれども、苺の色が赤いのを見て苺が甘いと分かり(この場合、味が分かるとしても、それは味を想像できるということである)、緑色を見て酸っぱいと思う、こういう仕方で苺の色を見ることもある。これらのとき、見えている色がどのようであるかを注意深く見ているのだが、その注意とは或る目的のために役立つ仕方で色を分類しようとしているのに他ならないのであって、その役立ちとは、色を或る仕方で種別することで、色ではない事柄の種別が分かるということなのである。(「色をしているもの」も「色ではない事柄」なのだが、この種別という目的の場合は除く。これはBの場合である。)炎の色を見て温度が分かる場合の色の見方も同様である。

そこで、また、苺の色を明るい赤と濃い赤とに区別(分類)することは、その違いが甘いか甘くないかの違いに対応していないなら、どうでもよい。役に立たない差異でしかなく、だから二つの色を別枠に入れてもしょうがない。(ここでの役立ちとは、色の区別によってその色をしているものが分かる、その色をしているものが分類できるという、当たり前の役立ち——Bの場合——のことを指しているのではない。)

D．すると、人の顔の表情を見てその人の感情が分かる、あるいは分かると思うのは、この最後に挙げたような仕方で苺の色を見ることと同じような構造をもつ。そして感情が分かるというのも、何度も述べてきたように、感情が想像できるということである。

だが、同じような構造をもつと言っても、正確には全部がそうであるわけではないのである。

(2)色を見て味が分かること・体(体の一部)を見て分かることのさまざま

特定のとても親しく接している人(Pさん)に関して、その人がこういう表情をするときには悔しがっているときだ、ということが分かる場合、確かに、これは色を見て苺の味が分かる場合と同様の構造をもつ。要は読み取り手(Q嬢)の力量次第で、その力量は、Q嬢がPさんの表情を数限りなく見、そのときにPさんがどのような感情をもっているかということが分かる、そういう経験の蓄積によって養われる。

しかし、最初のうち、たとえばPさんが悔しがっているということがQ嬢にどうして分かったのか、という先立つ問題があるのではないか。現実には、Pさんが「悔しい」と言葉で表現してくれた、という場合は多いだろうし、その表現を当てにできたに違いない。が、言葉の介入がない場合にはどうなのだろうか。

苺の色でその甘さの程度を言い当てることができる名人の場合(前項で挙げたCの場合)、苺の色を注意深く見て、かつ、その苺を注意深く味わう、ということを繰り返してきたはずである。その繰り返しを通じて、或る種の色が一つに纏まって、同じ色の反復という受け取りが生じ、味についても同様のことが生じる。重要なのは二点。一つには、色の分類と味の分類とが相互に規定し合っているということ。私がこれも赤、あれも赤だと、同じ色の反復的出現と受け取っているところに、名人の方は、こちらは少し黒ずんだ赤だろう、違う色だと指摘する場合、それは、赤い苺と赤黒い苺との甘さの程度の違いを名人が味わい分け、その違いへ向けて色の違いに敏感だからなのだろう。味に関しても、同じ甘さだとするか、いや、濃さが違う甘さだとするか、あるいは種類が違う甘さだとするか、それは要求水準による。大雑把に甘いか酸っぱいかだけの味の分類でよければ、色の異同の設定も荒くなる。

そして第二点だが、この例で押さえるべきは、私であれ、名人であれ、人は色だけでなく味の方も自分で知覚しているということである。そこで、色の分類と味の分類との相互規定は、一人の私、あるいは名人の中で完結している。ところが、表情は知覚するものだが、感情の方は知覚対象とはならないことに注意しなければならない。そこで、表情の知覚とはどのようなものか、こちらに考察を移そう。

知覚する相手としての表情は顔であり、他の人の体の一部であるが、顔の他の体部分とは違った特殊性をもっている。しかし最初に、他の体部分と同じような資格での顔の知覚で、しかも、他の、より重要な事柄の発見ないし想像に役立てる知覚仕方の例を(大枠としては前項でのCと同じ構造)、二つ確認しよう。

第一の例。(イ)医者が人の黄ばんだ顔色を見て、この人は肝臓を悪くしているのではないかと思う例。この例は、苺の色を見て、甘いか酸っぱいかが分かるのと同じ構造をもっている。医者が自分の見立てを手に入れたのは、或る種の顔色と具合の悪い肝臓とが結びついていることを、反復的に経験することによってである。(学んだだけ、ということもあるが、その学びの内容は、両者が結びついているという経験を多くの人々が反復してきたことに支えられているから、実質的に同じである。)そして、医者は自分の見立てが正しいかどうかを、肝臓の検査をすることで確かめることができる。医者だけでなく、誰でも医者の立場に立ち得る。顔色だけでなく肝臓の方も知覚できる物的世界の一員なのである。この点でも前項でのCと全く同じ構造である。(検査というものは肝臓を始めとするいろいろな事柄についての理論をも必要とするだろうが、基礎には、肝臓、それから検査器機等の知覚というものが必ずある。お腹を切り開かなければ肝臓は見ることができないというのは、この大局的な見地からすれば些細なことである。そして、このようなことを私たちは物的事象に関してしょっちゅうやっていて、その組織的大規模なものとして科学というものが誕生し、発展してきた。)

(ロ)額《ひたい》に真新しい怪我をしているのを見る場合はどうだろうか。見る人は、痛いのではないか、と想うだろう。これは、先に、擦り剥いて血が滲んで固まった膝を見る場合として挙げたのと同じ構造である。そこで、見ている傷から痛さを想像するという「知覚から想像へ」という構造は(イ)と同じ(従って大枠としては、前項でのCとも同じ構造)だが、想像内容も場合によっては知覚することができるというわけではないことが、(イ)の場合とは異なる。痛さは徹頭徹尾、知覚の相手とはならない。痛いかどうかは、肝臓の状態がどうかということとは別次元のことで、一人称の経験の内容なのである。(色を見ることも一人称の経験ではあるが、色という内容については、人ごとに独自であるにせよ、それでも人々に共通だとみなすことこそが有効である、という論理については、既に十分に論じた。)そこで、人の痛さが分かるかどうかという問題と、人の感情が分かるかどうかという問題とは、この点では同列である。

とは言え、先に確認したように、傷ついた額(顔の或る部分)を見て痛いだろうと想うとき、その額の所が痛いのだろうという仕方で痛さを特定しているわけで、しかし顔の表情を見て或る感情を想像するときにはその感情を顔に感じているのだろうということはないのだから、この点では、痛さと感情とでは様子が全く違う。そこで、感情と痛さとの二つの場合に共に「感じる」という言葉を用いるのだけれども、その内容はかなり違う。とは言え他方、もし違うのだとすれば、では、なぜ同じ言葉を用いるのが自然なのか、という問題が逆に出てくる。

なお、この(ロ)の場合に、知覚内容としての傷と痛さとの結びつきがどのようにしてできあがっているかについては、第

3節（4）で述べた通りであり、いま確認的に付け加えれば、この結びつきの成立にも反復という要因が与っている。

（因みに、（ハ）額がこのように傷つくなんて、殴られたのだろうか、とかへと想いがゆくこともある。知覚から想像へという道は、多様な方向へと進み得るのである。要は関心の向き方次第である[33]。しかし、気儘《きまま》な想像ではなく、何かが分かる――ないし分かったと思える――という性格をもっている想像が生まれるには、知覚内容と想像内容との間に或る程度の恒常的繋がりを前もって見いだしておく必要がある。ここで恒常的と言うのは、同じと見なせる内容の反復が、繋がる双方の項でみられることを指しているし、見いだすとは、「自分自身の直接の経験によって」というのは固より、「人から学んだ知識によって」ということも含まれる。この条件に関しては、額の傷を見て、どのような痛さかが分かる気がすること（ロ）と、殴られたなと分かること（ハ）とで、変わりない。）

さて、以上のことを確認した上で、次に、顔の表情を言うときのことを考察しよう。表情という観点で捉えられた顔は、他の体部分とは違う特殊性をもつ。確かに或る種の舞踊では手の形や動きが表情をもつことはあるが、そのように表情を読み取ることは、手の形や動きと顔の表情との連結を通じて、顔の表情から読み取られたことを手の方に移入するという経験を積んだ人によってなされることだと思われる。そして、むしろ興味深いのは、体全体の様子が「うなだれている」とかの表情をもつように見えることであるということである。これも、表情の読み取り手の立場からすれば手が表情を獲得するのと同様の過程を経てのことであろう。しかし、顔の表情が体全体の表情と等価だとはどういうことか。顔が人の全体を代表するということではないのか。（顔と並び得るのは声であるが、声の表情についてはここでは論じない。顔の表情についての考察を適用できるとだけ言っておこう。なお、肩が痛いということと並んで体全体が痛い、あるいは怠《だる》いということがあるが、或る体部分の感覚が体全体の同じ感覚と等価だということはない。それから、街の表情とかを言うのは街を顔に喩《たと》えることをも含む転用だ、ということについては既に述べた。）

（3）表情（体の一部としての顔）を見て分かる事柄の二種

顔の表情が感情を表す、あるいは私たちが人の顔の表情を見て、その人の感情が分かる（ないし一般に想像する）ということの考察にかかる前に、片づけておくべきことがある。それは、(表情の心理学者たちは躊躇わずに考えているように見受けられるが)顔の表情から分かるのは、そのような表情をしている人の感情だ、と決めつけるわけにはゆかないということである。たとえば、人が顔を顰《しか》めるのを見て、私たちは、その人は嫌悪感を覚えたのだなと分かる(想像する)場合がある一方、痛いんだ、と理解する場合もある。この後者のような場合があることには、第3節(5)で言及しておいたが、これは、怪我をしている額を見てその額は痛いだろうと推測する場合(前項で列挙したさまざまな場合のうちの(ロ))とも違う。痛いのはその表情をしている顔ではなくて、体のどこか、たとえば擦り剥いた膝などであるのだから。(偶々顔が痛いという場合もあるが。)

翻って、顰めた顔を見て嫌悪感を覚えたのかなと想う場合にももちろん、その嫌悪感というものは顔に感じているのだろうというのではない。しかし、だからと言って、では体の他の部分に感じているのかというと、そうではない。嫌悪感という感情は、そのときの人の体の有りようではなく、人がまさにその人であるその有りようとして捉えられるものなのである。

ただ、もう一度、顔の表情が顔自身の痛さではなくどこか体の或る部分の痛さを表す場合に戻り、先にも述べたように顔が人の全体を代表するのであることを考え併せると、どうなるか。痛さを感じるということは、人の体の或る部分に痛さを感じることでありながら、他方で一人の人がその人として感じること、別の言い方をすれば我がこととして感じることだということとの、特有な仕方での確認ということになろう。因みに、人が木の葉を見ているとき、(目が見ていると言うこともあるとしても)見ているのはまさにその人であるということも間違いないが、しかし見ている相手の木の葉を自分のこととして見はしない。痛い膝は自分だ、というのとは違う。

以上の三つの場合を突き合わせて、事態はどのようになっていると理解すべきか。最小限のことを言えば、こうである。ここで或る人が「その人である」ことと述べているのは、体に即しつつ、その生きている体のすべてによって可能となっているものを指すのだと考えるべきことであり、体が生きることは体の周りの環境があって初めて可能だということである。そして、このような事情のうちに、前項で(ロ)の場合を考察しているときに出てきた問題、すなわち、体の感覚と感情とのいずれにも「感じる」という言葉を用いるが、両者の有りようは違うが、どう調停すべきか、という問題に対する一つの手掛かりがある[34]。

さて、このように顔の表情を見ることから想像できることは、感情と体の感覚との二種へと分かれる。(第2節(1)で指摘したこと、すなわち表情はその人の性格を表すということも考慮すると、三種を言わねばならないが、ここでは或る短い時間での表情の動きを問題にしている。なので、性格へと向かう場合のことは考察外である。)すると大きな問題があることが明らかになる。それは、表情から感情を想像するということの他に、痛さを想像するということもあるのだとすれば、そのどちらになるかを決めるのは何か、という問題である。

ところで、私はこれまで、「顔の表情を見るだけで、その人がどういう感情を懐いているか分かる」ということはないのではないか、ということを何度か話題にしてきた。男の子の表情に「どうしたんだろう」と不審がった兄は、弟が犬を見たということも分かって初めて、弟の表情を恐怖の表情だと合点した。すると同じように、人が顔を顰める表情を見たときに、この人は嫌悪を覚えたのであろうと周りの人が思う(分かる、想像する)とき、それは、その人が或るものを食べて直ぐに吐き出したとかの状況あってのことではないのか[35]。そして更に、同じ表情を、その人が痛みを覚えたからのものなのだと受け取るのは、たとえばその人が注射されている場合、あるいは人が歩いていてつま先を石ころにぶつけたそのときにその表情をしたのを見た場合などで、要するに表情が生じたときの状況も分かっているときだろう。(他方、擦り剝けて血が滲んだ膝の方は、この膝を見るだけで、痛いだろうと思うのではないか。砂利があるような場所で転んだとかの状況の理解は不要なのである。)

今や、本章の一等最初から登場している「状況」の概念に目を向けるときがきた。ただし、感情の想像ないし理解という話題に限って考察する。

第7節　状況という概念

(1) 表情と反復的に結びつくもの

そもそも、或る表情に或る感情を読み取るのに、両者の恒常的結びつきについての何らかの経験が要るというわけではないのではないか、という意見もあるだろう。つまり、簡単な話だ、人の顔の表情を見るだけでその人の感情が分かるというのは、人間という動物に先天的に具わっているのであって、学習するのではない、という主張である。その証拠に、怒った顔の人を見ると何の経験も積んでいない赤ん坊が脅えるではないか、赤ん坊は相手が怒っていることが分かるのだ、と。しかし、脅えることとは、相手の感情が分かったということの証拠になるだろうか。犬を見て怖がるのと同じようなことではないのか。後者の場合、犬の感情が問題になっているはずがない。

では、人の顔を見る自分自身における反復、自分がこれこれの表情をしているときには、これこれの感情をもっていた、という結びつきの反復があればよいのではないか。しかし、人は自分の顔の表情は、見る仕方では知らない。(鏡で見る話は止めよう。そのような経験は或る社会の或る階層の人々に限られるということもある。そして何より、自分が激しい感情をもっているとき、誰が鏡など見る余裕をもっているだろうか。確かに私たちは或る段階では、自分が或る感情をもっているときどのような表情をしているか想像できるようになる。そして、或る表情をつくることで悲しいとか怒っているとかの振りができるようになるのだから、感情の種類に応じてどういう表情――自分自身の顔の表情――が相応しいか分かるようになる。だが、どういう段階か、ということをはっきりさせなければならない[36]。)

私は指摘したい、重要なのは、人の顔の或る表情が或る種の状況において生じるという、その結びつきの反復の方ではないか、と。私は第1節(1)で既に、感情とは一人ひとりにおいて生じる事柄であることに関連して、それぞれの感情は各人の状況に応じて生じるべくして生まれるものだろうと指摘した。第2節(1)でも、表情が生じたときの状況が重要だ、と述べておいた。顔の或る表情の反復と並んで大きな役割を果たすのは、状況の反復である、と言ってよい。ただし、今や、状況ということの中身とはどのようなものか、主題として考察しなければならない。というのも、男の子の感情が分かる（理解する、分かったと思う）には、男の子が犬を見たということを知る必要があるとしても、しかしながら、「人が犬を見るという状況」では、どの人も同じような表情をするわけではない（そして、同じような感情をもつわけではない）のだから。男の子に生じた表情と結びついている状況とは、「犬を見る」とかの単純な事柄で成り立っているのではない。

（2）状況とは意味的なものである
——恐怖の感情の生起に関して「危険」の概念を持ち出すことを手掛かりに——

冒頭に掲げた、男の子の恐怖を巡る場面について、研究者たちは、次のように説明するだろう[37]。曰く、（イ）犬という危険信号（＝刺激）に対する反応として、男の子に恐怖が生じた。曰く、（ロ）男の子では心拍数の増加と皮膚温度の低下がみられているに違いなく、それは体が危険から逃れる準備をしているのだ。（心拍数の増加等と一緒にみられる顔面の変化——普通「表情」と呼ばれるもの——は、それを見るものを威嚇する効果をもつ、という指摘もあるが、その効果も、危険から逃れることに役立つというふうに理解されている。）曰く、（ハ）犬が自分にとって害となる、そういう危険があるから、それを避けるべきだという評価あってこそ、恐れが生まれたのだ。

いずれの説明でも「危険」という概念が持ち出されている。そこで、「人は危険な状況では恐怖の感情をもつ」と一般化すると、非常に分かりやすい気がする。だが、危険な状況とは、正確にはどのようなものか。

この一般化に従って冒頭に描写した場面を解釈してみよう。男の子が恐怖の感情をもったとするなら、危険な状況だったからだ、ということになる。他方、少女が男の子に「怖がらなくていい」と言ったのは、自分が連れている犬を怖がらなくてよい、ということで、「大丈夫よ」と言うとき、犬は危険なものではない、言い換えれば、危険な状況は存在しない、と知ってのことだ、と解釈できそうである。しかるに、この「知って」という言葉には、危険な状況があるとかないとかいうのは客観的な事実の事柄なのだ、という含みがある。つまり、危険というのは知られなくとも存在する事柄で、知ることの対象ともなり得る、という含みである。(事実のこのような性格は、意見の内容なら意見をもつ人とともに生まれるだけのものである、ということと対比すれば分かりよい。) そして、「本当に？」と男の子が言うのにも、危険の有る無しについて正解があるのだろう、という思いがあるのに違いない。すると、男の子は、最初は間違って危険だと思って怖かったのだけれども、本当は(事実としては) 危険などはないということが分かったので怖がらなくてよいのだと安心した、ということになりそうである。

そしてこの解釈は余りに素直なので、研究者たちもこの解釈に特に考察すべき点は見いだすことはないのかも知れない。(ただし、「最初は……危険だと思って怖かった」という解釈は別にして、である。次項でなす考察を参照。) 第1節(2)で引用した文は、グニャグニャ曲がった細長いものが小道にあるのを人が見たとき、その感覚信号から恐怖反応が生まれるという例を挙げているが、そこでは、「本当に危険であるかのように」という言い回しと「間違えたとき」という表現がみられた。

だが、このような解釈から、私は二つの考えるべきことを取り出したい。一つは、危険な状況とは客観的な事実として有る無しが言えることではなく、意味的なものであるということ。それからもう一つ、男の子において生じたことが何だったのかも、慎重に考えるべきである。なお、この後者の方は、私たちが多くの場合に恐怖を感じる経緯《いきさつ》、これをみるには、冒頭の男の子の場合とは違った例を取り上げる方がよい、ということも念頭におき、それらの例の場合における恐怖感情の有りようの考察という回り道を経ることで初めて果たされると、私は考えている。これは、第5節(4)でも述べた、一人称の感情経験についての考察を先延ばしにしてきた理由でもある。

途轍もなく大きい犬を見ると恐怖を覚えるというのは典型的な場合であるように思える。だが、それは動物としての人間がそのような犬に対してなす或る基本的な反応ということに結びつけて恐怖を理解しようとする限りではそうみえるということでしかない。少なくとも私たちが頻繁に抱くたぐいの恐怖の感情は、その手のものではない。

第一のこと、危険とは意味的なものだ、ということの方からみてゆこう。

(3) 意味と意味の妥当性

少女が「大丈夫よ」と言うとき、自分の犬は人に噛みついたりはしないよ、という考えがある。反対に、噛みつくような犬なら危険な犬だということになる。しかし、もし噛みついてしまえば、その事態はもはや「危険」とは言わない。危険とは可能性として言われることである。可能的なことというのはどういう身分のものだろうか。予め答を言っておけば、それは「意味の世界」に属する事柄なのである。

本章冒頭に描写されている場面で、危険を認めているのは誰か、という問いから入ってゆこう。

前項(（2）)の頭で、男の子において生じたことについて研究者たちが与えるであろう説明を三つ挙げた。そのうちの（ハ）は、まさに「認知派」の主張なのだから、男の子が危険を認知、評価することが恐怖感情の発生には必要だ、という主張なのだろう。（ただし、この評価は思考によるのではなく直感的なものだ、などと言われるとき、評価というものの中身は曖昧になる。）

他方、（イ）と（ロ）とが（ハ）とは立場を異にする主張だとしたら、（イ）と（ロ）で言われる「危険」は研究者たちが発見しているものである。或る条件に対する反応として恐怖に相応する事柄が人（あるいは或る種の動物）において生じるだけなのであり、その反応が担う機能という観点から、危険という概念を研究者が見つけたのであろう。そして、或るときの特定の恐怖ではなく、一般に「恐怖という種類の感情」が生まれるようになった理由を研究者たちが説明しようとするときには、研究者たちは危険というものを恐らく客観的に存在する事柄として発見しているつもりでいる。そのことは、たとえば「小道にあるグニャグニャ曲がったものがヘビではなく実は棒きれであった場合には危険は存在しない」とする口振りから窺える。ヘビなら危険だということは、研究者たちにとっては自明なのに違いない。そして、「或る特定のときの具体的な個別の恐怖の感情」については、場合によっては「危険」の代わりに「危険の兆候[38]」を持ち出すことで、それが生まれる理由を説明できると、彼ら／彼女らは考えていると思われる。小道にあるグニャグニャ曲がったものは、それが棒きれでしかなく、それゆえに客観的に危険は存在しない場合でも、危険の兆候、すなわち「危険を指し示そうとする何か」ではあるのだ、というわけだ。——とは言え、「危険」と「危険の兆候」とは区別できるものなのか。というのも、危険とは元来が意味的なものであり、それゆえ「兆候」としてしか内容をもたないのだからである。

危険とは「意味の世界」に属する概念であって物的な何かではない。蛇も獰猛な犬も、噴煙を盛んに上げている火山も、それ自体が危険なものであるわけではない。それらによって害を蒙る可能性があるものがある場合に、そのものにとってのみ危険はある。だから、蛇は蛇が噛む相手にとって危険なものという意味を纏い得るということである。そのような相手との関係なしに危険はなく、関係は、現実に噛む場合(害が現実になる場合)があることを基礎に、しかし現実には噛まない場合をも内容として含み込む[39]。そうして、後者は現実とはならないのだから意味上のものでしかないし、危険とは害が現実になっていないということを前提して成立する概念だから、危険というものは意味上でしか存在しないのである。

ただし、人間では意味上での存在が大きな力を揮う[40]。そこで私たちは当然のごとく「現実に危険がある」と言う。しかるに、このように言うときの現実とは、現実世界が纏う意味の妥当性のことでしかない。危険の現実とは、害の現実とは有りようを異にする。後者の現実とは噛まれた体等の物的現実として生じる。(もちろん、体が噛まれた状態にあるということが害を受けた状態であるという価値判断は意味的なものだと指摘することはできる。しかし重要なのは、現に体の状態が蛇によって変えられたということ、或る物的なものが他の物的なものに作用したということである。)他方、危険の現実とは状況が帯びている意味が無根拠ではなく、妥当なものという資格を得ていることである。

では、意味の妥当性とは何か。いま論じている例では、二つの成分から決まってくる。

一つは、グニャグニャ曲がったものが小道にあるということ。この曲がったものが、もし毒蛇である場合には危険で、棒きれでしかない場合なら危険はないと、蛇と棒きれとの間に危険に関する差を認めるのは妥当である。ただし注意すべきだが、曲がったものが小道にあるということも重要である。それが道の境界に沿って設置されている金網のフェンスの向こうに横たわっている場合には、たといそれが蛇であっても危険の度合いはうんと減る。曲がったもの単体で意味の妥当性を云々することはできないのである。そこで、何か或る物的なものとそれが位置する環境と両者を引っくるめたものを、意味の妥当性を決定する第一の成分として認めなければならない。(序でながら、物的なものが蛇である場合に、どういう状態の蛇なのか、満腹で眠っている蛇か、周囲に警戒して神経質な蛇か等のことも、内容として重要である。)

すると、蛇と棒きれとの間の危険に関する差というものの中身というのは何か。人が害を蒙ることが現実に生じる確率の高さの差である。（実は私は前段落で既に「危険の度合い」という表現を用いている。害を蒙ることと危険とは違うことであるが、前者が生じる確率——可能性の程度——が後者、危険の度合いに反映されているわけである。）そして確かに、蛇の場合には確率は高く、棒きれだと限りなく低い。しかし、実は毒蛇の場合でも、蛇にどのように対処すればよいかを熟知している達人なら蛇から害を蒙る確率は低くなる。そして人に害を及ぼすことはなさそうな棒きれの場合でも、確率は零とは言い切れない。（だから「限りなく低い」という言い方をした。）なあんだ棒きれか、と安心してそれをつい踏んでみたら棒が撥ねて体にぶつかり、体を傷つけることがないとは限らない。このような振る舞いは人の性分に関係する。だから、その状況におかれた人の側が、もう一つの成分である。それもそのはずで、害とは何か（誰か）が何かから蒙るという関係的なものだからである。

さて、以上のように、害が現実になる確率の大小（高低）については客観的な事実を言うことができる。では、害が現実になる可能性としての危険について、なぜ私は、危険とは意味上の事柄だ、と言うのか。基本的な理由については既に述べたが、害の確率が高ければ危険が客観的に現実にあると言ってよいのではないか、という意見が出るのは当然だから、この意見に対して言うべきことによって補足したい。危険の有る無しを言うとき人は、どの程度の確率なら危険だというのか、これを決めているのである。しかるに、これを決める物差しは物的世界には存在せず、人の思いのうちにしかない。そこで、危険の現実性についても、妥当性をもった意味としてのみ言うことができるだけなのである。

第8節　己の有りようを感情として理解する

(1) 意味の感受によって生じる諸感情

ここで、犬を見た男の子の場合を離れて、人が恐怖の感情をもつ場合の幾つかを考えてみよう。細い尾根道を、地面が雨で濡れていて危ないなと思いながらヒヤヒヤして歩くときの怖さ。乱暴な運転の車に乗ってしまって、怖い。電車の中で、酒に酔った人が周りの人を睨みつけて悪態をついている、そして自分の方に近づいてくる、怖い。

これらの例での決め手は、やはり「危険」であろう。重要なのは、怖いと感じる人自身が、その危険を認めていて、だから怖い、というつながりが判《は》っきりしていることである。そして危険というのは意味的な事柄、意味事象である。それから、殺人等の事件があった後で、その現場近くに住む人がインタビューに対して、決まって「犯人が捕まらないと怖い」と言う。この場合には、どきどきするような恐怖感情というより、漠然と不安だったり心配であったりする気持ち、しかも途切れ途切れにふと訪れる気持ちを「怖い」と表現しているのだろう。だが、根底にあるのが或る危険というものの想い浮かべであるのに変わりはない。そして想い浮かべとは或る意味事象を呼び出すことである。また、「最近の政治の動きが怖い、将来がどうなることか」と人が言うときには、その「怖さ」はむしろ或る価値判断でしかないと理解するのが適切なのかも知れない。だが、価値判断だとしても、それを「怖い」という言葉で表現したくなるし、その言葉がぴったりだということは受け止めて、その理由を探らなければならない。理由は、この価値判断が関わる相手は物的な事柄ではなく意味的な何かであり、その判断内容も「危ない」という意味とその否定的価値として成立し、その価値が「怖さ」という感情を表現する言葉を呼び出しているのだと思われる。

ところで、この最後の例（「政治の動きが怖い」という例）は、希望を例に、「感情」と「もはや感情とは違うものかも知れないもの」との区別が曖昧だと指摘した、第4節（1）の問題を想い起こさせる。今の例では、明らかに感情の一種であるもの（恐怖）に関してさえ、その弱い形では感情とは異なるものと混じり合って曖昧になってしまっているのではないか、という論点が仄《ほの》見える。そして今や、感情とは異なるものとは、意味事象に関わる価値判断、ないし弱い形での価値感受であるのではないか、ということも察せられてくる。そうして、強い価値感受は感受する人の有りようの質を変じさせ、その生じた新しい質が感情である、これが私の見立てである。

さて、こういう事態を念頭にさまざまな感情に目を遣るや、極めて多くの（ほとんどと言ってよいくらいの）感情が意味を経由して生まれることに気づく。感情の研究者たちが取り上げる代表的な感情の種類を以下に挙げるが[41]、それらが生じる具体的な場面を想い浮かべるだけで(ここではそれらの場面を記さないが)、このことは確かめることができる。怒り、恐怖、悲しみ、幸福、嫌悪、驚き、軽蔑、興味、苦悩、恥、罪悪感、期待、信頼、不安、退屈、警戒、困惑、愛、諦め、傲慢、謙遜、希望。そして私が一つ加えるに、義憤という感情は、「義」によって憤るのだから、言葉からして、感情が意味の理解とともに生まれる、そのような事態を言い表している。また、人から何かの話を聞いたときに、その内容によってさまざまな感情が私たちに湧き起こることを考えるだけでも、この事態は確認できる。話が分かるとは話の意味内容が分かるということである。

こうして、人は意味を感受し、そのことが人に或る感情を生成させるのだ、ということが分かる。なぜ、そうなのか。そもそもがあれこれの「意味」というものは、濃淡は別にして、必ずや何らかの価値評価を携えているからである。「意味は価値を分泌する、あるいは価値を纏う(ないし含んでいる)」という言い方をしてもいい。人が何か意味を見いだすとは、その(正負いずれであれ)なにがしかの重要性ゆえにそれに何らかの仕方で関心が向く、あるいは否応なしに注意がゆくこと、その価値に敏感になるということ、感受するということに他ならない[42]。たとえば危険とは何かが害をもたらす可能性があるという意味なのであって、だから危険な状況とは歓迎したくない状況である。この「歓迎したくない」いうのは価値評価というか価値判断というか、場合によってその有りようは違うが、危険という意味の強い感受は、感受する自分の側での動きを誘発する。嫌だ、どうしよう、困った等の反応が起きる。その反応は高揚したり落ち込んだりする自分自身の或る質としての経験である。そして、「忌避」や「困惑」等と言葉で表現するとき、その経験は、それぞれの言葉との結びつきによって種別化された感情ということになる。(なお、この例で分かるように、「危険」という意味に対しては「恐怖」という感情が対応するとは限らない。「危険」という意味が位置取る文脈も重要なのである。)

そうして、価値的含みが強い意味事象の感受において感情が生まれるゆえに、感情というものはどれも正か負かの価値のもとで経験される。恐怖という感情は「できるならもちたくない」と人が思うことと、危険というものは「望ましくない」というのとは連動している。喜びは「歓迎したい」感情、怒りや悲しみは「懐かずに済むなら懐かない方がよい」と思ってしまうというのは、喜びをもたらすものが正の価値をもち、怒りや悲しみをもたらすものが負の価値をもつからだろう。誰もが知っていることである。そして、喜びをもたらすもの、怒りや悲しみをもたらすものとは、意味的なものなのである。犬ではなく、犬が害をなすかも知れないという可能性に他ならない危険とは意味の上でしか存在しない。同じように、球場で人々が歓喜の感情に酔いしれたのは贔屓《ひいき》のチームが勝ったからであり、しかるにその勝利というのも意味的な事柄としてしか存在しない。勝利という概念そのものがそうだし、勝敗が決まるのもルールという意味の支配があるゆえである。

(2)「恐怖反応」と恐怖感情

以上の回り道を経て、冒頭の男の子の場合に、実際は何が起きているのか、きちんと考えてみよう。(第7節(2)で提出しておいた問いのうちの、残された一つ。)

①男の子が恐怖の感情をもった、とするなら、②大きな犬が自分の近くに来たのは危険な状況だと思ったからだ、というのは分かりやすい説明である。しかるに②で言う「危険」について私は、それは意味上の事柄として人が見いだすことだと述べた。すると、その意味を見いだすのは誰か、ということを慎重に考えるべきである。第7節(3)の始めの部分で、「危険を認めているのは誰か」という問いを出したが、この問いは今や、「犬を意味世界に位置づけるのは誰か」という問いとして正確に提出し直さなければならない。

前項で挙げた幾つかの例の場合、すなわち濡れた細い尾根道を歩くとき、乱暴な運転の車に乗っているときなどでは、その状況に危険という意味をみてとるのは、歩く人、車に同乗している人であり、その人は危険をみてとるから怖いのである。このような例以外でも多くの場合に、私たちが恐怖を感じるのは自分で危険を認めるときである。危険だから怖いと、怖い理由を意識している。

しかし他方、恐怖感が生じる頻度としては少ないかも知れないが、剣呑そうな蛇を見たり大きな熊に出会ったりした瞬間に恐怖を覚えるというのこそ典型的な場合であるようにも思え、この場合には、危険がどうのという想いが起きることなしに恐怖感に満たされるのではないかとも思われる。（これらの例は環境が整備された社会で暮らす私たちが実際に経験することはほとんどなく、だから想像で述べていることになるという弱みがあるが。それから、「思え」「思われる」という表現に注意。一般に、そのような考えがあるのではないか、という趣旨の表現である。思われている内容の是非、ないしは、そもそも何かを思っているのかについては、注意深い考察が必要である。）男の子の場合にもそうでないか。第7節（2）の冒頭で紹介した恐怖についての（イ）と（ロ）との説明の場合、それらが（ハ）の説明と違って「認知派」の立場からのものではないとすれば、男の子の状況に危険（ないし危険と勘違いさせる危険の兆候）という要素を発見しているのは、むしろ第一には、説明を目論む研究者たちではないか、と私は述べておいた。

これら二通りの事例に調停を与えるという趣旨からではないが、神経心理学の立場から、感情が生まれる二つのルートがあると指摘する人たちがいて、その指摘は参考になる。

ジョセフ・ルドゥーは恐怖を研究するなかで、感覚信号と恐怖反応とのあいだには二つの独立した神経経路があることを突きとめた。……認識的評価を行う脳の部分を通過するのは、これら二つの経路のうちその片方だけなのである。もう一つの経路は感覚器官から扁桃体へと直接通じている。扁桃体は感情反応にもっとも関連する脳の部位である[43]。

実は、先に紹介した、グニャグニャ曲がったものが小道にあるのを見ると人には恐怖感情が生まれる、という例を挙げたのはルドゥーであった。この例での感情の生成は第二に挙げられた低次ルートによるものであり、そして、曲がったものが棒きれでしかなかった場合に「なあんだ」と恐怖感情が消失するのは、感覚信号がもう一つの経路によって大脳皮質に運ばれ、そこで認識がなされ、危険無しという評価が下されるからだ、というものになる。「大脳皮質の仕事は、適切な反応を生みだすことではなく、不適切な反応を抑制することにある[44]。」

成る程と人は思うだろう。しかし私たちは問わねばならない。一つには、恐怖感情の発生を説明するのに「感覚信号」を出発点におく発想は、濡れた細い尾根道を歩くときや乱暴な運転の車に乗っているときなどの恐怖と、グニャグニャ曲がったものを見た途端に生まれるような恐怖との二通りの事例のうちの一方（すなわち後者）にしか適用できないのではないか、と。もう一つは、感覚信号によって生じる恐怖反応は恐怖感情と同じだろうか、と。

今日は夜遅く街灯のない人気《ひとけ》もない道を通って行かなければならない、怖いな、というような場合に、どういう感覚信号の介在があると言うのか[45]。「曲がったものが見える」ということの成立に与る、目に届く光のようなものがあるわけではない。音、あるいは肌に何かざらっとしたものや冷たいものが触れる、そのときの刺激のようなものも見つからない。また、「想像するだに恐ろしい」という場合に、想像が感覚信号だと主張するわけにはゆかないだろう。感覚信号から始まる二つの経路を指摘するのは、蛇もしくは蛇と見間違う場合のような事例の方に関してのみ、しかも恐怖感をもつ必要がない状況でも恐怖反応が生じることを説明するため、というのが真相であろう。

だが実は、感覚信号に対して恐怖反応が生じる場合でも、恐怖反応が生じることはすなわち恐怖感情をもつことに他ならないのか、見極めなければならないのである。いや、それどころか、或る体の反応を「恐怖反応」と名付けることの適切性ないし権利さえ問題にしなければならない。

さて、恐怖反応としては、或る表情をすることの他に、第7節(2)の(ロ)が言う「心拍数の増加や皮膚温度の低下」などを挙げることになる。けれども、これらが直ちに恐怖の感情であるわけではない。（なお、もう一方の経路に関する説明、感覚信号が大脳皮質に運ばれるとそこで認識や評価がなされるという部分も、実のところ、ほとんど言葉だけの説明である[46]。）そして、そういうわけで私は、第7節(2)でも本項の冒頭でも、「①男の子が恐怖の感情をもった、とするなら」という慎重な言い回しをしたのであった。

そもそも、傍《はた》から人は、男の子は恐怖の感情をもっていると決めつけている。（かつ、少なくとも研究者たちは皆、その恐怖の感情を危険の概念と関係づけて解釈しようとしている。ただし、果たして男の子自身が危険というものをみてとっているのか――つまりは、犬を見たから怖いとするからには、犬を危険なものとして意味世界に位置づけているはずだと思われるが、実際にそうか――については、研究者によって分かれる。）だが、もしかしたら、この決めつけそのことさえ間違っているのかも知れないでないか。
第2節（1）で私は、次のように述べておいた。

顔を見る人の側ではなく、顔に或る表情を浮かべている側の経験の方に目を遣れば、まず体（多くは体の局部）の感覚という経験がある。冒頭の例で言えば、男の子は自分の顔が引きつった際の皮膚の突っ張った感じとかを感じるだろうし、心臓がどきどき拍《う》っていることも感じるのかも知れない。歯がガチガチする感じももつかも知れない。……ここで私は、男の子が恐怖の感情を味わった、とは述べていない。男の子はもしかして顔を引きつらせた瞬間には、自分の顔に感じる感覚が変わったこと、それから心臓の動悸の感覚を覚えるが、後は呆然と犬が見えているままにまかせているだけ、ということもあるのかも知れない。そして、次にのみ、ふと気づいて「ああ、自分は怖いんだ」と気づく、あるいは少女に「怖がらなくていいわ」と言われて初めて「怖かったんだ」と気づく、それが実情ということだってある。

では、「怖い、もしくは怖かったと気づく」とはどういうことか。まず押さえておきたいのは、研究者たちが①「恐怖反応」と呼ぶもの（体の或る反応）があって、それに伴う②体の或る感覚も確実にある、あるいは、あったことである。とは言え、その感覚は③恐怖という感情、ではない。そして注意したい、同じような体の反応と体の感覚は、一目《ひとめ》見たいと豪華な山車《だし》が街角を曲がって現われるのを今か今かと待ち受ける、そういう期待ないし待望、あるいは焦燥の感情をもつ場合にも覚えるだろう。しかるに、ならば研究者たちは、そのような体の状態を「期待反応」等々と呼ぶべきことになるのではないか。（と言っても、どういう感覚信号に対する反応だというのだろうか。山車は未だ見えていないのだから。）すると、それ自身としては同じような体の反応ないし状態を違った概念で捉えるのはなぜかというに、むしろ、恐怖や期待という感情の認めが先立って、そちらの方から概念化するからではないのか。

(3)男の子の場合——体の感覚・そして自らの有りようを感情として理解することへ——

だが今度は、恐怖という感情の認めということでどのような事態を指すのか、きちんと見極めなければならない。男の子の場合には、恐怖という感情を懐くことと恐怖という感情を認めることとの間には隔たりがあると思われる。他方、山車が現われるのを待望している人の場合に、その待望や焦れったい気持ちなどは正真正銘の感情の一種であり、それらの感情を懐くこととその感情を認めることとは一緒になっていると思われる。

男の子の場合では、「気づく」というのが、時間的に遅れているらしいことに注意しよう。そこで、次のような例も取り上げよう。海で泳いでいて、ふと見回すとけっこう沖合にいることに気づき、慌てて、浜辺に帰らなければ、と方向転換すると、潮の流れに逆らっていることが分かり、夢中で全力で泳いでやっと岸に着いて、「ああ怖かった」と振り返る、そういう例。振り返る前までは怖いという気持ちよりは、帰り着かなければ、泳ぎ切らなければ、という強い気持ちばかりがあったのに、危なかったな、という思いと同時に、怖いという感情が、既に過ぎた自分を支配していたかのように思ってしまう。これは感情そのものというより、自己理解ではないのか。

すると、男の子が、「ああ、自分は怖いんだ」と、ふと気づく(あるいは「怖かったんだ」と気づく)というのも、何も自分を反省的に振り返るということ、現場で自分において生じているもの(生じたもの)を差し押さえるということではないのである。そうではなく、一歩遅れて自分の有りようを理解することなのである。

ここで、私が第4節(3)で、人が他の人について、或るときにどういう感情をもっているだろうかと気にするとは、その人がそのときに、どのようにしている(いた)のか、その中心を質の形で気にすることに他ならないという趣旨のことを述べておいたことを想い起こそう。このことを別の言い方に置き換えれば、人が或るときにどのようであるかをその中心において理解するとは、そのときの感情を理解することだ、ということになる。そして、自分は怖いんだ、怖かったんだと気づくことも、自分自身の有りようを理解する一つの形なのであって、感情としての捉えは、有りようを中心となる質によって捉えているのだという想いを人に与えるのである。

だが、男の子を見る少女が男の子の感情を理解することと、男の子本人が自分の有りようを感情として理解することとは当然に違うはずである。その違いはどのようなもので、どこから生まれるのか。その答が、右記で注意した②、すなわち、男の子は自分の体の或る状態を感覚として経験する、ということにある。当人だけが感覚（そのときの体の感覚）をもつのである。

この体の感覚は、指の切り傷の痛さ、背中の痒み、腹痛などの体の感覚とは違う。体の或る部位が前面に出るわけではない。心臓とか呼吸する胸や口とか、体の或る部位が目立つのは確かだけれども、それらが合わさって体の全体としての或る様子を経験するというふうである。（主として自律神経が関わる部位の変化の感覚群から成る。）そして人は体として存在しているのであるからには、或るときの体全体の様子の経験とは、取りも直さず、そのときの人の有りようの経験の中核であり基底だと言ってもいい。（「中核」や「基底」と言っているのは、人は同時に、犬を見たり、道を見たり、街路の曲がり角を見つめていたりもしているわけで、そういうさまざまな事柄を取り去っても残るものだからであり、かつ、それらの事柄を可能にしているものであるからである。）

しかし私たちは、人の有りようの中心を質において捉えようとすると、体の有りよう（ないしは体の感覚）よりは、そのときどういう感情をもっているか、ということによって為そうとする。感情に人の人たる特徴（人らしさ）と、それぞれの人を「まさにそのときのその人である」ということにしているものとを認める、これが私たちの自然な考えだからである。そこで男の子は自分の有りようを捉えるに、体としての自己の有りようの諸感覚による経験を取り込みつつ、捉えるべき中心としては、恐怖の感情の中にいたと解釈する。

だが、どうして恐怖なのか。ここで「危険という意味事象」と、その意味が位置している文脈の介入が効いてくる。

（4）意味の感受——判断・感情・体の感覚——

先にみたように、政治状況が怖いと思う場合、社会の先行きを危ぶむ気持ちなのだが、これはむしろ単に危険の判断とでも言う方が相応しいようですらある。危険とは意味上の事柄であり、危険との判断は、一方では意味世界の中に現今の政治の動きを位置づけることで出てくる判断であり、この位置づけの過程はいわば知的働きが主導すると言ってもいい。というのも、意味世界を開くのは想像であるが、統制された想像としていわゆる知的活動があるからである。そうして、知的活動は諸々の意味事象から成る対象の側の秩序の発見ないしは創出の方に作用を集中させるので、知的と評されるような意味事象感受の有り方では、感受する側での誘発される動きは目立たない。とは言え、危険という意味は或る価値（望ましくないものという価値）を携えていて、この意味が重要なものとして迫《せ》り出してきて、それを感受するとき、その感受は、その意味内容に見合った反響（すなわち自分の有りようの質の変化）を、意味を感受する人に誘発せずにはおかないことに変わりはない。この誘発の結果が「危ぶむ気持ち」と人が呼ぶものだろう。しかし、反響は目立たず、危険というものの判断と一続きになっていて、判断そのこととほとんど区別つかないくらいである。感情と判断とが溶けあっていて、全体としては、感情の生成よりは単なる判断に近いことが生じたとも思えるわけである。

次に、人が濡れた細い尾根道を歩くときや乱暴な運転の車に同乗しているときに「危険だと思うゆえに恐怖を覚える」、という例ではどうか。これらの経験では、危険という意味が状況から直接に迫り出してきて、直ちに感受されている。この感受も判断だと言ってはいけないわけではないが、人がさまざまな意味事象を経巡った結果としてなす知的判断ではない。だから私たちは屢々「危険を感じる」と言い方をする、意味の発見であるのに。そして、意味の価値的要素、望ましくないという響きが強く、そのような意味の感受、強い感受は取りも直さず、感受する人の側ではその有りようの質の変化に他ならず、その変化が恐怖という感情である。

また、これらの経験で重要なのは、体のさまざまな部位において普通とは違う感覚が生じることである。尾根道を歩くときにバランスを取る仕方でなす足の運び、足が辷《すべ》ろうとすること、乱暴な運転で激しく動く車の中で体が傾くのでそれから立ち直ろうとする動きなどが、心臓の動悸の速まりや荒い呼吸、あるいは息を詰めるなどの、自分でのコントロールが難しい体の有りようの変化を招き、それらの変化の感覚が生じ、また、顔の皮膚が緊張した感じや目を大きく開いた感覚をもつなどのこともみられる。これらの感覚は、男の子が犬を見た瞬間に覚える体の諸感覚と同類の感覚である。ただ、尾根道を歩くときなどでは、この種の感覚をもつことと危険を認めることとが一緒になっている。（注意するが、危険を認めることは危険信号を受信することではない。危険というものは意味として感受するものである。そこには想像の働きが関与している。意味世界を開くのは想像であるのだから。）そして体の諸感覚は、意味の強い感受としての感情を強いもの、印象深いものにする。というのも、それらの感覚は自分がいつもの自分、平常の穏やかな自分とは違う（違った）ということを告げるからである。強い感情というものも、穏やかな感情とは違う。

第2節（1）で私は、感情の心理学者たちが研究で取り上げる表情の多くは長続きしない表情であると指摘した。そのときには、表情を見る側が、普段とは違う表情をどう受け取るのか、ということに考察の主眼があったのだが、ここでは、表情をする側の人が、いつもとは違う自分に気づくということの方に目を向けている。表情が大きく変化する際に覚える感覚、つまりは、目や口や頬などの体部位の感覚、それから、表情そのものの構成成分とはなっていないが、同時に生じている心臓の速い動悸や呼吸の粗さ、あるいは息を一瞬止める、息を呑むなどの動きの感覚も、平常とは違ったものとして本人に訪れ、それらの感覚はその時の自分というものを特別なものとして理解するように誘うのである。

こうして、以上の考察を踏まえると、男の子に生じたのは次のような事態に違いない。危険という意味を自分の状況に見いだした途端に、自分の体の有りようの感覚をも含めて怖いという経験として総括するのだ、と。必死に泳いでやっと浜辺に辿り着いた人が、「ああ、怖かった」と言う場合に明瞭なのと、同様の構造である。泳いでいるとき、怖いという感情よりは、泳ぐのだ、泳ぐのだ、という自分を叱咤激励する気持ちだけがあり、体の感覚の方も、筋肉の動き、疲労、呼吸の粗さ、心臓の動悸等にまつわる諸感覚があっただろう。けれども、全体としての自分の有りようは恐怖という感情で括るのがぴったりだ、というわけである。それに、そのように括《くく》る時点でこそ、怖さという感情が「危ない、危ない」という意味の感受とともに湧き、この時点と一続きのものとして、必死に泳いだ時点を捉える場合もあるかも知れない。そして人は時に、「今になって怖さが、どっと強くなった（だから裏から言えば、これまでも恐怖感はあった）」と振り返る、そういう感慨をもつこともあろう。

男の子では、危険という意味を認めるわけではなく、ただただ、体の或る強い反応が生じ、むしろ呆然としている短い時間があるのだと思われる。このことは、感覚信号の受容とそれが扁桃体に伝わる短いルートを言う研究者たちが言うように、人間という動物が進化の過程で獲得した一つの有り方なのだろう。ただ、繰り返すが、この反応は研究者によって「恐怖反応」だと呼ばれるとしても、恐怖感情の生成そのことではない。猫が自分より強い動物に出会って毛をすべて逆立《さかだ》てる、そういう反応と同列のことであるに違いない。この猫に恐怖の感情が生じているとみるかみないか、人々で分かれるだろうが、生じるとみるのは擬人的解釈に過ぎないという可能性は高い。

進化論的見地からすれば猫より低次の動物であるヒヨドリだが、その番《つが》いが、雛が蛇に奪われているところに巣に帰ってきて、凄まじい鳴き声と形相《ぎょうそう》で、巣の周りをバタバタ飛び回っているのを目撃したことがある。悲痛にも、恐怖にも、何とか蛇を追っ払おうとの必死の努力にもみえたが、そのように見えるからといって、そのときヒヨドリに何らかの感情があったのか、疑問である。

(5) 体の反応の種別化

そこで、男の子が自分の恐怖の感情を認めるということが、いざ生じた場合には、男の子の例のようなものこそ恐怖という感情が生じる典型であると人々は考えたがるかも知れないが、それは、もし恐怖感情を認めることもまたあるなら、その感情は強いものであるに違いないと考えるからだと思われる。そして、そのように強い感情だと考えるのは、そのときの人の状態が普段の有りようとは大きく違うからに過ぎないと推測できる。(その違いは体の諸感覚として本人に分かる。)けれども、私たちが明白に恐怖を感じるのは、濡れた尾根道を歩くとき、切りが深い高原の道を車で運転してゆくとき、真っ暗な夜に墓地を歩くといった肝試《きもだめ》しのときなどである。これらのとき、恐怖の感情はその恐怖の理解と一緒になっている。そして、理解とはどういうことかと言うと、危険があるのではないかという意味の感受が感情(自分のそのときの有りようの質としての経験)の根底にあると承知しているということである。

山頂が見えたが、そこに導く道が細く急で、左は深い谷を望む崖だと分かったとき、どうしよう、怖いと思う人の傍らで、熟練した登山家はそのような道を見ても、そそり立つ山頂を前に、この道を越しさえすれば頂上だと気が逸《はや》り、歓喜するかも知れない。見いだす意味が違うのである。それでいて、体において生じているのは、どちらでも常ならぬ心臓のどきどきであったりする。だから、体の反応をどのように解釈して或る感情と結びつけるのが相応しいのか、これもそのときの状況にどのような意味を見いだしているかによるのである。（感情をもった当人が必ず自分の体の反応を解釈するとは限らない。ここでの議論は、「恐怖反応」というような概念を持ち出す研究者たちのことを念頭においている。ただ、恐怖を感じる人が「ドキドキする」と言うときには、心拍数の増加を感覚として経験しているということが与っていて——その感覚を踏まえていて——、このことを指して解釈と言ってもよいだろう。）

いや、実のところ、体の反応だけが意味の関与によって、恐怖反応とか歓喜反応とかに種別化されるのではない。感情と呼ばれる「人の中心の質としての有りよう」もまた、その有りよう（質）を生じさせる意味内容によって種別化されるのである。そして、こちらの方が、体の反応を恐怖反応等々と解釈することに先立つのである。以下、意味を取り込むことによる感情の種別化について、詳しく論じよう。

（６）感受する意味内容の違いと感情の種別化

沖から浜辺に泳いで帰り着いた人が、「ああ危なかった、怖かったな」と思うとき、実際には、一生懸命に泳いだこと、息が苦しかったこと、腕が思うように動かないくらいに疲労を覚えたこと、ちらっと岸が見えて安心したり、まだまだ遠いなと思って泣きたいくらいだったりしたことなどをも想い起こさないはずがない。なのに、沖から帰り着くまでの間の自分の有りようの中心がどのようなものであったか（「質」としてどのようであったか）を押さえようとすると、状況が全体としては危なかったのだ、という意味の感受が支配して、その質を恐怖感情に種別化する。

もちろんそのとき、振り返るその瞬間に自分の有りようが張りつめていた緊張状態から一転して変化し、「ああ、よかった、もう大丈夫だ」という安心感に包まれる、それとの対比が、過ぎた時間の自分の有りようの捉え方に影響を及ぼしていることもあるだろうし、あるいは逆に、まさに今になって恐怖感がどっと現に襲うということがあって、そのことが過ぎたときの捉え方を左右するということもあるだろう。しかるに、この最後の例のような場合があるということは、今や安全なのに恐怖感を覚えると言えるのだから、恐怖という感情の質は恐怖に独特なものであって、「危険」という意味の関与からも「安全」という意味の関与からも独立しているのだ、ということの証拠になると、人は指摘したくなるかも知れない。しかるに、三つのことをみなければならない。

一つは、これまでの議論で分かるように、質そのものに、正と負との二つの方向による大きな違いがあるということは当然であり、それから、それぞれの方向の中で更に正負の大きさがどの程度のものなのかというのも、定まっているということ。そのような確たる内容なしに質の現実性はない。ただ、その定まりは、歓迎すべき質と、できるなら感じたくない質との二つのグループに諸感情が分かれるということ、また、激しい感情と穏やかな感情とにも分かれるということを決めているだけである。このような区別より更に細かな種別化は可能とならない。

二つ目は、この激しさと穏やかさとの区別にも関係するが、そのときの体の有りようを告げる諸感覚の内容が、感情の分化に寄与するのではないかということ。先には、同じような体の諸感覚が強い期待と恐怖と両方にみられることもあると指摘はしたが、そのようなことがあるにしても、諸感覚の有りようが感情の分化に全く寄与しないわけではないのである。本書の第5章「感情と言葉」で、さまざまに種別化された感情の更なる細かな有りようを表現するのに適した言葉と、用いるわけにはゆかない言葉とがあることをみた。たとえば、「しみじみとした喜び」はあるのに「しみじみとした歓喜」はない。「爆発する」のは喜びや怒りであろうし、「滾《たぎ》る」のは怒りや憎しみであろう。「悲しみが爆発する」とか「侘びしさが滾る」とかの表現は受け入れられない。そして「爆発」が喜びと怒りと両方に使える表現だということは、喜びと怒りとを区別する別の原理が必要であることを物語るものである。「滾る」という言葉でも同じことが言える。他方、「爆発する」や「滾る」という言葉が、それぞれ、体が突然に強く動くような感覚、熱くなるような感覚を表現するのにも使えることで、体の感覚の違いが感情の分化に寄与しないわけではないことをも示している。

最後に、以上を踏まえた上で、なお、三つ目のことを言わねばならない。それは、意味の妥当性についての考察を想い起こすべき、ということである。安全だ、というのは、害が現実になる確率の小ささを基準として(恰《あたか》も客観的なことであるかのように)言われることである。しかし、この最後の例の岸に泳ぎ着いた人にとっては、もはやその小さくなった確率の場合も含めて、海にいるという状況が帯びる意味としては危険というものが妥当なものとして感受され、自分が陥った有りようは恐怖として理解されるのである。

第9節　感情自身を意味世界の中に位置づける

(1) 感情の理解と種別化・感情を表す言葉

感情とは人のそのときどきの当人が感じる質的有りようであるから、あらゆる時間的な事象と同じく、そのときだけの独自なものであるが、私たちはほとんどの場合に、感情経験においてその感情を理解しようとしている。「気づく」という表現、「認める」という表現はこのことを指している。しかるに、理解することは、それぞれ独特のものである感情を種別化することを求める。何事であれ、理解するとは分類することを含むのだから[47]。

ところで、他の人の感情の理解に必要なものは何かというと、既に確認したように、その人の表情とその人が置かれた状況の理解(状況を分類することを含む理解)とである。(当人による言葉での説明は別とする。)男の子の兄は、弟の表情を見ただけでは、どうしたのだろうとは思っても、怖いんだ、ということは分からなかった。表情から何かの感情を推測しようとさえしなかった可能性だってある。何か大変なことを想い出したのかな、と、そのように気が回るかも知れない。弟が大きな犬を見ているという状況が分かって、ああ怖いのか、と合点できる気がする。

研究者たちが、心拍数の増加や皮膚温度の低下などを「恐怖反応」と考えるとき、それは先立って恐怖感情が生じていると決めてかかっている(あるいは前提している)場合であって、このことを外すと、その体における変化は恐怖の際に生じているのか、何かを余りに強く期待していることに伴っているものなのか等の区別がつかない。では、恐怖の方だという解釈をなぜ研究者たちがしているのかというと、問題の人がいる状況の理解が彼女ら／彼らにあるからである。たとえば、グニャグニャ曲がったものを見たのだ、というふうに。心拍数の変化は顔の表情と同じような位置にあるのであって、ただ、研究者ならざる人は普通、他の人の表情には注意を払う、あるいは直ぐに気づくが、こちらの方はそうではないという違いがあるだけである。そこで、表情以外の体の様子の変化も大きければ、日常生活での私たちも、この人の心臓はどきどきしている、息を詰めている等のことにも注意が向く。人が飛び上がったり、肩を落としたりするのに気づくというのも同様である。ただ、喜んで飛び上がったのか、驚いて飛び上がったのかの区別は、まさに人が喜んでいるのか驚いているのかの区別ともども、状況の理解がないことにはできない。なお、表情であれ心臓の鼓動の速まりであれ、状況にしろ、同じ（もしくは似たような）ものの反復に出会うという経験が必要であることは、第5節の考察で確認している。いま一度、想い起こしたい。

さて、状況とは意味的なものであった。しかるに、その意味というのは、一方では客観的に語れそうで、実際には、同じ場面に居合わせる一人ひとりで違う。山頂直前の崖の道を前にした普通の人とベテラン登山家との違いについて述べたことで分かる通りである。しかし、普通の人とは多くの人のことで、だから崖の道を通らなければならないという状況では多くの人が同じような意味を見いだし、かつ同じように恐怖を味わうのである。（山道で大きな熊に出会った場合なら、どうだろうか。危険を認めて恐怖を覚える人と、それから、大きな犬を見た男の子のように、最初は心臓のどきどきや引きつった顔の緊張等の感覚を覚えつつも恐怖の感情との理解なしにむしろ呆然としているだけで、少し遅れて「危ない」という意識と「怖い」という自己理解がやってくる人と、これが大多数で、しかし熊を長年追っていた猟師は歓喜するに違いない。）

ところで、私たちはさまざまな意味について言葉で語る。あれこれの語が意味をもち、語を使用した文は更にかなりの程度に確定した（或る幅のうちに収束した）意味をもつ。そこで、濡れた尾根道を歩くとか蛇に出会すとかの具体的状況はなくても、人が言葉を聞く、読むことで発見する意味が、人に感情を生まれさせることも多い。いや、日常の生活では私たちが尾根道を歩くとか蛇に遭遇するということは滅多に（あるいは人によっては決して）ないのであって、反対に、いろんな人とさまざまな会話をするわけで、すると、その会話の内容に応じて、人がさまざまな感情を懐いてしまうということこそ頻繁に生じることなのである。

ここで注意すべきは、語の意味というものは単独であるのではないということである。尾根道を歩くとか乱暴な運転の車に同乗するとかでは、その状況だけで見いだす意味というものがある。しかし、語の意味が分かる(もって回った言い方では、意味を見いだす)ためには、そこで使用されている語がさまざまな語の中でどのような位置にあるのかということの理解が必要である。

もちろん、たとえば「果物」という語の意味で最も重要なのは、植物に生《な》って食べることができるさまざまなもの(言葉の外なるもので、言葉の手助けなしでも出会えるもの)を指すということである。けれども、食事の最後にデザートとして果物を食べたいと言うとき、同じように植物ではあるが「野菜」と理解されているものとは違うという、そのような意味の含みをも「果物」という語はもっている。この含みは、まさに「果物」という語を含めて、「食べ物」「植物」「野菜」「おかず」、更には「オルドーブル」「デザート」等の沢山の語が互いにどのよう位置関係にあるのか、ということによってもたらされるのである。

また、「風」という語しか用いていないところに、「そよ風」「強風」「疾風」「大風」「嵐」「暴風」などの語群が、あるいは「海風」「潮風」「島風」「川風」等が、次々に加わってくると、その加わりの度に、古くからの語が受け持つ意味内容が、より細かなものになったりする。「赤」「青」「紫」に、「赤紫」「青紫」などの語が、更には「グレーがかった青紫」などの語句までが加わってくるときに生じることも同様である。そして、或る語の意味内容が他の語のお陰で伸び縮みするだけではない。表現が豊かになると、事柄の見方がより繊細になるということもある。俳句の季語の夥《おびただ》しさは、それに見合った事柄の捉え方の多様さと相関している。

それから、「序盤」「クライマックス」「終盤」などの言葉は、食べることができるもの、肌に感じることができるものなどとの対応を当てにできない語で、さまざまな語によって意味を供給されることなしでは意味をもち得ない。社会の慣習や制度的構築物は、それらを呼ぶ語と、その語に意味内容を供給する文(それらの語を主語にする文を筆頭にした沢山の文、他の幾つもの語なしでは作れない文）によって初めて存立できる。一般に、現に意味を読み取る特定の言葉の意味というものを、人は、その言葉を取り巻く無数の言葉と文との群れがつくるさまざまな意味連関に養われることで生じたものとして、見いだすのである[48]。

そして実に、感情を言い表す語や語句、文というものもあるのであって、特に「恐怖」「喜び」等の沢山の語でもってこそ人は自分の感情も他の人の感情も理解しようとするのである。どの言葉が適用できるか、どの言葉で言い表すのが適切か、が納得できるときに、人は感情を理解したと思う。そこで言葉による表現は、そのときどきの人の質の有りようを種別化するのであって、「恐怖感情」と言い、「喜び」「悲しみ」「楽しさ」「驚き」と言い、感情はそれと認められるときには何程かの分類を受けているのである。言葉では表現できない感情というものも確かにあるが、表現できないと言われた部分は、時の推移とともに直ぐにすり抜けて消えてしまう。

さて、感情を表すあれこれの語も、他のさまざまな語の中に位置を占めることでその意味を養っているという側面をもつ。その位置関係の中で、特に三つのものをここで取り上げたい。

一つは、これまでの考察の流れから直ぐに分かることで、感情が生まれる契機となった意味を表す語と感情を表す語との関係。たとえば「危険」と「恐怖」という二つの語の関係。

もう一つは、「そよ風」「強風」「暴風」などの語が互いに占める位置がそれぞれの語の意味内容に響いてくるのと同じような事態。「悲痛」「悲嘆」「悲哀」「悲愁」等の感情を表す語の位置関係。また、「悲しさ」「うら悲しさ」「もの悲しさ」、更には「うら悲しさ」「うら淋しさ」「うら侘びしさ」「もの淋しさ」「もの侘びしさ」等間の位置関係。あるいは、「しみじみした喜び」「爆発する喜び」といった表現。

最後は、これら二つの事態をも含めながら、これらよりは広範な言葉の広がりの中に感情を表す言葉がさまざまな仕方で位置取ることを通じて、さまざまな感情自身が人の意味世界の中に位置づけられること。そして、本章の考察の出発点であった「感情に適切さを言うとはどういうことか」というのは、この位置づけにおいて理解すべきことなのである。

さて、二番目の位置関係にまつわることについては本書の第5章で幾らか論じているので、ここでは考察を省き、以下では、第一の位置関係を取り上げつつ、それを踏まえながら一気に最後の第三点の考察に向かおう。

(2) 感情が生まれる理由と感情が果たす役割とを述べてみること

さまざまな感情の特性を説明する研究者たちの言葉そのものが、一つ目の事態の例を提供してくれる。第1節(2)で紹介した、恐怖の感情の説明では、「危険の兆候に迅速に反応する」能力であり、心を「逃げろ！」という、たった一つの思考でいっぱいにする、とあった。私はこれまで、何らかの意味の感受によって人の有りようは変わり、その有りようの質として の経験内容が感情である、と述べ、たとえば危険という意味の感受によって感受する人が自分の有りようとして感じる質の一つが「恐怖」と呼ばれる感情だとした。ただし、危険を認めることが知的判断であるような場合、(そのときにも危険という意味が含む価値的内容ゆえに微かな反響が判断する人において質として生じるのではあるが)、自分に生じる変化は目立たず、そこで、もはや「感情」と呼ぶことが躊躇われ、単純に「判断」としておく方がよいこともある。繰り返し指摘したように、人々が明白に感情と考えるものと、感情とは違うものではないかと疑念をもつものとの間の区別がはっきりしない出来事が人に生じるのである。

しかし、私は「逃げろ」という契機の方については目を向けてこなかった。だから、恐怖感情の説明のために「逃げろ」というのを持ち出すのは、新しい要素に目を向けることである。それで、その要素は、紹介文のなかで「たった一つの思考」と言われているように、未だ行動ではなく意味次元の事柄ではあるのだが、行動(逃げる)を指し示していて、その行動は現実化すると体を含めた物象の世界での出来事である。

行動に言及することは、感情がなぜ生まれるのかを、感情が果たす役割を言うことで説明しようとしてのことである。そして人は成る程と思ってしまう嫌いがある。この「成る程」という受け取りが適切なのかどうかは措いて、ともかく、人が成る程と思ったり、あるいは「そうかな？」と疑念をもったりするのであっても、「恐怖」と「逃げろ」という二つの語を結びつけるというそのこと、言い換えれば結びつきで生じる意味連関は、容易に理解できるということ、このことの意義は大きい。

この意義がどういうものか、これについて述べる前に、全体の論の流れからすれば逸脱だが、恐怖感情の説明に「逃げろ」というものを登場させる考えについて、少しく意見を述べよう。そして読者には、以下に私が述べる内容も、意義に関する論の次の展開で用いる一つの例を提供することになるのだ、ということを念頭においていただきたい。

A．危険だから恐怖が生まれる、ということで既に恐怖がなぜ生まれるかを説明し終えているはずである。（ただし私の考えでは、Aの内容は正確には、危険という意味の感受そのことが、感受する人の有りようの変化として生じるのであり、その変化の質としての経験が感情の生成であると、このように押さえるべきである。このような押さえがないと、Aの命題は、説明というよりは事態を表層的になぞっているに過ぎないものになる。）なのに、生まれた恐怖が何かの役に立たなければ何にもならない、B．生まれる以上は何かの役割があるのだろう、その役割がどのようなものであるかを押さえて初めて、恐怖がなぜ生まれるのかの本当の説明がつく、という発想がある。原因の指摘では不十分だと考え、Bの目的論的発想による納得を人は求めたがるのである。

とは言え、このBの発想での恐怖感情の役割は、Aで、恐怖生成における危険という要素の関与を認めているからこそ探すことができる、そういう理屈になっている。実際、なぜ「逃げろ」という考え、あるいは逃走行動に説明者の目がゆくかというと、危険な状況では危険から遠ざかる、逃げることが価値あることだということになるからである。そこで、恐怖感情は逃走を促す役割をもつとすると、つまりは、Bの目的論的説明を加えて初めて、めでたしめでたしということになり、恐怖という感情について大事なことが分かった気になるのだろう。しかし、その目的が浮かび上がる所以《ゆえん》のものの方が重要だし、また、もっと重要なことだが、必ずしも感情はその目的に従属するわけでもないだろう。

私はと言えば、感情がなぜ生まれるかについて目的論的説明を探すことは、人間という動物が進化の過程で感情をもつ動物となった、その理由を考えるということに限定しては当然のことであろうし、その探索から教えられることは多々あると は思う。けれども、現にさまざまな感情をもって生きている人間の有りようをどのように理解し受け止め、あるいは受け入れるかという観点からは、感情の生成に目的論的説明を加えることは、諸感情の人間にとっての価値あるいは位置を見誤らせると考えている。

私は、人を、そのときどきの有りようの中心において捉えようとすると当然に、そのときに人はどのような感情をもっているのか、これを理解することに向かうのだ、と繰り返し述べてきた。人の有りようの中心を成すものとして感情を捉え得るということは、感情を何かに役立つものとして何かに従属するものとして捉えるのではないということである。もちろん、感情ゆえに人が何か行動し、その行動は望ましいものであるということはある。（他方、もちろん、発作的怒りで人を殺すとかの酷い行為もある。）しかし、だからといって、感情はそのような行動を引き起こすために生まれるのだ、と考えるべきではない。感情は、人がそのときどきに生きている、その有ることの質の経験の形として、人の生の最も貴重な現実なのである。たとい、その感情が苦しいもの、できれば味わいたくないと人が思うかもしれないたぐいのものであったとしても、である。ただし、本章の主題であり、次項で漸く取り組むことになる「感情の適切さ・不適切さ」というものはある、ということも見落とすわけにはゆかないのだけれども。

さて、感情から行動への移りゆきがある場合も多くみられるということについて調べることは、前節から引き継いだ論点の考察という観点からは更に逸脱することになる。だから、少し後の本節(5)で改めて考察するとしよう。今は、前節最後に指摘したこと、さまざまな感情自身が人の意味世界の中に位置づけられる、という論点に戻ろう。すると、実に以上に私が述べてみた二つの事柄、すなわち、一つは引き合いの資格で出した（紹介した）、感情について目的論的見地からなされる言説も、それからもう一つ、私自身が開陳した感情についての文章も、どちらも（その内容の当否がどうであるかなどとは関係なく）感情というものを一つの意味事象としてそれぞれの仕方で意味世界に位置づけようとしているものに他ならないのだ、ということに気づく。つまりは、本節で中心的に考察しなければならない論点の具体的事例という資格をもつのである。

そもそも、感情を理解することそのことが感情を種別化し言葉で表現することによってなされるのだから、そのことでもって既に感情は或る意味をもったものとして、その意味の力によって何らかの作用をするものになる。その作用は決して、恐怖という感情なら「逃げろ」という指令として形を取ることに限定されるのではない。（むしろ、そのように作用する場合の方が少ない。）そして、感情を名で呼ぶだけでなく、感情について言葉で語ることは、感情の経験そのことから移って、感情を一つの意味事象として扱うことである。感情について人々が語るさまざまなことが、学術的考察であれ、マニュアル本的な「感情とどのように付き合うべきか」を教えようとするものであれ、日常でのあれこれのお喋りであれ、すべては感情を一つの意味事象の資格で扱っている。そして特に最後の事柄、私たちが生活のさまざまな場面でさまざまな感情を、それも具体的な、自分やあの人、この人が懐いている（懐いた）に違いない感情について語るそのことは、物的世界を生きるだけでなく意味世界を生きる私たち人間にとって、決して空疎なお喋りではなく、私たちの現実を構成し、それなりの効力を揮《ふる》うものなのである[49]。

ともあれ、（質として経験される内容としての感情ではなく）意味事象という資格での感情の意味世界の中での位置づけは、感情をさまざまな他の意味事象とどういう位置関係をもつものとして提示するかによってなされるが、その試みの大部分は、感情について語る言葉によって識《し》らず識らずなされると言ってよい。

（3）感情に適切さを言うこと

今や、本章の最初に提出した問いに戻るべきときがきた。私たちが、自分自身や人が懐く或る感情に関して、その適切さや不適切さを言うのは、その感情を一つの意味事象という資格で検討し、その意味内容の観点から価値判断するときである。感情を懐くことは自分の或る有りようを質として経験することであり、質は価値的相貌を携えているのであるが、それ自身は意味を含んでいるのではない。（反対に、一般に意味事象というものは必ずや価値的なものであるが。第4章を参照。）しかし、感情を理解することは感情を一つの意味事象の地位に変換し、その意味内容のうちに、質が携えている価値的様相をも一つの成分として取り込む。（他の成分としては、感情がなぜ生まれたのかなどのことも入ってくる。）すると、そのような意味内容は、他のさまざまな意味事象との関係の有り方を含めて、価値判断の対象となる。そして、価値判断の一つの形として、感情の適切さや不適切さが言われるわけである。

この観点から、第1節(2)で取り上げた例を再検討し、確認しよう。

先に紹介した研究者の立場からは、そもそも恐怖感情というもの(感情種)を人が懐くようになったのは、危険と逃走という二つの意味事象との関連で適切なことと判断されている。そして具体的な個々の恐怖感情は多くの場合に、危険から人を遠ざけるのに役立つという理由で適切なものということになる。ただ、危険がないのに(厳密に言えば、人が害に遭う確率は極めて低い状況なのに)恐怖を懐く場合には、その感情は不必要なもので、そのことを指して「不適切」と言いたければ言ってもよい。しかしながら再度、そういう状況でも人が恐怖を覚えるのは理に適っており、その点では結局は適切なことと言ってもよい、そういう両面的というか歯切れの悪い様子となる。

そして、恐怖を覚えるのはそのように人間の構造ができているのだとするなら、これは私が同じ第1節で進化論的心理学の立場から離れて一般的なこととして指摘したことだが、恐怖は生じるべくして生じることで、生じないわけにはゆかず、人に選ぶ・選ばないができることではないということになるので、すると、むしろ、これについて適切か不適切かを言ってもしょうがない、と考えることもできる。

ところで、選べないということを強調するものとして(本当に選べないのか、ということには議論の余地があるが、それは措いて)、恐怖は逃走本能にと一緒になっている感情だとする学説を解釈できるだろう[50]。しかるにこの主張は、逃走は何かからの逃走である以上はその何かを前提した物言いであろうし、その何かとは危険なものだと捉えているのだろうな、と解釈できるとしても、この主張者の場合は、恐怖をまずは危険との関係で考える研究者よりは、恐怖の意味上の位置づけは、危険よりは逃走の方との関係を濃いものとして描くものになっている。

しかるに重要なことだが、このようにさまざまに考えるとき、人は感情を、感情を懐く当人の外から論評しているのだ、しかも学問的態度で、感情の発生のメカニズムとその機能という観点から理解しようとしているのだ、ということを見落としてはならない。そして、このように或る観点を取るということは、取りも直さず、感情をさまざまな意味事象と関係づけて、その関係によって理解しようとすること、つまりは意味世界の中に位置づけようとしていることなのである。

では、犬を連れた少女も、やはり男の子の恐怖感情（と少女に思われるもの）を外からみているわけだが、このときの感情の位置づけは、どういうふうになっているのか。一見は、少女も研究者とほとんど同じように考えているようにみえる。しかしながら、少女の方は恐怖を逃走という意味事象の方と関係づけているとは思えない。「自分が連れている犬を怖がっている」ということだけが前面に出ている。犬から逃げ出したい、逃げねば、という心の動きが男の子にあるなど思いもしなかったに違いない。しかも実のところ、最初は、恐怖を危険（という意味事象）に関係づけることすらしなかったのかもしれない。「大丈夫よ、優しいんだよ、この子（犬）は」と言うときには「危険ではない」という含みが滲んでくるのだけれども。

少女には、「大きな犬は小さな男の子を怖がらせる可能性が高い」という漠然とした考えが先に潜在的にあって、そこに男の子の顔を引きつらせた表情を見て、自分が連れている犬を怖がったんだなと思う。具体的な場面で潜在的な考えが呼び出されたのである。それから、大丈夫、危なくない、この犬は優しい、という意味内容が次々と浮かび上がる。

さて、少女と研究者とを比べて、恐怖感情を危険だけでなく危険からの逃走ということとまで関係づけて理解する研究者の方が、より広い事柄にまで目を遣っていて、その分、少女より詳しく恐怖感情を理解していると、このように考えてはならない。先に大きな枠組みで言えば、少女と研究者と二人それぞれの意味世界が互いに違っていて、そこでの恐怖の位置づけ方も違うというだけのことに過ぎない。（しかし、もちろんその違いを認めた上で、二人は互いに分かり合うこともできる。ただ、分かり合いというのは同意とは別のことで、仮に少女が研究者が書いたものを読んだとして、恐怖を逃走にまで関係づける研究者を、頭でっかちな捉え方をする人だなあ、と思うかも知れない。ただ、そのように思うのも、研究者が言う内容が理解できるからである。）

しかし、二人が恐怖というものを位置づける意味世界がどうして違うかに目を遣ると、もっと重要なことがみえてくる。研究者は理論ないしは学説を立てるという仕方でさまざまな意味事象群のできる限り明瞭な相互配置から成る一つの意味領域を形成しようと努力している。それは試行錯誤を経て一つの主張として提示されるときには、安定した姿をしている。

けれども少女の場合は全く違う。既に指摘したように、少女は、いわば客観的な論評をなそうとする研究者のような位置にいるのではなく、具体的な場面で男の子に関わろうとする当事者として男の子の感情を捉えているのである。そこで、少女の心は動きのうちにある。その動きの一つとしてさまざまな意味事象の呼び出しがあるのである。やはり第1節(3)で、少女は、自分が大きな犬を連れているせいで男の子が怖がっていると考え、自分の責任を感じたのではないか、と述べた。男の子の表情を、男の子が自分の犬を見たという状況で恐怖の現われと理解し、そのような恐怖の意味上の位置づけから(少女自身は恐怖感情を懐くのではなく、恐怖を一つの意味事象として受け止めている)、「責任感」という一種の感情とでも言ってもよいものをもち、その感情から男の子に対して或る働きかけをすべきだという思いが生じた。では、どうするのか、それは男の子の恐怖を取り除くことであり、取り除くためには、ということで「大丈夫」という言葉が出てくる。その言葉は、一般的であり当然でもある考えとしての「大きな犬は小さな男の子を怖がらせる」というのから移って、けれども「自分の犬には当て嵌まらない」ということを男の子に分かってもらわなくては、となり、そこで初めて「この犬は優しい、怖がらなくていい」という文脈で危険という概念(意味事象)も「危険などありはしないのよ」という含意として呼び出される、そういう順番である。少女が携える意味世界の中からさまざまな意味事象が、状況の理解と状況への対処という文脈で次々と少女の焦点となる。

そこで、感情の適切さ・不適切さという話題として事態を考察すれば、これも研究者の場合と少女の場合とで、その評価にもたされている内容の実質は違う。研究者は、本項の最初の方で述べたことをしているわけで、感情を研究者自身が構築している理論的な「諸々の意味の配置」の中で判断していて、その一環として適切・不適切を言う。しかし、少女は男の子の感情に関わろうとしている。男の子が恐怖感を懐いていると想い(確信的に推測し)、その適切さ不適切の前に「持たずに済むなら持たない方がよいもの」という意味づけのもとで恐怖感を捉え、すると少女にあって、恐怖そのものの不適切さよりは、恐怖感を解消することの適切さが前面に出る。

そして、このようにみると、むしろ適切さに関する研究者の考えは極めて硬直的なものなのである。人とどう関わるかという動きの中で浮かび上がる、或る感情の適切さ・不適切さというものは、文脈によってさまざまなものとなるのに、そのことを見落としているのだから。なお、人との関わりを言うなら、感情の機能を人間関係の構築や人間集団の維持に役立つことに求める、そのような立場の研究者たちなら視野が広いかというと、そういうわけでもない。多様な意味連関の中で、しかも人が人と関わる動きによって連関の有りようが変わる中でこそ感情の適切さ・不適切さが言われるということに、実態の眼目があるということにまで、洞察が届いていないと思われるからである。

(4) さまざまな連鎖①——意味—感情—感情の意味事象化—感情——

ところで、先に熊と猟師の話をしたが、大きな熊と出会っても怖がらないようになって一人前だとする猟師世界の掟があるとすれば、どうだろうか。熊を間近にして恐怖を覚えるのは猟師として失格、不適切だということになるのではないか。また、或る年齢の子どもの世界で肝試しというものがある。夜に墓地に行ってきて、ちゃんと行った証拠を持って帰れ、という場合だと、どうか。恐怖を感じてもいい、ただ、それに堪えることができればいい、ということもある。すると、堪えられないほどの強い恐怖をもつときに限って不適切だと言うのだろうか。それとも、適切・不適切ということを云々するのは、ずれているのだろうか。

これら二つの例で、恐怖感情を或る意味世界に位置づけるのは、特定の誰ということではない。「猟師世界の掟」と述べたものは、自分や仲間を猟師と見なす人々に共通に分け持たれている(彼らにとって重要な)考えの一部で、個々の猟師の意味世界の中でも、転変せずにしっかりと保持された意味領域を成している。肝試しをやる子どもの場合も、それは気紛れに思いつかれたものかも知れないが、やはり集団的な或る意味世界が効力を発揮している例であるのは間違いない。肝試し的なものの手順が伝統的で、より厳密なものであって、小さな共同体での通過儀礼として恐怖感の克服が要求される場合となると、そのときに働く意味領域も、そこでの恐怖という感情の位置づけも、猟師世界の場合に似たものになる。

さて、このような諸例で、A. 恐怖を覚えるのが当然であるような状況で恐怖を懐かない、あるいは恐怖を懐いてもそれに打ち克って最後には恐怖を閉めだすことに成功した人自身においては、何が生じるだろうか。また、B. 反対に失敗した人ではどうであろうか。更に、C. その人が属する集団の人々においては、Aの人の場合にはどのようなことがみられ、D.

Bの人の場合はどのようなことがみられるだろうか。

Aでは誇らしさ、あるいは喜び、昂揚、Bでは恥ずかしさ、あるいは惨めさ、もしくは悔しさなどの、いずれか、あるいは異なる幾つかの感情が続いて生じるに違いない。Cでは祝福、喜び、安堵など、Dでは、落胆、同情、嘲りなどが生じるのだろうか。そして、どのような感情が生まれるかは、四つのいずれの場合でも、人によるだろうし、その人とAやBの人との人間関係、それから前後の状況にもよろう。

これはどういうことか。すべては感情の意味づけ次第であり、意味づけは感情を他のさまざまな意味事象とどういう位置関係に置くかで細部が変わってくる、ということである。細部としか言わないのは、或る感情の基本的な意味は、その種別とともに定まるものだからである。しかし、細部と雖《いえど》も、その意味内容部分が感情の評価を左右する力をもつ。そしてその評価は、実際には感情が纏うことになった意味の感受と一体になっているのだが、感受する人に或る感情を生まれさせる。（或る感情に関係づけられる意味の感受はその感情の一つの仕方での理解であり、その感情の評価でもある。）しかるに、感情の意味を感受する人とは、問題の感情を懐いた当人の場合もあれば、その感情を分かる周りの人である場合もある。

こうして、本項の副題に掲げた通り、意味―感情―感情の意味事象化―感情という連鎖があることになる。最初の感情が生まれた人と、連鎖の後に位置する感情が生まれる人とは、同じである場合もあれば、別の人である場合もある。

（5）さまざまな連鎖②

――意味―感情、意味―［感情＋行動？］、意味―感情―感情の意味事象化―行動、行動による感情の変容――

さて本節（2）と（3）とで、恐怖という感情を逃走というものに関係づけて理解する理論家がいるということに触れた。一般に感情は何の役に立つのか、という観点で感情を考えるとき、行動という要素を呼び出し、感情はその種類に応じた或る行動を引き起こす、ないしは動機づけるのではないか、という発想で、その行動種を探すことになる。その当否はともかく、恐怖とは「逃げろ」という考えでいっぱいになった心だとするなら、次に来るのは、ないしは来るべきなのは、逃げる行動自身なのであろう。同様に、嫌悪は拒否ないし忌避行動を、怒りは闘争へ向かわせるなどの説明は、人を成る程と思わせる。得意の感情は誇示の活動を招来しがちだというのも頷けることだろう51。

ただ、私は幾つかのことを指摘したい。第一に、既に指摘したことであるが、感情の後には必ず何らかの行動が引き続くというわけではないこと。第二に、感情が或る行動を生じさせると言うと、感情が行動に時間的に先立つとしか思えないが、感情と行動との時間的前後関係に関しては若干の考察が必要だということ。第三に、行動が既に生じた感情を変容させ、また、消えさせたり、逆に同じ感情を一層かき立てたりするということ。第四に、これが第一点と並んで重要なことだと私は考えるが、多くの場合に、感情と行動との間に(感情の意味事象化を含めた諸々の)意味次元の介在があり、それゆえに同じ感情種と思えるものから実に多様な行動が生まれること。そして、意味次元の介在に注目することは、感情から出発する行動を、当の感情をもった人におけるものに限定せずに、他の人の感情の理解ないし推測から生じる行動に目を向けることを可能にする。

第一の指摘の例としては、恐怖で身が竦《すく》んで何もできない、麻痺したかのようで行動どころではない、という場合を挙げ得よう。とは言え、この例を思いつくのは、むしろ感情から行動に向かうのが当然、ないしは標準的なことだという発想のもとで、行動がみられないケースを探そうとするからだと思われる。しかるに、もっと重要なのは、そもそも、感情はそれ自体で完結したもの、人間の生の重要な要素であるということである。私は第4節(2)と(3)とで、感情は人のそのときどきの有りようの質として、その人のそのときに有ることの中心をなす事柄だ、と述べたが、まさにこの点に関わる。感情を何の役に立つかと問うことは、どこか倒錯していはしないか。確かに、或る感情を掻き立てることで或る行動に成功するとかのことがあり、そのような技術を重視する人々もいるだろう。けれども、できるなら懐きたくない、味わいたくないと人々が思う感情も含め、そのときどきに人を現に有るものとして根付かせるもの(あるいは人を存在で満たすもの、とでも言おうか)、それが感情である。

第二の点は、本節(3)で言及した、一つには恐怖感情を逃走本能と一緒に考える学説との関係で問題になり、それからもう一つ、感情と表情との関係の拡大版として感情と行動の関係を考え、それを感情と表情との関係に関する有名な見解、「悲しいから泣くのではなく、泣くから悲しいのだ」という見解につなげる場合に、問題になるようにも思える。実際、恐怖感情が逃げるように促すからその次に逃げることが生じるのではなく、逃走行動と感情とは一緒になっているということで、感情と行動とは同時ということだろうか。（ここでは、「泣く」というのは行動としてではなく、表情として捉えている。）

具体例で考える。お化け屋敷で、首筋に冷たいものが触れてきた途端に酷い恐怖感が生じ、同時に何かが触れてきたのと反対方向に飛び退く場合。「怒りを闘争本能として捉える考え」も、怒りを覚えるや人を殴っていた、そういう人もいそうで、また、殴る内にますます怒りが募るような、そういう描写に小説や映画で出会わないわけでもないことから、「怒りの感情と戦う行動の同時性という考え」とともに、受け入れてもよいか、と思う人はいるだろう。更に、スポーツで優勝した瞬間に喜色満面、拳を突き出しガッツポーズをする、躍り上がる、そういう人はテレビなどでよく目にするが、これはどうなのか。

ここで、これらの「感情と一緒になった行動」の事例が、「感情の生成と或る表情をすることとが同時だ」という一般的な事態と似ていることに、どうしても注意がゆく。そして、感情が途轍もなく大きく、かつ突然であるとき、感情をもたらしたものに対する体の反応も、表情のような小さな変化に収まらず行動のようなものとなるのだと、このように考えるべきなのかも、という方向が出てくる。そこに、繰り返すが、「興奮するような事実を知覚した直後に生じる身体変化を感じることが感情だ」という有名なウィリアム・ジェームズの見解が加わると面倒なことになる。（体の感覚と感情との関係についてどのように考えるべきかについての私の考えは、既に第7節で述べた。）

しかるに、以上の考察は実は第四の指摘につながる。感情が先で、その感情ゆえに何らかの行動が生じるという順序があるのは、多くの場合に、感情と行動との間に意味が介在するからなのである。意味次元の介在は、感情の理解としての感情の意味事象化から始まる。そして、意味事象としての感情は人各自の意味世界の中で或る位置を取ることで更にさまざまな意味内容を抱え込み、連れて、それらの意味内容の感受そのことが、一方では新たな感情を生まれさせ、他方ではあれこれの行動を動機づけ、促すこともある。前者の事態については前項で考察した。後者の事態については、二つのことを言わねばならない。

第一点。新たな感情が生まれるのは問題になっている感情を懐いた当人に限らず、その感情を理解ないし推測したどの人においても生まれるだろう、というのと同様に、ここで話題にしている行動を為すのも、最初に問題にした感情が生まれた当人とは限らない。感情を理解するということは感情を種別のもとで捉え、意味事象化することに他ならず、意味とは価値的なものだから、その(正負いずれの方向のものでもあり得る)価値に敏感な人が、その価値と関係ある何かの行動に赴くということがあるのである。

第二の事柄。感情の種類と、その感情ゆえに生じる行動の種類との間に一対一対応がある、とするのは勘違いである。対応を探そうとする研究者は、感情の本来的機能という考えに拘泥しているのではないか。(そして、同じ発想ゆえに、或る感情を懐いた人自身がどう行動するか、ということに多くの関心を向けることになる。だが、第一点の再確認になるが、他の人の感情をこれの感情だと思い、それとの関係で或る行動に人が向かうという事態は、当人がどのような行動をするのかに劣らず重要なのである。)実情は、と言えば、意味の次元の介在があるゆえ、人は同じ感情から実に多様な行動に向かうのである。つまり、感情の理解は感情を意味事象化し、しかるに、その意味事象は人の意味世界の中で或る位置を占め、さまざまな文脈によって新たな諸々の意味を潜在的に抱え込み、すると、そのときどきにどのような意味が浮かび上がり感受されるかによって異なった行動が促される、ということもあるのである。

(6)なぜ「適切さ・不適切さ」が中心となるのか

さて、本節(3)と(4)とで「感情に適切さを言うとはどういうことか」という問題に返ったものの、中途で考察は再びこの問題から逸れたかにみえる。いや、そうではない。感情の適切さを、感情が生まれる事情、それから感情の機能という観点からいわば客観的に押さえようとする研究者的観点は極めて狭いものだ、という(3)の結論を踏まえ、どのような広がりの中で問題を考えなければならないか、その広がりを確かめる方向へ考察は進んだのだと、みてもらえればいい。要は、感情が生じた当人において更に新しい感情が生まれ、ときに、その新しい感情ゆえに行動がなされ、それだけでなく、周りの人々にも新しい感情が生まれ、場合によって人が行動に向かう、そういう広がりの中で感情の適切さ・不適切さという問題を考えなければならない、ということをはっきりさせたのである。

日常生活で人の感情がどのようなものかを気にすることは、研究者たちが感情とはどのようなものかを調べようとするのと違って、人と関わってゆく際の基本である。そこで、その気に懸けは動きのうちにある。そして、感情を懐く側に返っても、自分の感情の理解を周りの人々との関わりの中でなし、その理解内容ゆえに新たな感情をもったり、場合によっては何か行動して局面を変えて行こうとすることにもなる。

先に(本節(4)で)、怖いという感情を持ってしまったことを恥ずかしく思う場合を挙げてみた。こういうことは、周りに人がいるか、人が、自分がどういう感情をもっているかに気づくか、などと無関係の場合もある。珍しく夜に一人で留守番していて、ガタッと音がしてビクッとして怖がり、なんだ、風が戸を動かしただけだと気づき、恥ずかしく思う、そういう子どもの様子を想い浮かべればいい。しかし、この場合にも、恐怖という感情の自分なりの意味づけがあってこそ、恐怖を覚えた後に恥ずかしさの感情が生まれる。もし泥棒が戸を開けようとしている音だったのならともかく、風の音くらいで怖がるなんて、自分はもう小さい子ではないんだから、という具合に、怖いという感情をどのようなものかと考える、その意味内容が次に生じる感情がどのようなものであるかを決めるのである。この意味内容は、この子どもの意味世界において一つの意味事象としての恐怖というものがどのような位置取りにあるかによって定まる。

それで、同じく先の例での、恐怖を感じて惨めだ、悔しいという場合だと、どうか。この場合、恐怖の感情が生じたことそのことよりは、恐怖を押さえられなかったという想いが、惨めだったり、悔しかったりする感情を引き起こすのである。一般には恐怖感情の発生を危険(すなわち、同じことだが、含みを明確に言って、危険の可能性)という状況との関係で考えるのが当然となりがちなところ、この例では、恐怖を覚える自分の側に引きつけた配置の中での意味づけが前面に出ている。外的状況が人に恐怖を引き起こすようなものであることは認めた上で、懐きたくなかった恐怖を感じた責めを自分に帰す、すると失敗という意味の感受が人をあれこれの感情のうちにおくわけである。

さて、実は更に次のことがある。肝試しの場面で恐怖を感じて恥ずかしく思っている、その子どもの感情を推測した周りの人々のうちの或る人は、「そういうものだよ、無理しなくて、いい、怖いのは当たり前だ」と言って慰める。別の人は、「恥ずかしがるより、悔しがれ、今度は決して怖がるなよ」と言うかもしれない。

それから、本人がどのような感情のうちにあるかにお構いなく、落胆したり、嘲ったりする人もいるだろう。そして、落胆したことを子どもに気づかれないように振る舞う人もいるに違いない。また、嘲る人の方を、そんなに嘲るものではないと不愉快に感じる別の人がいる、更に感情の連鎖が新しい人へと伸びてゆくかもしれない。

以上は、感情が次々に連鎖をなして、しかも一人の人においてだけでなく、人から人へと引き継いでもまた、生まれることの数例である。しかるに、これらの例を読んでいただいている読者の方々は、成る程な、そういうことはあるな、と場面を想像してくださるだろう。そして自分自身がそれらの場面に居合わせたならどのような感情をもつか、ということも想像しようとすると、以上の描写に登場するすべての感情に関して、成る程ということと並んで、必ずや他方、そんなふうに感じなくてもいいだろうに、とか、もっと穏やかにとか、あるいは逆に、もっと強く感じてもいいのではないかとかの想いも生じるだろう。そして、この想いも既に軽い感情と言ってもよい。

これらすべては、人が感情を理解する度に、具体的なその感情を意味事象の資格で自分の意味世界に引き取ること、すると、そこでの諸々の意味事象の中での位置取りによってその感情が更に一時的な意味内容を獲得すること、そして人がその内容を感受することから生じる。(一時的というのは、そのときの状況自身が動くことに連れて生じることだからであり、それに対して、先立って或る感情を理解して意味事象化するときには、基本的な意味内容が支配する。)

その際、位置取りがどのようなものであるかが前面に出ると(諸々の意味事象間の関係が問題になるから)判断と呼ぶこともでき、意味内容の感受に重きをおくと、それは人のそのときの有りようや動きの質的経験なのであり、これを私たちは感情と呼ぶ。(これが、第5節(1)で指摘した、感情と感情ではないものとの明瞭な境が見つからないという事態の正体である。)

しかるに、判断は、文脈によって、正当・不当、理解できる・できない、もっと強く感じていい、感じるべきだ、あるいはその反対に、そんなに強い感情をもたなくてもいいだろうに、等々になる。とは言え、それらさまざまな内容をもつ判断に共通なことがある。それは、感情についてのどのような判断においても、判断に際して意味事象化されたその感情の（意味事象としての）一時的な布置が、一般的で自然な配置と思われるものにほぼ合致しているか、大きくずれているか、という評価を含む、ということである。そうしてこの評価が、合致、ずれのいずれであるかを表現するものとして、「適切・不適切」がその感情について言われるのである。

まえがき　註

1　これらの考察をしている本はわんさかあるが、たとえば以下のような文章を整理された表題のもとで延々と連ねている、有名な研究書がある。

> 嫌悪は忌避の感覚である。吐き気を催すようなまずい味の食べものは、考えただけで嫌悪感をもたらす。〔中略〕音も忌まわしい出来事と関連づけられると、気分が悪い。ヌルヌルした不快な感触を与える物体に触れるだけで、むかつきが起こるのである。〔中略〕
>
> 嫌悪感はふつう、排除と回避反応を含む。〔中略〕悪《お》心や嘔吐は、嫌悪感の最も極端で放置されたままの原初的な経験で起こる。〔中略〕
>
> 嫌悪には強さの違いがある。〔中略〕
>
> 軽蔑は、嫌悪に近い親類関係があるが、幾つかの点で両者には違いがある。軽蔑感は、人びとまたは人びとの行為に限られる経験であり、味、臭い、感触などから生じることはない。〔中略〕子牛の脳を食べるという発案自体は、人の気分を悪くさせこそすれ、軽蔑の気持を起こさせはしないだろう。だが、こうした嫌悪の対象を食べる人たちに対しては、軽蔑感が起こるかも知れない。軽蔑には、軽蔑の対象を見下すという要素がある。
>
> 〔中略〕
>
> 嫌悪あるいは軽蔑は、よく怒りと共に経験される。
>
> 〔中略〕
>
> 嫌悪は怒りだけでなく、驚き、恐怖、悲しみ、幸福の感情とも混ざりあう。（P・エクマン／W・V・フリーセン、『表情分析入門』工藤力訳編、誠信書房、一九八七年（原著、UNMASKING THE FACE, 1975）、八六―八八頁。翻訳書の表題が原著の表題と異なる場合には、原著の表題を記す。以下、すべての文献指示で同様。）

そして、怒り、驚き、恐怖、悲しみ、幸福について、それぞれの章で、同じように事細かな分析がなされる。このような叙述は、そうだよな、成る程、そう言えばそうだ、ふうん、という感想を読者に懐かせるが、感情というものの人間経験における位置がどういうものかについて見通しを与えてくれるだろうか。

第1章　註

1　詳しくは、次のものを参照。松永澄夫『経験のエレメント——体の感覚と物象の知覚・質と空間規定——』東信堂、二〇一五年。

2　「思う」ものであることと「見つける」ものとの対比は、体の感覚と物象の知覚との対比という大きな枠組みの中で理解すべきである。本文でいう「見つける」ことは、知覚を基礎に理論や推論が入り込むことで可能となることである。器機による観測や検出等も、知覚と理論等の組み合わせとして成立している。

3　日経新聞二〇一二年一二月二三日、二〇一五年三月一六日等。なお、健康と病気の間、という主題、それから、口に入れるものの二種としての、食品と薬との間という主題は、京都の国際高等研究所での学際的テーマ「隙間」に関する共同研究の一つとして扱ったし（二〇〇四年度—二〇〇六年度「隙間—自然、人間、社会の現象学」、二〇〇七年度—二〇〇九年度「隙間と組織化」）、生存科学研究所での例会（東京銀座・聖書館ビル、二〇〇八年）、第七九回日本衛生学会・健康食品シンポジウム（二〇〇九年、北里大学）に招かれて講演したときの話題でもあった。また、東京大学医学部での二〇一〇年から二〇一四年での講義（食品安全評価学）でも論じた。

4　加藤敏「現代精神医学における正常／概念の検討」、神庭重信・松下正明責任編集『精神医学の思想』中山書店、二〇一二年、三三頁。ただし加藤氏は、最終的には次のように述べる。

> 正常／異常の問題は絶えざる生成の中にあり、決定的な解答は出ない性質のものだと考えることが正しいように思える。（同書四六頁。）

また、次のような表明。

> 精神医学における根本問題——それは異常なものと正常なものをどのように区別するのか、障害はどのように知覚され、経験され、表されるのか…。（アーサー・クラインマン『精神医学を再考する』江口重幸・下地明友・松澤和正・堀有伸・五木田紳訳、

みすず書房、二〇一二年（原著一九八八年）、五頁。）

一方で、異常の概念を退ける人々も多い。

心と身体の全体こそが病気という事態なのである。どこまでが健康でどこからが病的かの明確な境界線を引くのは不可能である。同じことを、「正常」「異常」の概念が無意味になって捨てられるという言い方で表現してもよい。（木村敏『病いと人』新曜社、二〇〇〇年、一九七頁。）

ここで捨てなくてはならない最初の概念は、正常、異常の概念なのである。［中略］［正常範囲にあるかどうかは］理想の置き方で変わってくる。［中略］別の言葉でいうと、病的というのは相対的な概念である。（ヴィクトーア・フォン・ヴァイツゼカー『パトゾフィー』木村敏訳、みすず書房、二〇一〇年（原著一九五六年）、三二七―三二八頁、［ ］は引用者である私による補足。）

体の病気をも含めた病気一般に関して、進化論の観点からは、病気も生命体が取る適応に由来する一つの正常な現象（或る状況に対する防御仕方の一つ）と解釈することすらできるのかも知れない。参照、ランドルフ・M・ネシー＆ジョージ・C・ウィリアムズ『病気はなぜあるのか』長谷川眞理子・長谷川寿一・青木千里訳、新曜社、二〇〇一年（原著、一九九四年）。この書の第14章では精神障害が論じられている。ただし、そこでは正常な機能としての不安や抑鬱と、脳障害によって引き起こされる精神分裂病とは区別されている。また、カンギレムは緻密な考察の上、「病気もまた生命の規範である」と位置づけた。ジョルジュ・カンギレム『正常と病理』滝沢武久訳、法政大学出版局、一九八七年（原著、一九六六年）、一六一頁。

しかしながら、私たちは次のようなガミーの感慨を素直に受け取るべきではないのか。

精神医学の訓練を受けていない者であっても、街角で独語をしている「狂った」人を前にすれば、それがおそらく幻覚という精神病症状であることを認識できるだろう。精神の病は「正常な」心理体験とはまったく相容れないので、正常な体験とは異なるものとして簡単に認識できるはずなのである。（ナシア・ガミー『現代精神医学原論』村井俊哉訳、みすず書房、二〇〇九年（原著 *THE CONCEPTS OF PSYCHIATRY A Pluralistic Approach to the Mind and Mentalliness*, 2007）、二八八頁。）

この文章の前には、「表面的には、精神病は診断がもっとも容易なものに思えるだろう」という、診断の困難さを示唆する文言が記されているとしても、である。

5　クラインマンは、精神科医の態度として「疾患(disease)志向」と「病い(illness)志向」とを区別した。前掲書二一七頁。分かりよい具体例としては、患者としてのスミス医師と、精神科医としてのカミン医師の態度等の検討がなされる。(一四五―一七八頁。)

「疾患」の概念と「病」の概念との区別については、次の通り。

病いとは、患者の認識であり、経験であり、表現であり、症状に対処するパターンを指す。一方「疾患」とは、臨床家が病を病理学の理論的モデルの観点から造り為す役割を指す。(一三―一四頁。)

この後に次の一文が続く。

つまり、精神医学的な診断とはある個人の経験に対する一つの「解釈」なのだ。

以上の記述からだけだと、疾患の概念が生物学的な基礎をもつという側面はみえない。しかしながら、次の文章を参照。

生物学的な基礎をもつ「疾患」[部分]は、薬物の「治療的投与」に反応を示したが、「病い」の経験は、病者としての役割行動へと患者を「条件づけ」る強力な付随的な社会的要因が取り除かれないかぎり終わらない。(二五頁。[ ]の部分は翻訳者による註。)

(彼は別の著作では、体の不具合をも含めた一般的な事柄として、「病い(illness)」と「疾患(disease)」を区別するのみならず、「病気(sickness)」の概念をも別個に扱っている。『病いの語り』江口重幸・五木田紳・上野豪志訳、誠信書房、一九九六年(原著一九八八年)、四―七頁。日本語との対応(翻訳)では混乱しやすい。そして、この場合はクラインマン個人における言葉遣いの翻訳の問題でしかないが、広く考えると、もっと面倒なことになる。たとえば註6で触れる「ICD(International and Statistical Classification of Diseases and Related Health Problems)」は、「疾病および関連保健問題の国際統計分類」と訳す習わしとなっているようであるし、同じく註6で言及する「DSM(Diagnostic statistical manual of mental disorders)」は「精神障害の診断と統計マニュアル」と訳されるだけでなく、「精神疾患の診断と統計マニュアル」と訳されることもある。)

また、ガミーが次のように言っているのもクラインマンと同じ趣旨であろう。

疾患［disease］とは境界のはっきりした単位であり、［中略］患者はその疾患を持っているとみなされる。［中略］精神医学的診察において提案されることになる病気［illness—sickness の翻訳ではない］の概念は、巨大なもの、そして威嚇的なものとなり、そして患者自身がしばしば病気と同一視される。このシナリオでは、患者が病気を持っているのではなく、患者がその病気なのである。（ガミー、前掲書一九五頁。傍点はガミー自身により、［　］内は引用した私による補いだが、私は原書を読んでいないので、「疾患」「病気」という訳語の原語については、翻訳者の村井俊哉氏に問い合わせた。）

［精神科病院の］患者の人生のすべての側面は病気としてみられるのだ。私たちが用いている言葉自体が全体主義的である。すなわち、この患者は統合失調症である、彼はうつである、彼女は双極性である、といった言い方をするのだ。もし私たちが、病気とは、それ以外の意味では健康な患者においてたまたま生じるものとして見るならば、「持つ」という動詞を用いることになるだろう。すなわち、この患者は双極性障害を持っている——しかしそれ以外には、その他大多数のものは持っていない——ついでに言えば、双極性障害とは、彼の精神の一部にのみ影響を与えているのであり、そのすべてに影響を与えているわけではない——ということになるだろう。［中略］私たちは内科医に行くと、いくつかの検査を受けることになる。そして、そのほとんどは正常であるということがわかる。そのとき私たちは、それらの結果に安心する。多くの検査のうち一つの結果のみが異常ということがわかった場合には、健康な部分の方がより多いという文脈の中で、孤立した一部の部分に病気が存在する可能性を理解する。ところが、患者が精神科を受診した場合には、完全に大丈夫ですと言ってもらえるようなことなどめったにあるものではない、ということをヘイヴンズは［過剰病理化ということで］述べているのである。（ナシア・ガミー『現代精神医学のゆくえ』山岸洋・和田央・村井俊哉訳、みすず書房、二〇一二年（原著、*THE RISE AND FALL OF THE BIOPSYCHOSOCIAL MODEL　Reconciling Art and Science in Psychiatry*, 2010）、三一三—三一四頁。傍点はガミー自身により、［　］内は引用者である私による補足。）

参考までに次の文も引用しておく。

「病気」と「疾患」という語を私はこの章［第10章］を通じてかなり相互互換的に用いてきた。しかし、これら二つの語は意味が同一ではないことを指摘しておかなければならない。（二〇四頁。）

6　非常に長い註なので、三つの小見出しを付ける。

生物学的精神医学

精神医学関係の本を読んでいると、一つには「精神病理学 Psycopathology」がそれに当たるという考えがあるのではないかという印象をもつ。しかしながら、新しい文献になればなるほど「生物学的精神医学 Biological Psychiatry」が自己主張してきているのは明白である。ただ、後者の括りは大きいので、限定すると、「脳科学」あるいは「神経科学」ということになろう。たとえば註4で言及した進化論的観点も生物学的と言えるかも知れないが、その進化論的解釈も人間の「脳」などの形成ということにまで話が及ばないと、ここで言う「生物学的精神医学」の仲間入りということにならないのではないか。

また「神経心理学 neuropsychology」という領域もあるが（脳科学関係の書物を読んだり、執筆者たちの肩書きに興味をもったりすると、他にもさまざまな呼び名に出会《でくわ》すが）、この学問と精神医学との関係についての、歴史を踏まえた解説が次のものにある。大東祥孝『精神医学再考　神経心理学の立場から』医学書院、二〇一一年、三―二二頁。

それによれば、「神経心理学」の前身である「脳病理学」あるいは「臨床脳病理学」と「精神医学」とは発端を異にしているが、両者に接点がなかったわけではないこと（一九世紀から二〇世紀初頭にかけて――その後、二〇世紀後半までは少なくとも表面では別個の道を辿ってきた）、一九六〇年代から「神経心理学」という領域が成立し、これが「正面から社会行動障害や対人関係障害を問うようになった時点から、あるいはもう少し言えば、「意識」を問題にしはじめたころから、神経心理学は、精神医学とあらためて確実に接点を有することになった」と述べられている。そして、歴史を振り返った上で、氏は次のように言う。

> そもそも精神医学というのは、しばしば誤解されていると思うのだが、決して「精神」それ自体を閉じた様態として医学の対象としているわけではない。「精神」であっても「こころ」であっても同じことだが、「精神」であれ「こころ」であれ、それ自体がそれ自体として直接に病むということは、結論からいうとあり得ないことなのである。それならば、精神医学とはいったいどういうものなのか、という問いが生じてくる。精神疾患というのは、単に「こころ」の病でもなければ「脳」の病でもない。筆者の考える立場からすると、精神疾患とは「すべからく相応の神経基盤を有する意識の病理である」ということになる。（同書二一頁。）

なお「神経心理学は「心理・行動の病理を脳の構造・機能との関連において捉える」ことを使命としてきた」（同書一七一頁、傍点は引用者である私による）と大東氏は言うが、そしてそのことは、神経心理学が、脳におけるさまざまな欠損や病理を材料としてきた脳病理学を源流とするのならばそうなのかも知れないが、他方で当然ではあるが、今日、意識と脳との関係の研究は、正常な心理的活動を直接に（病理の研究という回り道ないし対照なしでも、従って「医学」の観点からも離れて）脳のどの部位の機能として理解すべきか、という道を進んでいるようである。因みに、病に特化した言葉としては「神経精神病学 neuropsychiatry」というものがある。

それから、病理を問題にする生物学的精神医学の立場で書かれた諸々の著作、論稿を眺めると、「精神薬理学 psychopharmacology」の進歩というものが、生物学的精神医学の隆盛に与っているのだろうという印象をもつ。(当然、「神経薬理学 neuropharmacology」という語もある。薬理学は効果さえ得られれば、余分な解釈は要らないという立場なのだろうか。)そして、この薬理学は、後で述べる、診断と治療の実践におけるDSM診断の普及の背後にもある。

では、生物学的精神医学が、体の病気の診断における生理学の役割を果たせるかというと、疑問である。体のさまざまな病気の種類ごとに対応する或る生理的状態の確定あればこそ、生理的データから出発して特定の病気の診断に向かえる。この確定はもちろん、誰かが病気を患うということが先にあって、それに相関する或る生理的状態の異常を探す、という段階抜きではあり得ないのは事実だが、逆向きの道を辿れるほどにデータが蓄積されてきたわけである。だが、それらさまざまな生理的状態に相当するものとして注目されているのはすべて脳の或る状態なのであり、体の病気の場合に体のさまざまな部位に分かれてその異常が見つかるのとは様子が違う。——血液、尿、呼気などに含まれるものを調べてこれら自身とは別の部位の病気を発見するということもあるが、最終的には体の特定部位の病巣の確認に向かう。——

胃が心臓の代わりをする(心臓の機能を引き受ける)ことはできないし、腎臓が肝臓や大腸の代わりをすることもできない。だから、胃の異変、心臓の異変はそのまま胃の病気(胃の働き方の不具合)、心臓の病気に直結する。しかし、脳の或る部分が他の部分の代わりをすることはあり得る。そういう場合に、脳の或る部位の或る状態から特定の病を診断するというわけにはゆかないだろう。

そうして、精神の病の場合、そもそも病気の種類の特定すら覚束ないという現実があるようである。そして、この特定は臨床において試みられるのだが、臨床の場というのは、次に述べる精神病理学が前面に出る場なのであろう。

なお、次の記述を参考までに引用する。

精神生物学がよりどころにしているのは、かつて原因が不明であった神経梅毒を解決してきた疾患論的生物医学の歴史である。当時は症状が事細かく分析され、Shiphilisology という学問が盛んで、厚い教科書が書かれていた。神経梅毒が刻印した教訓は、病像がいかに複雑な姿をしていても、その原因は単純でありうる、ということであった。確かにハンチントン病や家族性パーキンソン病あるいは家族性アルツハイマー病では生物学的医学が成功を収めている。しかし、おそらく私たちが対象としている大部分の内因性精神疾患は、神経梅毒を解決してきたようにはいかないだろう。(神庭重信「うつ病の生物学に残されている課題——濱田論文へのコメント——」、松下正明・加藤敏・神庭重信編『精神医学対話』弘文堂、二〇〇八年、一五八頁。)

なお、引用した神庭氏の論稿およびコメントが収録されている『精神医学対話』は、まさに、精神医学の現場で話題になる「症候」「疾病」を網羅的に取り上げ、同じ「症候」「疾病」について精神病理学的立場からと生物学的精神医学の立場から書かれた論稿、および相互のコメントを掲載するという体裁のものである。（一つの症候、疾病について二つの立場から一人ずつというのが原則のようであるが、主題によっては三人あるいは四人が書いて、コメントし合っているのもある。）

ところで、脳科学の研究者たちは、なぜ人がなす知覚や感覚、また、感情の生成を脳がなす働きだと考え、いわば人全体を脳に置き換える、あるいは人と脳とを等値してしまう発想に陥ってしまうのか、という大問題がある。この問題を、脳科学における「情報」概念の多用に着目して論じたものとして、私の、前掲『経験のエレメント』を参照（第2章第3節「視覚の生理学と脳科学における情報概念の多用・濫用」のうち、被験者と研究者との関係、脳が注目される理由、脳と末梢との関係等を論じた、（1）項から（6）項まで）。ただし、「知覚と感覚についての脳科学」を材料にしていて、感情には触れていない。

精神病理学

さて、精神科医は、精神の病を診断する（何という病か判断する）に当たって根拠を何に求めるのだろうか、という問いに対して、多数の著作から漠然とであるが私が真っ先に受ける印象は「精神病理学」がその役割を担うのだろうというものだが、この印象を裏付けるものとして、次の文章を引用する。精神病理学が精神医学を根本から支えるという主張を明示的に語っている。

精神医学における精神症状学の語彙のほとんどが精神病理学（と精神分析）に由来することを見るだけでも基礎学としての精神病理学の役割はきわめて大きい。……精神医学的概念の内包を規定する役割を担うものは精神病理学以外にないであろう。（生田孝『語り・妄想・スキゾフレニア』金剛出版、二〇一一年、一一五頁。）

精神病理学的認識能力は、臨床的に不可欠な資質である。なぜなら、精神疾患の診断は病態認識的な意味で身体的な所見を欠いており、だから精神病理学的な所見によってしか可能とはならないから。さらには、患者の体験それ自体を理解するにあたって精神病理学の言語を用いてこそ、苦しい内的体験が適切に記述されていることが患者自身によって認められるからであり、そのことによってまた治療への道も切り拓かれることになる。このように精神病理学は、臨床精神医学的診断学の基礎であり、またその合理的治療の本質的前提をなしている。（同書二四〇頁。この引用は、Huber と Gross との説の紹介という形をとっている。）

また、統合失調症に関する叙述においてであるが、渡辺哲夫氏も次のように言う。

精神病理学はもちろん第1の原始的客観性［主観の複数性における痛みの共有、共感、分有という原始的共同体感覚を基盤とする、言わば複数主観の連続性・連帯性に基礎付けられた客観性］を追究するけれども、物的証拠利用とその厳密な統計処理や反復実験を剥奪された苦しい学問である。［中略］だが、この非科学的経験の積み重ねが統合失調症の実情と概念をわれわれに分有・共有せしめ、その次に、ほかならぬ「統合失調症の」生物学的研究が有意味となるのである。「統合失調症の……」という決定的な限定は、じつのところ、非科学的とされる精神病理学的営為によって根底から与えられているのであり、精神病理学的感受性と経験的概念を拒否するならば、科学的とされる生物学的研究は「統合失調症の」という限定基盤を失い、虚空に舞うしかない。それゆえ、厳密に生物学的な精神医学に従事する者も、当然、精神病理学的に限定された「統合失調症の……」という限定を、深い次元で受け入れて、これを主観の原始的複数性において分有・共有していることになる。（渡辺哲夫「統合失調症　臨床的側面」、前掲『精神医学対話』三九六頁。［　］は引用者である私による補足。）

このような理解に立って渡辺氏は、精神病理学的研究と生物学的研究とを人間の両脚に喩えるが、両者いずれもの必要性を言うのは、先に引用した生田氏も同様なのである。

過去の歴史において精神病理学が精神医学の主流であったことはないし、また主流になったとしたらそれは多分に奇妙な学問的事態であろう。精神医学の主流は、あくまで生物学的なものであるべきで、実際に過去においてもそうであったし、未来もそうであり続けるであろう。だから精神病理学の存在意義は、主流に対するアンチテーゼとして、マイノリティであることにこそあるのである。［中略］精神病理学がいま涸れだしている。それは［中略］精神医学にとっての危機である。（前掲書五頁。）

精神病理学は、それが生れ落ちたらときからその後いつの時代においても、精神医学における圧倒的主流をなす生物学的精神医学の中で、その存在意義を自らに問いながら、その地位をいまだ失ってはいない。（同書二三四頁。）

しかるに翻《ひるがえ》って、そもそも「精神病理学」とは何か。生田氏の記述を引用する。

私なりの理解を述べれば、精神病理学とは、異常も含めた（何を異常ととらえるのかも含めて）精神現象を広い意味で心理学的、認識論的、人間学的、現象学的、存在論的に、さらに言うなら哲学的態度で臨床の場において患者との相互作用を通して理解しようとする営為である。つまり臨床哲学なのである。（前掲書四頁。）

精神病理学は、臨床的症状学的次元と哲学的認識論的次元との間を架橋し、人間の存在構造の理解により接近をはかろうとするものである。（同書二三九頁。この文章で、「接近」の目的語は「人間の存在構造の理解」とも取れそうだが——その場合、「より」は「より一層」という意味となる——、省かれてしまった「精神の病」と解釈すべきだと思われる——この場合、「により」は「によって」という意味となる。）

言わんとするところは伝わるが、かなり散漫な気がする。そして、このような精神病理学の有り方ゆえに、次のような事態も生じるのではないか。（この事態は、渡辺氏が述べる状況にも当て嵌まる。）精神病理学が提供する語彙ないし概念なくして精神医学は成立しないという正当な主張の一方で、その語彙、概念の内実に関して、生田氏は次のように付け加えざるを得ないのである。

しかしながら多くの概念は未確定のままである。（前掲『語り・妄想・スキゾフレニア』一一五頁。傍点は引用した私による。）

このことに符合するように、村井俊哉氏も言う。

多様な記述精神病理学的概念を、できるだけ論理的整合性があるように整理していく努力を続けることで、概念上の混乱が著しい神経科学という分野に、批判的ではあるが、建設的な貢献をする可能性が秘められていると思う。（村井俊哉「精神医学はどこまで科学か」、前掲『精神医学の思想』七四頁。）

しかるに私はと言えば、それら概念の中身以前に、そもそも「精神」という概念そのものの規定さえ不明瞭だと考える。そこで実は、本章はこの事態に焦点を置くべく書き起こしたものである。本章第1節（2）の「筆者の立ち位置」の項を参照。

DSM診断

ところで、精神病理学の重要性を主張した先の引用文の二人の書き手のどちらもが、精神病理学を必要とし、かつ精神病理学を鍛える場として「臨床」という場を持ち出しているが、実は、その臨床においては、DSMシステムが、繰り返し批判されながらも着実に臨床の現場の支配を広げているらしい。

（DSMと並んで、WHO——世界保険機構——が定めたICDが言及されるのもよく目にするが、ICDとDSMとの関係について私が学んだのは、次の記述によってである。

WHOが作ったICDと呼ばれる病気の国際分類があります。これは死亡原因の統計調査に始まった疾病分類です。［中略］世界中の統計ですから、統一が必要です。国によって分類はおろか、疾病概念すら違う。［中略］これでは統計にならないので、世界のどこでも同じ病名、同じ基準で診断可能な標準化された分類システムが求められました。そのためにできるだけマニュアル化された簡明な方法を選んだのです。症状や所見を列記して、この中のいくつ以上が満たされればこの診断名をつけましょうというものです。単純平板に過ぎると言えば言えますが、もともと死亡統計を目的とした分類で、治療目的ではありませんからそれでよかったのです。

当初のICDは、精神疾患に関しては大雑把でした。自殺を除けば精神疾患で死ぬことは少ないので、まあいいかと。［第3節（5）で引用したガミーの言葉も想い起こしたい。］ICDは何回も改訂を繰り返してきましたが、そのうち精神疾患の分類もきちんとやりましょうと言い出されて、それをしたのがICD—9、9版目のICDで、万国共通の精神障害の網羅的分類を作り、診断基準を設けることになりました。

ところがアメリカの精神医学会はICD—9に不満だったのです。そこでアメリカ独自の修正版として作られたのが、DSM—Ⅲ、つまりDSMの第3版でした。ISDはすべての病気にコード番号をふりましたが、ICD—9のコード番号はそのまま使って、さらにその下に下位ナンバーをつけて細分化したり、診断名を変えたり、入れるカテゴリーを変えたりしたわけです。そうやってアメリカバージョンが作られ、今度は逆にこのDSMがICDに大幅に取り入れられるようになりました。（滝川一廣『「こころ」はどこで壊れるか——精神医療の虚像と実像』聞き手・編：佐藤幹夫、洋泉社、二〇〇一年、六八—六九頁。［ ］は引用者である私による補足。）

DSMマニュアル利用の雰囲気について、何となく想像できるものとして、アレン・フランセス『DSM—5　精神疾患診断のエッセンス』大野裕他訳、金剛出版、二〇一四年。その内容の解説としては、森則夫・杉山登志郎・岩田康秀編『臨床家のためのDSM—5　虎の巻』日本評論社、二〇一四年を参照。日本語への翻訳（日本語での呼称）をどうするかという問題にも触れている。また、簡単なDSMの位置づけについて、黒木俊秀「DSMと現代の精神医学——どこから来て、どこへ向かうのか」、前掲『精神医学の思想』一二三頁—一三六頁。

更に、精神医学の歴史を広範に辿る中で、精神医学に革命をもたらしたといわれるＤＳＭ―Ⅲ（第三版）、それからＤＳＭ―Ⅳを詳細に検討したものとして、ガミーの前掲書、第11章―第13章を参照。

ＤＳＭ診断の社会的影響が増すということで言えば、保険とか裁判等の制度という事柄も関係している。

［ＤＳＭ診断あるいはＩＣＤ診断という］操作的診断の症状チェックリストに症状を当てはめて、精神疾患の区分けをする機会が多くなっており、行政や裁判などにかかわる精神疾患はこの診断の基準を抜きにしては語れない状況になっている。（兼本浩祐『心はどこまで脳なのだろうか』医学書院、二〇一一年、九頁。［　］は引用者である私による補足。）

いろいろな診断書に診断名を書かなければならないこと、診療報酬のために診断名が必要であること、医療者同士が当該患者のイメージを共有するうえでも診断名が不可欠であることといった実務的な事情も［健康な精神から病いを切り取る大きな領域の境界線と、病いのなかをより細分化していく割線の２つのうち、［中略］精神医学といった専門分野のなかにいる精神科医自身は、後者の割線へと注意を向けがちであることに］関係しているかもしれない。（岡田幸之「精神医学の光と陰」、前掲『精神医学の思想』九五頁。［　］内は、引用者である私が、引用文の前に記された中から適切なものをもってきた、補い。）

アメリカでは医療に保険会社がうるさく介入します。カウンセリングや精神療法的な手助けが役立つ非行少年はたしかにいますが、「非行」では保険会社が治療費を出さないでしょう。これは「行為障害」という立派な精神障害だと言いくるめて、はじめて援助できるみたいな事情があるかもしれません。（滝川一廣、前掲書六一頁。）

いずれの引用文も、操作的診断基準が重宝される理由を述べている。保険制度との関連では、註10も参照。

それから、制度が整ってくると、医師や関係する職務の人たちが実際にどのように振る舞うことになるかについて想像するには、クラインマンが『精神医学を再考する』の最後で生き生きと描いている三組のイメージのうちの三つめを読むとよい。三三三―三八頁。

ところで、前掲『ＤＳＭ―５　虎の巻』では、「「法医学での使用の注意」では、臨床関係者以外の者がＤＳＭ―５を使うことを推奨しておらず、ＤＳＭ―５の司法への利用には限界や危険があると警鐘を鳴らしているそうである」（一三頁）と記されている。しかるに次のような記事がある。

最近、ある訴訟では、精神科医の参考意見を求めることなく、裁判官が判決文にDSMの診断の基準を明記した。(前掲、黒木俊秀「DSMと現代の精神医学」、『精神医学の思想』一三四頁。)

7 クラインマン、前掲書三四一―三四二頁。この文章は、後に日本語翻訳版『精神医学を再考する』のために書かれた次の言葉と呼応すべきものである。

『精神医学を再考する』はまた、ケアをおこなうことが医学=医療にとって決定的に重要であるということを前提している。(iv頁。)

8 順に、生田孝、前掲書二六頁、二五―二六頁。

9 クラインマン、前掲書一一頁(傍点は引用者である私による)。なお、「嫌がる」ということのうちには、精神科医の診察や治療を受けるというそのことが社会的に負の事柄として評価されるという意識も入っているかも知れない。

本人の意思がないところ、はっきりしないところで治療を行わざるをえないこともあるのが、他の科にはない、精神科の難しさです。

自分から来た場合でも[中略]大抵の患者は精神科に来たくなかったはずであり、来たことを後悔しているかもしれず、今からでも逃げ出そうかと考えているかもしれません。(内海健『精神科臨床とは何か』星和書店、二〇〇五年、一三三頁。)

本人が精神科医に通院することを嫌がったり、それに引け目を感じたりするだけではない。社会の偏見のもとで、世間体をはばかって家族が強い拒否感をもつ具体例が、生田氏の前掲『語り・妄想・スキゾフレニア』の第3章で紹介されている。本人の希望によるのではなく、家族等の周りの人が医師のもとに連れてくるということが窺える多数の具体例は、次の書物でみることができる。鹿島春雄・古城慶子・古茶大樹・針間博彦・前田貴記編『妄想の臨床』新興医学出版社、二〇一三年。

先に引用した生田氏も言う、

身体科をいくつか経由することで[身体科医の紹介で]結局は精神科へとたどり着く一群の患者が存在する(前掲書三二頁。[ ]は引用者である私による補足。)

「心気症」「心身症」「身体表現性障害」などに該当する患者の場合である。だから、苦しみは「身体的愁訴」の形をとる。また、次のようなケースもあるそうである。

　幾多の身体科を経由することで徐々に精神的なものであると自覚して精神科の門を叩く患者も存在する。（同書三三頁。）

この自覚はどのようにして生じるのだろうか。兼本氏が、てんかんという意識の障害ゆえの特殊性として述べたことが参考になるかも知れない。

　自身の病いを他人の目を通して学び直さなければならない。（兼本浩祐、前掲『心はどこまで脳なのだろうか』一〇〇頁。）

10 これは、治療とは何か、という問題につながる。岡田幸之氏は前掲論稿「精神医学の光と陰」の中で、次のように問うことから始めて、問題を指摘している。

　精神科医が精神障害者を治療する理由は何か。その最も単純な答えはおそらく、治療することによって「よくなる」と考えるからというものである。（『精神医学の思想』九五頁。）

そうして幾つかの検討がなされるのだが、本章と関連する部分としては、次のような事情の指摘が興味深い。意を汲んで表現する。人は「今よりよくなる」ことを望み、その可能性が精神科の医師から与えられるのなら（たとえば新しい薬品が発売され、「この薬によればあなたの状態は今よりもよくなる」ということになると）、「よくなりたいと思っている今は治療の対象である、従って精神障害である」という考えも出てくる、と。

以下は、そのような考えが流布する場合について述べた部分の引用である。

　しかし、治療が自ら境界線を引き、精神障害を定義し始めれば、市場を無限に拡大する可能性さえある。［中略］心的外傷後ストレス障害や性同一性障害が操作的診断カテゴリーに採用された背景には、それらが社会的保証や健康保険の対象となることと密接に関係していたというのはよく知られている。（『精神医学の思想』九五―九六頁。）

また、関連論文として、次のものも参照。香川知晶「神経科学の倫理性」、『精神医学の思想』一一一—一一九頁。

11 ガミー、前掲書一四五—一四六頁。また、日本における精神分析の現状にも触れつつ、精神分析がどのような出自をもち、どのような特色をもつかについて、私は次のものによって啓発された。藤山直樹「精神分析は精神科医療にとってどのような意味があるのか」、前掲『精神医学の思想』一七五—一九〇頁。

12 註10を参照。

13 かのピュリツアーの新聞「ワールド」の女性記者、ネリー・ブライの記事。マシュー・グッドマン『ヴェルヌの八十日間世界一周に挑む　4万5千キロを競ったふたりの女性記者』金原瑞人・井上里訳、柏書房、二〇一三年(原著、*Eighty Days Nellie Bly and Elizabeth Bisland's history — making race around the world*, 2013)、五九—六七頁。

また、「精神障害の診断が、精神科医の学識、姿勢に大きくかかわることを教える」次のようなエピソードがあるそうである。

スタンフォード大学心理学教授ローゼンハンと7人の共同研究者は、〝empty 空虚〟、〝hollow からっぽ〟、〝thud どさっ〟という単純な声、物音に悩まされているという「幻聴」を訴えて、精神病院を受診した。12カ所の病院で、本人の簡単な面接と、同伴者の陳述だけで分裂病と診断され、全員入院となった。ある病院では閉鎖病棟の生活に辟易した研究者のひとりが回診の医師に退院を申しでたが、医師はうるさそうに手を振るだけで通りすぎてしまい、とりつく島がなかった。彼らの入院期間は7日から52日、平均19日で、偽患者であることが見破られることなく、「寛解退院」となった。(秋元波留夫『精神医学講義』日本文化科学社、二〇〇二年、二一四頁。)

14 薬物療法の実態については、ナシア・ガミー、前掲『現代精神医学のゆくえ』第9章。

15 自閉症の子どもが奇異な振る舞いをすることで或る苦痛から逃れることについて、自分自身が自閉症であるテンプル・グランディンが説明している。テンプル・グランディン&マーガレット・M・スカリアノ『我、自閉症に生まれて』カニングハム公子訳、学習研究社、一九九三年(原題 *EMERGENCE : LABELED AUTISTIC*,1986)。しかし、苦痛から逃れるための振る舞いが別の苦痛を引き寄せるということはもちろんある。

妄想が本人にとっての正負二つの側面をもつことについて、次のような指摘がある。

妄想は基本的には症状であり患者に苦痛を与えたり、社会適応や日常性格を妨げるものである。しかしそれだけではなく妄想にはそれがあることでバランスがとれているという建設的な側面があると考えられる。(三浦聡太郎「精神療法」、前掲『妄想の臨床』四六〇頁。)

16　註25でのガミーの引用文も参照のこと。

17　註4末尾のガミーの引用文を参照。ただし、あらゆる精神の病が了解し難いという意味で「変」である、「別の世界にいると思われる」というのではない。ガミーはヤスパースの分類に何度も立ち返る。以下はそのうちの一つである。

ヤスパースが、疾病分類における論争において感情障害と統合失調症の区別を受け入れたのは、共感が可能で意味連関を見出すことができる状態と、了解不可能な状態とのあいだの区別に基づいていた。

以下は彼によるヤスパースの引用。

精神生活におけるもっとも深いところにある区別は、感情移入できる意味連関を持つ精神生活と、ある特殊な仕方で列挙不能で、文字通り「狂った」統合失調症的精神生活(妄想が存在しないとしても)とのあいだの区別のように思われる。第一の種類の病的な精神生活においては、既知の現象が誇張や減衰しているものとして、そして通常の原因や動機を伴わずそのような現象が現れているものとして、十分に生き生きと了解することができる。しかし、第二の種類の病的な生活については、このようなあり方では適切に了解することができない。[中略]それは私たちが共感することができず外的視点からなんとか理解しようと努めるような変化である。[中略]感情疾患は共感可能であり自然であるように感じられ、さまざまな種類の「狂気」は共感不可能であり不自然に見えるのである。(ガミー、前掲『現代精神医学原論』一〇〇―一〇一頁。)

なお、ガミーは他のところでは、ヤスパースは「三種類の心の病気を記載している」と述べている。

すなわち、(1)身体的過程としてのもの、(2)健康な生活に割り込むかたちで始まり、精神に変化を引き起こすもの。この場合、身体的基盤の存在が疑われはするが、そのような基盤は未知である。(3)人間の生活のヴァリエーションの範囲であるが、平均からは大きく離れており、当事者自身やその当事者の環境からは何らかの意味で望まれていないために、治療を必要とする状態の三つである。(前掲『現代精神医学のゆくえ』三二三頁。)

18 前掲『経験のエレメント』第1章第3節および第2章第4節を参照。

19 本文の以下の部分に関しては、松永澄夫『価値・意味・秩序』の第4、6、7章（東信堂、二〇一四年、初出はそれぞれ、松永澄夫他編『哲学への誘いⅢ　社会の中の哲学』『哲学への誘いⅣ　世界経験の枠組み』『哲学への誘いⅤ　自己』東信堂、二〇一〇年）を参照。また、次項の記述の一部は、『経験のエレメント』の「はしがきに代えて」中の文章を借用している。

20 松沢哲郎『想像するちから　チンパンジーが教えてくれた人間の心』岩波書店、二〇一一年、第八章。

21 「内語」という概念は、音声や文字の形を取らずに、人の心の中で生まれる言葉を指すものとして確立していると思われるが、二つのことを注意したい。一つは、「心の中で生まれる」ということの内実をどう押さえるべきか。内語を理解するには、言葉の運動性のことを考えねばならない。音声を発するには口（唇や舌など）の運動を要するが、しかし、その運動はいつでもどこでも為すことができ、それゆえ言葉はその都度に人が運動によって簡単に生み出せるという特徴をもち、その点に、意味の担い手として言葉が突出して優れている一つの理由がある。（もう一つの理由は、言葉について言葉で語れる、そういう文法構造をもつことである。）そこで、内語についても、その運動という契機に相当する何かを探すべきだということ、これが一つ目の注意である。参考、松永澄夫「コンディヤックの記号論」、「記号における運動の発見」（両論文とも、松永澄夫『哲学史を読む　Ⅱ』東信堂、二〇〇八年、に所収。）

第二の注意点は、事柄に即するなら、「内なる語」ではなく「内なる文」として「内文」とすべきであること。というのも、現場では言葉は常に、一語文も含め、文として現われるからである。ただ、「内文（ないぶん、うちぶみ）」という語は、既存の語としては、天皇の印である内印を押した公式文書を指す特殊な語としてのみある。内文は、太政官の印である外印（げいん）を押した外文（げぶん、げぶみ）と区別される由である。

22 意識の概念についての詳しい考察は、前掲『経験のエレメント』第2章第4節、第3章、第4章第2節、第3節、第5章第2節、第3節。

22b 思考とはどのようなことかを押さえるには、「問いを提出し、その答を探す」ことに思考の典型を求めるのが最もよい。（知的直観などを持ち出すのは愚の骨頂である。）なお、本文で続いて、「記号の操作」が役割を果たす思考の場合を挙げているが、言葉（語）とは違う幾つかの種の記号の有り方については、松永澄夫『言葉の力』第2章C節5（東信堂、二〇〇五年、一七七－一八八頁）を参照。特に、思考の模範とされがちな数学的思考が依拠している数学の記号についての考察を参照。また、操作が、反復できるという信頼を勝ち得た技術的行為であることにも注意を払うべきである。

23 参照、アンリ・エー『意識1』『意識2』大橋博司訳、みすず書房、一九六九、一九七一年（原著、一九六八年——初版一九六三年——）。特に第二部第一章「意識野の構造解体—意識野の現象学的精神病理学的素描—」および第三部第一章「自我の変容から疎外へ」。

また、註6での、大東祥孝『精神医学再考』からの引用を再掲する。

精神疾患とはすべからく相応の精神基盤を有する意識の病理である。（傍点は引用者による。）

24 この辺りの事柄について、前掲『価値・意味・秩序』第9章第5節（初出は『死』現代哲学の望見①、岩波書店、一九九一年）を参照。

25 精神病理学の研究者たちは、妄想における「偶然性の排除」という特徴を言う。後続の車が、自分が右折したら右折し、次の信号で左折したら同じく左折して、ずっと自分の車の後ろにいる、というのは「偶然」だ、ということを認められない有り方を言う。また、「偶然への抵抗」という表現も用いられている。このような特徴が異常だと言うのは、「世界には偶然の事柄が沢山あり、それらは偶然のことゆえに無視してかまわず、世界はそれらの事柄を呑み込んで安定していると信頼してよい」という態度を取るのが健常者だから だ、というわけである。

だが、「偶然のことと処理して無視することの望ましさ」を強調し過ぎると、あるべき経験像（患者に欠けているもの）は保守的なものになりはしないか。つまり、私はと言えば、本文で言うように、経験における「新しいことの到来」の重要性を強調したい。いわば偶然に生じると言ってもよい新しいことの積極的な意義に重きを置き、その新しさを（無視することなく）柔軟に受け取れることの大切さに目を注ぎたいのである。

「偶然性の排除」「偶然への抵抗」については次のものを参照。生田孝「妄想　臨床的側面」、前掲『精神医学対話』一一二頁。（同論稿は後に、生田孝、前掲『語り・妄想・シキゾフレニア』に収録。）

なお、この箇所では、信仰と妄想を「ポジティブとネガティブな偶然性の克服」として対比する議論があることが紹介されている。「排除」ないし「抵抗」と「克服」とでは違った内容をイメージさせると思われるが、妄想にみられる前者は「偶然性を克服しようとする過剰な欲求」ということであるらしい。一方、信仰における偶然性の克服では「偶然性を耐えうるものとする世界への信頼」があると。信仰を話題にすれば「狂信」をどう考えるか、という問題、一般的に言えば、強い教条的信念が支配する人の精神状態の問題が浮上する。それは「狂気」の一種か？　これを考えるには人の精神生活における「自由」という契機をどのように位置づけるか、という問題に取り組まなければならないと思う。本章では考察を見送る。本書第2章を参照。

因みに、精神医学と価値の問題を倫理という側面から考察したガミーは、次のような考えを述べている。

特に精神療法において、しかしより一般的にはすべての精神医学的治療において、その目標は、究極のところでは、個人を自由にするところにある、と私は思う。」

これに続く表明は隘路を進む。

> 「しかし、［中略］誰かを強制的に自由にすることはできないのだ。治療者は常に患者の自発性を尊重しなければならない。逆に言えば、自由を与えられる能力を持たない患者、すなわち自由になることを望まない患者を、他人が自由にすることはできないのだ。［中略］しかし、精神科医は、可能であれば法律や社会的一般の助けを借りて、患者自身が表出する願望に逆らって、こうした人たちを自由とする試みをしなければならないのだ。しかし、そうしたことは通則よりは例外であるべきである。［中略］ほとんどの患者は自らの心理的問題から自由になることを望んでいる。彼らを自由にすることは治療の究極の目標だ。（前掲『現代精神医学原論』一六〇―一六一頁。）

ただ、引用文の主眼として挙げられた「自由」と、「心理的問題から自由になる」と言うときの「自由」とでは中身が違うように思われる。とは言え、次の段落では調停ができているとも解釈できる。

> 患者が自らの自由意志で行動できるように自らを解放するような倫理学的方法、そういった倫理学的方法を患者自らが認識することが、精神医学的治療の倫理的目標である。自らの人生における願望・価値・目的にもっとも適合するような行動を意識的に選択すること、そしてもし望むならばそれ以外の行動を選択することも自由であること、自由意志という言葉で私が意味しているのはそういうことである。

また、エーは次のように言っている。

> 精神医学とは［中略］自由の病理学なのである。もしも人間の自由がないとすれば狂気もありえない。なぜなら狂気とはこの自由の廃棄なのだから。そして人間に狂気する（あるいは夢みる）可能性があるとすれば、それは彼の存在の組織化そのものがこの狂気を包含すると同時にそれを支配しているからである。（前掲『意識　2』二二六頁。傍点はエー自身による。）

なお、私はと言えば、「自由」の実際には「何らかの価値の感受」が不可欠だということを重視したい。

ところで、そもそもどういうわけで或る特定の意味事象群が固着的なものとして生じたのかまで考えると、その要因の一つとして（しかも非常に大きな要因である場合が多いと思われるが）、その人が周囲世界、特に周りの人々との関係の或る経験をなしたこと、特別に大きな意味をもって、かつ或る仕方でなしたということが、あるであろう。俗に言うトラウマなどでは、このことが見やすい。

26　この一文は重要であると私は考えている。なぜかと言うと、「新しさの到来」やその到来の「乏しさ」を対比させると、いわゆる「頑固な考え」の持ち主も後者の有り方をするのではないのか、という問いを人から提出されるのは必定だからである。本文で述べている「新しい動き」というのは、新しい意見をもつとかのことを指しているのではないし、「新しさの到来の乏しさ」とは或る考え方にどっぷり漬かっているとか、執着するとかのことではない。意味事象ということを私は一貫して強調する仕方で述べているが、意味事象は一方では、いわば理念的なものとして一般性（お望みなら反復の用意ができているという性格）をもち、脱時間的なものなのだが、重要なのは、人が意味事象に関わるのは、それをその都度に感受する仕方でなのだ、ということである。だから、各人の意味世界における新しい動きとは、現在の推移という時の流れと一体になっている事柄であり、気分のような情的なものの動きなのである。ただ、感情については、本文で既に述べたように、そのほとんどは意味を経由して生まれるということを見落としてはいけないわけである。ただ、そこで、その時々に生まれる新しい意味事象は、生まれたかと思えば消えていく、そのようなものの方が、数から言えば、のことでしかないが、頑固な考えとかいつもの発想とかよりは、多いのである。ただ、それらも微かな反響を人が携える意味世界に引き起こし、それらの反響の蓄積が何か効果を及ぼさないわけではないのだと思われる。

第2章　註

1　ナシア・ガミー、前掲『現代精神医学原論』一六〇頁（傍点はガミー自身による）。

2　アンリ・エー、前掲『意識　2』二二六頁。傍点はエー自身による。

3　二つの引用文は翻訳であるゆえ、次の留意点を記す。日本語で定着している「精神医学」という語に相当するものは、英語もフランス語も同じ（psychiatry, psychiatrie）であるが、語感としては「心の医学」というニュアンスなのかも知れない。また私たちは日常、日本語で「精神の病」と同様に「心の病」を言うこともある。それから「精神医学」という語とともに定着している「精神の病」「精神疾患」「精神障害」という語群に相当する英語は、すべて「mental」という形容詞を用いて、「mental illness」「mental disease」「mental disorder」等となるが、「mental」の元となった名詞は「mens」で、英語では「mind」となり、この語は日本語では「心」と訳す場合が多い。（哲学関連の著作の場合、かつては「精神」と訳すこともみられたが、近年では「心」と訳す場合が多いようである。ただ、「mind」という語は、「情」に中心をおく日本語の「心」と違って、少なくとも哲学的文献では「知」に重点がおかれた語だと思われる。）一方、「精神異常」「精神障害」等を話題にする場合のフランス語では、形容詞としてはやはり「mental」（時に「psychique」）が用いられるが、「精神」という日本語に対応する名詞としては「esprit」を挙げることになる。そしてこの仏語は、どうしても日本語訳では「精神」の方が座りがよい（英仏語の「spirit」「spiritual」「soul」「âme」「cœur」「psychic」「psychological」「psychologique」「moral」という語群のことは脇におく。）

　このように言葉というのは、日本語でも、英語、フランス語の内部でも、元々どの語が適切かに関して厄介な側面があり、そこに翻訳が絡むと厄介さは増す。だが、それを承知で、二つの引用文、英語とフランス語で書かれた「精神医学」に関する文章の日本語訳を並べ、精神医学で言う「精神」という言葉の内容を、両者が共通に言及している「自由」という概念に焦点をおく仕方で、考えてみたい。

4　ガミー、前掲書一六一頁。傍点は引用者である私による。

5　ただし、この道筋で考えることに異議を唱える人もいるだろう。誰にでもみられる精神の不調と精神の病とを連続的に捉える人々である。不調が亢進する先に病が現われるという理解である。この理解とその問題点については、本書第1章第3節（5）や註10等を参照。

6　精神科医や精神医学の研究者ではない私の立ち位置がどのようなものであるかについても、本書第1章（第1節（2））で述べている。この立ち位置を自覚しつつ、本章では精神医学研究者による症例紹介を援用する。そしてその狙いは、或る精神の病について見解を述べることの方ではなく、一般に「精神」という概念でどういう事態を考えればよいかを探ることにある。

7　西園　マーハ　文「摂食障害にみられるボディイメージの障害および関連症状」、前掲『妄想の臨床』二〇二頁。

8　同書二〇五頁。

9　同書二〇二頁。

10　同書二〇三頁。

11　同書二〇五頁。また、摂食障害の患者にみられるさまざまな特徴については、西園　マーハ　文「摂食障害」、前掲『精神医学の思想』七五〇―七五三頁。

　なお、クラインマンは神経性無食症には文化的背景があることを指摘している。このことは強調し過ぎてはいけないと思うが、しかし、意味という要因の介在を認めるという、本章で述べてゆく私の論点に通じる面はある。アーサー・クラインマン、前掲『精神医学を再考する』八六―八七頁。

12　病識がないが、精神の病を患っていると周囲から思われる人の場合である。精神の病というものは本人よりは周囲の人々が認める

(だから病識がないが病んでいる人もいる)という論点については、精神医学と価値の問題という観点から、本書第1章で考察した。

13 註10で言及したクラインマンが幾人かを紹介している。

14 註12で言及した「病識」の有無ということも絡むだろう。

15 猟奇的殺人事件で、「ただただ、誰でもよい、人を殺したい感情」をもったゆえに殺したとの供述を聞くと、異様な気がする。けれども多くの普通の犯罪者が「人を殺したい感情」をもって人を殺《あや》めている。

16 西園　マーハ　文、前掲「摂食障害」

17 感覚と知覚的質の空間規定については、前掲『経験のエレメント』を参照。

18 意味連関の生成については、語のレベルのものと文によるものとを区別して考えなければならない。前者は、語どうしの位置関係と、語が指し示そうとする事柄どうしの位置関係との相互規定による。他方、文も(一語文を含めて)もちろん言葉の外の事柄と関わるが、文を成すさまざまな語の文における役割を通じて、語と語との意味関係の形成を促す。そしてもう一つ、更に重要なのは、人間の言語の文法構造は、或る語について文で語れる(もちろん、文や文章についても語ることができる)ということを許すことで、そのことによって、さまざまな語の間の意味連関が無数につくられてゆく。これらの事柄を含めた、言葉についての詳しい考察は、次を参照。松永澄夫『音の経験——言葉はどのようにして可能となるのか——』東信堂、二〇〇六年。

19 これら言葉が関わる諸点についての考察は、前掲『言葉の力』を参照。

20 ここでは、各人に固有の意味世界に重点をおいて述べている。けれども、人々の知覚世界が共通であり、また言葉も個人は既に流通しているのを学ぶのであってみれば、人は他の人々と共通と言ってもよい意味世界をも生きる。

なお、言葉遣いについての注意。「意味内容」と言うときには「意味する側」との関係を重視していて、その謂《いい》は「意味するものがもつ・意味内容」である。他方、「意味事象」と言うときは、その意味内容が既に一つの自立した事柄として人にとって重要なものとして経験に入り込む、そういう場合に言う。また、さまざまな意味事象が相互にさまざまな連関をなしながらつくる総体を「意味世界」と表現する。それから、後で「意味次元」という語も用いるが、この語は、意味というものは人にとってはその存在を言えるが、それはもちろん物象の世界の存在とは全く違うのだということを言うためのものである。

21 食べ物の価格、メッセージ、行事食の決まり事のすべてが、人々が共通の意味世界にも生きているということを前提しなくては始まらない。また、メッセージを発信するというのは単に理解を求めることと思われるかも知れないが、根底としては、人に対する働きかけである。

22 意味する側と意味される側とが入れ替わる逆方向があるのは、元々、意味とは関係から生まれるからである。この逆方向は語においてすらみられる。ホワイトヘッドが述べていて非常に印象的なのだが、詩人が森に行って、森が言葉を指し示してくれるのを期待する、ということもある。A.N.Whitehead, *Symbolism*, Macmillan Company, 1927, p.12.

23 滝川氏は、精神の病にあるのでもない誰もが「不自由さを本質とする心」つまりは主として感情をもっていて、それと何とか折り合わなければならない、と考えている。滝川一廣、前掲『「こころ」はどこで壊れるか』二二—二四頁その他。

24 元々が「行動」の概念は意味づけを含まずには成立しない。人の振る舞いは、それが何をもたらすかに着目することで初めて、そのもたらすもの（もたらしたもの、もたらすはずのもの）で内容を与えられる行動として捉えられるものだからである。そこには関係の抱え込みがある。詳しくは、松永澄夫『知覚する私・理解する私』勁草書房、一九九三年、および前掲『音の経験』、簡便には、松永澄夫「行動の論理」（立正大学文学部哲学科編『哲学　はじめの一歩』第1分冊『行動する』春風社、二〇一五年）を参照。

25 経験における新しさの到来については、しかも或る種の精神の病にある人とそうではない人との対比という文脈の中で、第1章（第4節（5）、（6））で幾分か論じた。本章では「結語」において若干のことを述べる。

26 知覚の空間規定とその時間との関わりについては、前掲『経験のエレメント』を参照。ただ、この書の中で私は、奥行きを見ることと、写真を見て被写体の奥行きを想像することを対比させているので、本章での「知覚空間を広げることも想像と根源を等しくする」という言い方は、そこでの考察と単純に並べると危うい表現となる。しかし『経験のエレメント』においても、知覚が既に想像の契機を孕むことは述べておいた。事柄の中心には、知覚が「可能性の次元」を含みもつ、ということがある。そして、このことと、本章本文で言う「知覚の時間である現在というものは瞬間に閉じこめられているのではない」ということとは関係している。想像の働きの始まりは、瞬間的現在を越えて可能的なものが実効性をもつ仕方を手に入れるということにあるのだと私は考えるが、これは既に知覚において実現されている。

27 参照、松永澄夫「時代を表現する言葉と社会の変化」、松永澄夫編『言葉は社会を動かすか』東信堂、二〇〇九年、一三—一四頁、および、本書第5章。

28 「現前するもの」とは「知覚内容となっているもの」という意味である。哲学でよく話題される「意識への現前」の方は知覚内容に限らない。

29 ただ、この場合に、想像内容のあれこれがつながりをもっているのは、私が特定のテッポウムシのことを想像しているからである。すると、想像によって、せいぜい現在という時間からは離れることはできるかも知れないが、想像内容とは時間性をもたず、また一般的な性格をもつと、このようには言い切れないのではないか。いや、私が想像するテッポウムシの姿と現実のテッポウムシとは全く違うかも知れない。もし似ていても、私が想像するテッポウムシは、どこまでも探してゆける細部をもたない。だから、それは、或る時間における特定の事柄として時の流れの中に投げ入れられることもあるとしても、基本的には時の縛りから抜け出た一般性をもった意味事象である。それから、私が退治しようと考える――想像する――テッポウムシなど、もういないかも知れないのである。カミキリムシの幼虫であるテッポウムシは成虫になるために幹の外に出る。結局のところ、意味事象は、時とともにある実在事象とは有りようを異にする。

30 「純粋思惟としての思考」と「想像」とをきっぱりと区別し、しかも思惟に「精神」の本質をみる哲学の主張があるのに、私が、「自分」の内容として「思考」を挙げていないのは、思考は想像の或る有り方だと私は考えるからである。なお、ここでは、行動している自己のことは考察の外においている。行動との関係では、私はずっと以前から「行為の内面」という言葉で、行動が己の行動である所以を考えている。(松永澄夫「因果連関からみた行為の諸側面」、九州大学哲学研究室編『行為の構造』勁草書房、一九八三年、一一六―一八頁。) 私が意志したから、私が始めたものだから、行動は私の行動だ、という見方は、行動の最中を捉えていない。無論、遂行中に行動をコントロールすることと行動を始めることとには似通った面もあるのだけれども、それだけでは弱い。行動遂行が引き連れ行動を推進しもする感情や気分(内面)が重要なものなのであり、すると、この契機は既に挙げているわけである。ただし、ここで体という基礎の話はしていない。体についての考察は、『経験のエレメント』を参照。

第3章　註

1 自己について、幾つかの観点から、次の書で論じている。前掲『価値・意味・秩序』第1章(初出、松永澄夫編『私というものの成立』勁草書房、一九九四年)、第2章(初出、松永澄夫他編『哲学への誘いⅠ　哲学の立ち位置』)第2節(3)、第3章(初出、『哲学への誘いⅡ　哲学の振る舞い』)第1節、第7章、第8章(初出、東京大学公開講座『文化としての二〇世紀』東京大学出版会、一九九七年)、第9章第5節。特に感情ないし感情と自己との関係を取り上げているのは、第3章、第7章(第2節)、第9章。

2 前掲『言葉の力』第2章A節を参照。

3 人から体を見られることについては、前掲『経験のエレメント』第6章第5節、衣服については、『価値・意味・秩序』第4章を参照。

4 なぜ「顔」か。頭部には、眼、耳、鼻という知覚器官が位置していて、顔はその頭部の前面である。前面とは、体の移動が容易な方向であり、食物を食べる口がある方向である。そして、味覚器官も口に、従って頭部前面の顔(の内)に位置している。知覚器官のうち、特に眼は、外部の様子の探索のためによく動くものであり、その動きは、眼の持ち主の動静を示す。動静とは、人全体のそのときの有りようである。

顔は体に比べればそれほど物理的なものではない。顔は眼の表情、口の動き、皺をはじめとして、魂が肉を通じて自らを現すそうした微妙な属性すべてによって特徴づけられるのだ。(エルネスト・サバト『英雄たちと墓』安藤哲行訳、集英社、一九八三年(原著、一九六一年)。)

5 『言葉の力』第2章A節を参照。

6 『言葉の力』第2章A節2および3。

7 どのようにして或る事柄を「一つ」と認めるのか、というのは私にとって古くからの主題であった。それは「生命体」が一つのものでありながら外的環境なしでは存在しないこと、それから、群体をどう考えるべきかという問題があること、などから出発していた。「個体について」(哲学会編『哲学雑誌』第95巻第767号、有斐閣、一九七〇年)で、物理的個物をどう理解すべきかを論じて以来、たとえば企業が一つの企業として存立するとはどういうことか、その中での一つの部署の一つであるとはどういうことかなどまで、ずっと考えてきている。

第4章　註

1 何をもって行為(ないし行動)と考えるか、どういう行為と考えるか、行為概念の拡張はどこまで許されるか、などの行為規定の論理については、前掲『知覚する私・理解する私』第3章、第4章、前掲『音の経験』第5章を参照。或る注目に値する結果が生じるのに人が関与する/した場合、その関与が行為の概念でとらえられ、その結果の指示によって、どういう行為であるかが定まる、というのが、基本の論理である。

2 一般に音を聞くとはどういうことかについて、それから、音を出すとはどのようなことかを確認しつつ、音声といった音が言葉となるのはどのようにして可能なのか、を論じたものとして、前掲『音の経験』。

3　もちろん、言葉なしで成り立っている価値世界がある。空腹の人にとって食べ物が価値あることは、それを言葉で表現する、しないとは無関係である。けれども、一つには、価値とは誰か(ないし何か)にとっての価値であり、その誰(何)の側から言えば、緩い意味での評価によって出現するのであるし、二つには、安定した意味世界のうちに諸価値を秩序づけること、これは言葉なしではできない。

4　諸言語の文法の多様性があってもどの言語も主部—述部の構造をもつこと、そしてこのことは、言葉が音声として時間的なものであることとつながっていること、また、この構造と言葉が言葉について語り得るということが結びついていて、各語に豊かな意味と定義を逃れる開放性とを与えていることについて、更には形容語の特性などについても、前掲『言葉の力』第2章を参照。

5　ただし、固有名詞の場合も多くの場合、その名で呼ばれる個的なものがどのように分類されているかを示す語で補われる。たとえば「山田豆腐店」「青森銀行」。複合語の構造、固有名詞の一般化、一般名詞の固有名詞への転用なども含め、詳細は『言葉の力』第2章。

6　そういう語は消えてゆかざるを得ない運命にあるのか、差別語であると言われ続けることで細々と命脈を保ってゆくのか、分からない。文字として古典の中で使用されていることに最後の場所があるのか。その場合でも、一般向けの出版形態等で流通させられるとき、わざわざ言い換えられることさえある。

なお、ニュースキャスターの安藤優子さんは、主に差別語と見なされる懼れがあるゆえに放送禁止用語とされるものの一覧を掲載した冊子が年々分厚くなると嘆いておられた。

それから、極めて豊かで繊細な表現力をもつ方言の衰退という問題もある。地方放送局が方言によるニュースの時間を設けるとかの試みは夢想だろうか。

7　意味の概念と重要性の概念との結びつきについては、『音の経験』第3章。

8　語が意味をもつ仕方の詳細については、『言葉の力』第2章A節。

9　松村明監修『大辞泉』小学館の記述より、抜粋。

10　「裏日本」という言葉は、私(筆者)の世代では地理で習う用語であった。けれども、「裏日本」と呼ばれる地域の一部の人々の反発、侮蔑的表現だとする理由による反発、批判が生じ、一九六〇年代末から徐々に使われなくなった。

11　ジョーン・ロビンソン作、松野正子訳『思い出のマーニー』岩波書店、一九八〇年。以下、引用文での括弧内の数字は、引用頁。数字だけのものは上巻、「下」が付いているものは下巻からの引用。(二〇一六年の追記。この書を原作としたアニメ映画——ジブリ——が日本で制作され、二〇一四年に公開された。)

12 そこで、「共生」といった語を英語に翻訳するとき、人は、生物学の概念を表す"symbiosis"とは違った語をあてる。問題にしている語の方は、或る時期以降の（社会運動を含む）思想の分野には珍しく和製の語ゆえに、いろいろな英訳の試みがなされている。"coexistence"、"conviviality"、"co-operative living"など。紹介について、竹村牧男・松尾友矩編『共生のかたち』、誠信書房、二〇〇六年、五頁を参照。その他、同書を構成する諸論文の各所で、この語の起源、使われ方などが、検討、考察されている。ちなみに、ユネスコの二〇〇一年第31回総会では「文化の多様性に関する世界宣言」が採択されたが、その総会の基本テーマは、"vivre ensemble dans notre diversité"であった。「多様性」という語についても、本文ですぐに話題にする。

13 高橋若木「多様性は（なぜ）望ましいのか」二〇〇八年六月九日および一六日。

14 小田玲子『サウンド・バイト：思考と感性が止まるとき』東信堂、二〇〇三年。

15 本章執筆時ではこう言えたが、二〇一六年の時点では、「脱炭素社会」というスローガンが、「水素社会」という言葉とともに幅をきかせているようである。（二〇一六年に追加の註。）

第5章　註

1 ただ、独り言として呟《つぶや》いてすら、聞く人がいるかも知れない。その呟きから事件が展開するお伽《とぎ》話を扱った論稿として、前掲『言葉の力』第1章。言葉が対話者以外にも聞かれるということに関連した考察としては、同書第2章、一四一―一四三頁。

2 あのとき旅行に出かけなければ事故に合わずに済んだのに、という場合、旅行という行動自体が事故を生じさせたわけではない。また、あのとき脇見したばかりに事故を起こした、というように、一瞬の不注意が大きなことを惹きおこすことはあるが、不注意というのは行動そのものではない。むしろ行動の欠損である。それから、現代では、或るボタンを押した、そうしたら重大なことが生じてしまった、というようなことも起こり得るが、それは、人間に代わって何かをなすシステムを人々がつくりあげてきたからである。――このことに関しては、人工的なものが充ち満ちた環境世界で私たちが暮らすとはどういうことか、という主題の中で論ずべきである。Sumio MATSUNAGA,《Periphery and Individuals》, in *International Symposium on SYSTEM LIFE*, 1997. ――なお、言葉を言うことも元来は行動の一種であるということは忘れてはならないが、ここでは、敢えて言うことと行うことを対比させている。関連する論稿として、松永澄夫「言うことと行うこと」文部科学省科学研究費共同研究報告、東京大学文学部、一九九七年、一―二四頁。

3　言葉の意味に価値評価が入り込む様については、本書の第4章を参照。一般に意味の概念と価値（重要性）の概念との結びつきについては、前掲『音の経験』第3章を参照。また、「感受」については、前掲『価値・意味・秩序』の第3章、第7章で論じている。

4　有吉佐和子『紀ノ川』中央公論社、一九五九年、七一―七二頁。

5　『言葉の力』一〇頁以下。

6　『紀ノ川』九八―九九頁。

7　同書二三〇頁。

8　同書二二三頁。

9　同書二一一―二二二頁

10　同書二〇八―二一一頁。

11　コーネリアス『感情の科学―心理学は感情をどこまで理解できたか』齊藤勇訳、誠信書房、一九九九年（原書、一九九六年）一六頁。六〇―六二頁に詳しい記述。

12　同書二二頁。

13　コーネリアスは、「普遍的に認識されることが分かっている六つの感情（今ではそれに七番目の軽蔑を加えようとしている）」を基本感情だと考えるエクマン、「基本的感情は一〇種類あると主張」しているイザードや、「八つの一次的、つまり「原型」感情」を言うプラチック、それから、「一四の感情をあげ、それぞれに関連する認知の基底には［中略］五つの次元がある」とするローズマンの考え、二五個の感情について質問表を用意し八つの評価次元の存在を検討したスミスとエルザワースの研究等を紹介している（順に、同書五〇、五一と五八、一七五―一八〇、一八一頁）。また、基本的感情を「感情モード」と呼び、「複雑な感情は、少数の基本的感情モードに、「社会的で、自己のモデルに対する参照を含む命題的な評価」が加わったもの」とみなすオートリーとジョンソン＝レアードの説も紹介している（一六九頁）。

（本章第6章の註24も参照。この部分、二〇一六年に加筆。）

14　同書四二、一三三、二一六頁。なお、コーネリアスは、「構築主義的視点からすれば、感情の数には限りがない。すなわち、社会はその社会体系に応じた数の感情を作ったり、構築することができるということである」というエイヴェリルの言を引用しながら、幾人かの基本的感情論批判にも触れている（二一七頁）。実は、コーネリアス自身、社会的構築主義者として感情心理の社会化を対象としてきた由《よし》である。ただ、『感情の科学』執筆の過程で、その立場に固執するのは誤っていたことが分かった、と述べている（iii頁）。

15　「わくわく感」という語があるが、これは心の状態よりはむしろ対象の側を特徴づける語である。ちょうど広告で「お得感のある商品です」と言うときのように。

16 ここには、「人」を指すのに、なぜ「心」という語を用いるのか、という問題が隠れている。「心が広い」と言わずに「私(あるいは彼女)は広い」と言ったら何のことか分からない。そして「強い心」と言う代わりに「強い人」と言えば、その意味が同じである場合もないわけではないが、腕力が強いことを言ったり、行動や態度が強引な人間とかを意味したりし、「強い心」と言うのとは違った意味になろう。そこで次のように言える。心という語を用いるとは、人の或る側面が問題になっているのだということを明示するためであり、その明示が必要な場合は多いのだ、と。そうして、後で本文で、心のその時々の動きや状態を示す比喩表現を取り上げるが、人の性向を示す比喩表現の場合にも「心」という語の使用は不可欠である。たとえば「純金のような心」。

17 心が動いた結果として生じる「短い時間は続く有りよう」の方を特に「状態」として言い表してよいが、心が動くこと自体もそのときの心の状態とも言える。なお、動きであれ状態であれ、そのときどきの現実の心の有りようであるが、性向の方は「こういうときにはこのようなふうな態度を取る、こういう心持ち——心の状態——になる、という意味でのいわば潜在的な事柄である。(私たちが事象を「何かとその性質」という枠組みで捉える場合、性質はいつだって潜在的なものである。この論点については、『価値・意味・秩序』第6章、五四頁。そこで他の参照文献も挙げている。)

なお、言葉による表現はすべて、特定の状態等を表現するときにも類型化して捉える仕方以外ではあり得ない。そして、類型的な心の状態は複数の人々についても言えるのであるが、一人の人間において繰り返し類型的状態が現われるなら、それが、心の「性向」と呼ばれるものに具体的内容を供給する。

18 私たちが「感情的にならずに冷静に」という言い方をする場合は多いが、このとき「冷静な」心の状態は感情ではないことになっている。普通は、冷静ではない状態の方だけがどうにかしなければならない、目立ちかつ重要な状態だ、と考えられるということであろう。ただ、先のコーネリアスの紹介によれば、プラチックが挙げた八つの原型感情には「受容 acceptance」が含まれている。何かの事柄に対して「感情的にならずに冷静に」という心の状態は、この受容(事柄の受容)の一つの事例として考えることはできるのではないか。とすれば(受容というのを基本的感情に入れてよいのかはともかく——私は、詳しく検討したわけではなく印象として言うのでしかないが、心理学者たちがあれこれ提案する感情の分類とその基本的・派生的という性格づけは、彼等の関心のおきどころに対応したかなり恣意的なものではないかと危惧する——、これをも少なくとも感情の一つと考えるのなら)、激しさを感情の要件に入れる必要もないであろうし、また、どうしようもなく湧出してくるものだけに感情を限る必要もないであろう。意志と感情との対立(だから感情は受動的なものだと考える)、あるいは感情は盲目であるのが当然であるといった発想が出てくる理由は分かる。だが、意志と感情とが見分けつかないような場合(「逸《はや》る心」など)もあろうし、何かに盲目であるどころかそれについての判断や評価という契機ないし成分なしでは成立しない感情（「憤《いきどお》る心」など）もあるであろう。むしろ重要なのは、行動の直接的契機となりがちな種類の感情と「情感」的な感情との区別ではないのか。『価値・意味・秩序』第3章の註17を参照。また、感情と意志とを、主体や自由、欲望等の諸概念と一緒に論じたものとして、同書第7章第5節を参照。

「行動の契機となる感情」という発想は、人になぜ感情が生じるのか、感情の機能を探そうとする研究者たちの間ではかなり自然なものとなっている。本書の第6章第9節を参照。

それから、「情感」的な感情の方だが、ここから、人が普通は「持ちたくない感情」であるのに、そのような感情をわざわざ味わいたくて求める場合も説明できるのではないか。お化け屋敷、ホラー映画、スリラー小説などがあること、また、悲しくて泣いてしまうような話が好きだという人がいることなどを考えたい。ただし、これらの事例では、人の生活の流れからすれば一時的なものとして隔離されていて、結局は人は安全地帯にいること、また、お化け屋敷に行ったりするのにはイベント的な要素があって、その要素の楽しみが中心となっているなどのこともある。

19　以上はすべて、次の著作から。ただし、翻訳に多少、変更を加えたものもある（すべて原詩が記載されている）。金原礼子『フォーレの歌曲とフランス近代の詩人たち』藤原書店、二〇〇二年。①七六頁、②五七頁、③九三頁、④一一三頁、⑤二五七頁、⑥八一頁、⑦三四頁、⑧九四頁、⑨三一四頁、⑩九三頁、⑪三一一頁。

20　このことについて、アランの興味深い洞察がある。

人が、愛の中には意志がある、と言おうとすると、すべての人々が抵抗する。情念の宿命性という古くからの観念に従うからである。それには正しいところがある、愛するとか愛さないとかを人は選びはしないからだ。けれども、［中略］よい意志、真の意志というものは、選ばなかったことから出発し、そこに示されたものを発展させることである。愛を良き結末へと連れて行くのは各人次第なのである。

［中略］

確かにジュリエットは［ロミオを］愛することを選びはしない。けれども、彼女はこの自分の外からやってきた愛を捉え直し、その結果、その愛を我がものにする。彼女はまず、愛を請け合って誓う。そしてこのことが彼女を最高の感情にまで高める。

（ALAIN, 'Fidélité', *Propos I*, Gallimard, 1969, pp.672―673. 二〇一六年に追加の註。）

21　正確には、感情がため息等に「表出する」と言うべきかも知れないが、煩わしいという理由と、詩人は「ため息」等の語を使って感情を表現しようとしているのだから、本文のような言葉遣いをした。それから、心そのものが「胸」という体部分によって示される場合もある。そこで、「心が張り裂ける」代わりに「胸が張り裂ける」という表現もみられる。後出「ナイチンゲールとばら」からの引用を参照。なお、樋口一葉の作品は、この手の表現の宝庫である。紹介は割愛する。

22 前掲「時代を表現する言葉と社会の変化」(『言葉は社会を動かすか』一四頁)。なお、この論稿の一一―一四頁では、本章第2節(4)で扱った、感情を表す言葉の増殖と私たちの感情体験との関係についても考察している。

23 前掲『経験のエレメント』一五一―一五二頁。

24 ここで、心を描く言葉と感情を描く言葉とで重なる表現も沢山あり、かつ、同じ語が心について言われる場合と感情について言われる場合とで表現が指す事柄が違ってくる場合も少なくないことにも注意したい。「悲しみが和らぐ」と並んで「心が和らぐ」という表現も普通にある。しかし、二つの内容は違うし、それらの成分である「和らぐ」という語の意味内容まで違う。これはどうしてか。「和らぐ」という語が、一方では「悲しみ」のさまざまな有りようを言い表す言葉の群れの中で或る位置を占め、他方で「心」のさまざまな動き、状態を示す語群の中でまた或る位置を占める、この位置の取り方によって内容が変わってくるのである。たとえば、対立する相手の語として「激しさ、強さ」を予想させるのか(「悲しみ」の場合)、「固さ、厳しさ」を思わせるのか(「心」の場合)。同様に、「心がとける」と「怒りがとける」の場合、「心は凍る」かも知れないので「心がとける」では「凍って」いたものが溶けるというイメージが呼び起こされ、しかし「怒りが凍る」という比喩表現は普通ではないので同じイメージが喚起されることはなく、「怒りがとける」場合には「凝り固まって」いたものがほどけるというイメージになる。こういうイメージの配分が言葉にはあるということである。

25 第6章第9節(2)以下で論じる「感情の意味事象化」である。(二〇一六年に追加の註。)

26 想像するとはどのようなことかについて、イメージをもつということを中心に論じたものとして、『価値・意味・秩序』第6章、四六―五一頁。また、『音の経験』二五八―二六四頁も参照。

27 オスカー・ワイルド「ナイチンゲールとばら」『幸福な王子』守屋陽一訳、角川文庫、一九五六年、二七―二九頁。

28 もちろん、顔の表情などを見ればその人が悲しんでいることが(つまり単純で基本的な感情なら表情で)分かる、というようなことがいつでも可能であるわけではない。(だから、コーネリアスが紹介したような、顔の表情がどの感情に対応するかを調べるような研究仕方は、非常に狭い範囲の感情しか扱えない。)次のような会話はありふれている。

「それが悲しいの?」

「いささか怖いよ。」

「怖い？」

「そう。」（アルブーゾフ『私のかわいそうなマラート』泉三太郎訳、未来社、一九六六年（原著、一九六五年）、六五頁。）


他方、非常に複雑な感情なのに、言葉無しでも分かることがある。


「（小声で）ぼくは君に云いたいことがあるんだ……（ささやく）だけど、やめておくよ。」

「（ニッコリする。幸福そうに）いい人……私のかわいそうなマラート。」（同二八頁。）


このとき、マラートが言いたかった言葉が「愛している」という言葉であることをリカは分かっている。マラートの気持ちが分かった、分かっているということである。そして、言葉は要らなかった。

ところが、別のときには、分かっているのに、言葉に表してもらうことが必要だった。マラートが口にしないことで、二人の運命は二人のどちらもが望まない方向へと向かう。


「私を愛してる、マラート？」

「ぼくは君に云いたいことがあるんだ、だけど……（笑いだす）」

「あなたがそういうのは、つまり……私について確信があるのね、そうでしょう？」（八四頁）

実は私は、このアルブーゾフの戯曲を材料に、本文で記した課題を遂行しようとした。すなわち、普通の感情そのもの、感情の「想像」と「理解」と「共感」と、これら四者の位置関係を、それぞれにおける言葉の関与がどのようなものであるかを調べつつ確認するという課題である。他日を期したい。

29　「ナイチンゲールとばら」二八頁。

30　『言葉の力』第2章D節。

31　さまざまな事柄のさまざまな存在仕方を理解するためには、事柄の他の諸事象に対する作用の仕方と作用力の強さ、それからその作用の時間の流れにおける持続の有り方に着目しなければならないことを、私は、『価値・意味・秩序』第6章第3節で論じている。

32　「ナイチンゲールとばら」三九頁。

33　同、三二頁。

34　人におけるお喋りの重要性について、渡辺誠「言葉が人を動かすのか」前掲『言葉は社会を動かすか』所収。また、私はかつて、「理解し合っていることだけを内容とする理解」が初めて共通の意味世界を立ち上がらせるということを、「伝達が可能である次元、すなわち意味世界そのものをつくり出すものとしての記号の発生と言葉の成立」をコンディヤックの「行動の言語」という概念の中に探す過程で見いだした。参照、「コンディヤックの記号論」、松永澄夫『哲学史を読む　Ⅱ』東信堂、二〇〇八年（初出、『哲学雑誌』第106巻・第778号、東京大学文学部哲学研究室、一九九一年）、特に二二一―二八頁。

35　この動きと感情誘発との関係は、音楽（ときには水の流れや波音など）がさまざまな感情を掻き立てることにまでつながっていると思われる。

36　実は、私の哲学の営みの原点の一つは、人には「悲哀」の経験がある、ということなのであった。このことについて少し書いたことがある。松永澄夫「哲学の営みを振り返って」（西日本哲学会編『哲学の挑戦』春風社、二〇一二年、七九頁）。

第6章　註

1　ここでは、感情について言葉でかなりの程度は描写でき、それを読む人が理解できるということを前提している。この場合、言葉は日本語である。描写したのは、文章上は男の子の兄、ということになっているが、実際は、その兄の立場に身をおいてみた筆者たる私である。そして「描写」と言いつつ、実は私は一つの場面を想像している。しかるに、その想像と言葉による描写とはほとんど一体になっている。（映像を想い浮かべる部分は別である。）それから、感情についての考察も言葉に頼る。本章では、感情と言葉との関係も主題の一つになっている。

2　本人が気づかない感情を言うことがある。たとえば、人に指摘されて、そう言えば自分は＊＊さんに恋愛感情をもっていたのか、と気づく、というような場合。或る感情に「気づく」という表現をする場合にはどういうことが生じているのかについては、第7節、特に（3）以下で考察する。

3　選択とはどのような事態か、また、選択の概念と不可分と思われる自由の概念についてどのように考えるべきなのかについては、次のものを参照。前掲『価値・意味・秩序』第7章第5節。本書では第2章第2節（2）と（4）で触れている。

4　ディラン・エヴァンズ『感情』遠藤利彦訳、岩波書店、二〇〇五年（原著、二〇〇一年）、三二頁。

5　ヤン・エルスター『合理性を圧倒する感情』染谷昌義訳、勁草書房、二〇〇八年（原著 *STRONG FEELINGS: Emotion, Addiction, and Human Behavior*, 1999）、三九—四〇頁。

6　感情と利他的であることとの関係という主題が基調となっているものとして、R・H・フランク『オデッセウスの鎖　適応プログラムとしての感情』山岸俊男監訳、サイエンス社、一九九五年（原著 *Passions within Reason —— The Strange Role of the Emotions* —— 1988）。また、戸田正直『感情』東京大学出版会、一九九二年、4章4・1など。

7　エルスター、前掲書五六頁。なお、翻訳者は「進化学的」という語を採用している。

8　人の眼を見るのではなく、「視線の先を見る」というのは、人間の知覚が想像の契機を含むということを示す好例である。指ではなく人が指差す先を見るのも同じである。
　庭にやってくる猫が、物音を立てた私の方を見、猫を見ている私の眼を見る。私の腕などではなく、眼を見る。眼を逸《そ》らすと安心したかの如く、また行動を開始するから、そのことに間違いないと思う。だから、眼だけを見ているのではなく、眼が自分を見ていると見るのであろう。けれども、私が猫とは違う方を見るとき、その私の視線の先にあるものを見ようとはしない。猫自身と直接に関係ある私の行動や態度の現実だけが問題である。（これは、犬が匂いを追跡するときには匂いの現実に対処し、匂いの出所である兎を対象とするのは兎の姿を認めたときだ、という、本書第3章の箇所とも呼応する事柄である。）

　しかし、少年は弟と犬との関係が気になる。犬という第三者が弟を通して登場するのである。ここから、意味・意味するものとの関係までは僅かの距離である。

9　本書第3章の註4を参照。

10　声の表情については、若干のことを、本書第5章第1節(2)で述べた。そこでは、声という音を出す側に焦点を置いているが、更には、音を聞く側に焦点を置いて、「知覚的質の質」、すなわち異なる種類の知覚がもたらす質の経験を貫くたぐいの質の感受、たとえば「輝き」「くすみ」「滑らか」などの質の感受、という大枠の中でも考えねばならない。

11　最も有名な調査は、エクマンによるものだろう。前掲『表情分析入門』。ただし、エクマンらは、アメリカ、日本、チリ、アルゼンチン、ブラジルの観察者たちには「異なる感情表出の写真」を見せ、それぞれの写真ごとに「六つの主要な感情語」からひとつを選ぶように促したのだが、ニューギニア南西部の高地では「実験手順の一部を修正した。」

　　他の国でおこなった実験では、観察者たちにある種の感情が表出されている写真を提示し、用語リストからひとつの感情語を選択させるやり方がとられた。ニューギニアでは、観察者に三枚の写真を一度に見せ、通訳に「これはある人の母親が死んだときに撮ったものだ」というように、感情を指示する物語を写真と一緒に読んでもらったのである。そして、その物語に適合すると思われる写真を選ばせたのである。(同書三六―三八頁。)

なぜ実験手順を変えたのかの理由(極めて尤もな理由)についての説明は省くが、私は、エクマンらが見落としている重要なことを一つ指摘したい。それは、感情語の提示と物語の提示とでは根本的に違うということである。(両者の違いをみるためにエクマンらが二つの違った遣り方をしたのなら、それは高く評価すべきであるが、残念ながら、そうではない。)物語を聞かせるとは、或る感情が生じたときの状況をも教えるということであり、このことは感情語の提示だけではできない。他の人の感情を理解するに当たっては状況の理解という要素が重要であることを、私は本章で示してゆく。

12 表出と表現との違いについては、本書第5章第2節(1)。なお、わざわざ或る表情をつくる、コントロールするのは、必ずしも、真の感情を隠すとか、感じてもいない感情をもっているかの如く偽《いつわ》るとかのことを目的とするわけではない。このような目的を言うと、自分のために表情をつくるように聞こえるが、劣らずに多いのは、或る人のために、その人を或る方向へと導こうと働きかける一つの有効な手立てとして或る表情を選んで見せるということもするのである。笑顔や称賛の表情で人に向かうような場合を想い浮かべればいい。

13 表情を、人の性格を表すものという観点から論じたものとして、ディドロ『絵画論』第四章(『絵画について』佐々木健一訳、岩波文庫、二〇〇五年、に所収、原著の執筆年等については、訳者の解説を参照。)また、本書の第5章第2節(3)では、人、心、感情との三つの概念間の関係を考察する中で、心の概念にも、性向を言う場合と、そのときどきの動きを言う場合とがあることを指摘している。特に第5章の註17を参照。

14 想像内容が意味次元の事柄であるということについては、前掲『音の経験』第8章2を参照。本書の第1章、第2章にも関連する考察がある。

15 前掲『経験のエレメント』。以下に述べることは、この書の特に第1章で論じていることの一部である。ただし、「心」の概念に関する考察は、同書のあちこちにわたっている。

16 『経験のエレメント』では、この一致を、知覚の空間規定によるものとして説明している。

17 「物象」と言うのは、林檎や地面のような物体の色、あるいは透き通った液体の色のようなものだけでなく、空や虹の色などの場合を含めるからである。

18　同じ一輪の花の色を二度、三度と見る場合（もちろん花が萎れてゆくとか変化しているのではないとき）、光の加減等で色が違って見えても、私たちは同じ色と見てしまうことが多い。「色の恒常性」と言われるものについての心理学的実験のたぐいはさまざまな本で沢山、紹介されている。色の違いに気づくのは、花を写生するときなどである。陰をきちんと描くというのは絵を描くときの基本だからである。本章5節（2）での、同じさの要求水準に関する考察を参照。

19　知覚内容は見ている人の心の内容だとする考えは、哲学や心理学、脳科学などで根強い。知覚世界と物的世界との関係についての周到な考察を、私は『経験のエレメント』の全体で行っている。

20　目覚めと眠りについても、『経験のエレメント』第4章第2節（3）、第5章第2節（6）を参照。

21　普通は「感覚」の概念で括られて、である。このことの是非についても、『経験のエレメント』全体を参照。

22　ラザルスという研究者の考えを、コーネリアスが紹介している。前掲『感情の科学』二五〇頁。なお、常識的に考えて、愛というものは感情に加えて意志というものをも成分としているのではないだろうか。この点に関して、本書第5章の註20を参照。

23　エルスター、前掲書、二九―三〇頁。エルスターは更に、「美的感情」というものも、実際には芸術作品を知的評価しているに過ぎないと考える人もいるかもしれない」と述べている。私自身は、後で、感情と判断との関係について考察してゆくことになる。なお、「美」を「芸術」と結びつけて考えるという学問の悪しき伝統は捨て去る必要がある。人々が美しさで、まず考えるのは、花の美しさ、空の美しさ、風景の美しさ等ではないだろうか。

24　エクマンは前掲書で六つの感情を主題にしているが、それらは「過去三〇年間、顔の表情と連合した感情語の語彙を決定しようと努めてきた研究者たちが見出した感情である」と述べている（三一頁）。六つとは、幸福、悲しみ、驚き、恐怖、怒り、嫌悪である。そして、まだはっきりと確認されたわけではない感情の例として、恥ずかしさと興奮を挙げている。（コーネリアスの紹介では、どういうわけか、七番目としては「軽蔑」を考えていると、ある。）ここでは「顔の表情と連合した」という限定を入れているが、その限定は基本的感情が何であるかに関する彼らの考えに影響を与えていないと思われる。なお、感情の種類は当然に感情語によって言い表せるということが前提されていることに注意したい。私は、言葉による感情の理解の重要性を第8節で述べることになる。

沢山の研究者たちの考えを紹介しているコーネリアスによれば、プラチックは、恐怖、怒り、喜び、悲しみ、受容、嫌悪、期待、驚きの八つを基本感情とし（コーネリアス前掲書五八頁）、シェイヴァーは六つ、ただし、エクマンと違って、愛、喜び、驚き、怒り、悲しみ、恐れを挙げている（同書六一頁）。なお、イザードが提出する基本感情のリストは十個だそうだが（興味・興奮、喜び、驚き、苦悩・不安、怒り、嫌悪、系別、恐れ、恥、罪悪感）、軽蔑という感情を巡る、イザード陣営とエクマン陣営との論争の紹介などを読むと、些か滑稽である（同書二四四頁、六五―六七頁）。ただ、さまざまな研究方法の価値について考えるよう仕向ける点には意義もあるだろう。

本書第5章の註13も参照。

25 「基本的感情」という概念の含みについて、コーネリアスは次のように述べている。

「基本的」という用語には、実際に二つの意味があります。ひとつは、これら「基本的」感情が、私たちの生存に必要であったために、進化によって私たちに残されてきた、世界に対する反応パターンを代表するものであるということ（これについては、恐れの重要性を考えてみましょう）。もうひとつは、私たちが体験しうる、または表現しうる他のすべての感情は、これら少数の単純な感情々る何らかのかたちで派生したものであるということです。（『感情の科学』五〇頁。）

この説明にみえる「何らかの」という言葉は、主張がもつ曖昧さを示しているように私には思える。

26 コーネリアス、同書五七頁。なお、エクマンは、註24で紹介した六つの基本感情の混合を追求し、三三種類の感情については、それらがどのように顔に表されるのかを提示できるとしている。エクマン、前掲書三一頁および各箇所。

27 遠藤利彦『喜怒哀楽の起源』岩波書店、一九九六年、四八―四九頁。私はプラチックの著書を手に入れることはできなかった。

28 さまざまな質とそれらの間にみられる秩序をどう理解するかということを、それらを生み出すための操作とを関連づけて考察することの重要性を、私はさまざまなところで語っているが、最初の本格的考察は次の著作でなしている。『食を料理する―哲学的考察―』第5章～第7章、東信堂、二〇〇三年。そして、科学においてではなく哲学でよく言われる「還元」という概念が漠然とした意味内容しかもたないことに甘んじないためには、この関連によって内容を供給され、限定されるべきだと考えている。また、近著では『経験のエレメント』第1章第1節（3）（5）。

なお、「原色」という概念は、赤や青のように目立つ色だと、私たちは普通は考えるが、混合することで他のさまざまな色を生み出すものの組は、技術的には沢山あり、それを専門家は「原刺激」と呼ぶ。それから、「混合」ないし「複合」を言うと、その要素については「単純」「単一」という語を想い浮かべるが、色に関して「純色」と言うと、それは「原色」とは異なるものである。「純色」というものは赤や青などに色を限定するのではなく、すべての色相において彩度が最も高い色のことである。そして、純色の概念は、それに白だけを加えた明清色や、黒だけを加えた暗清色、グレーすなわち白と黒とを加えた中間色から区別されるべきものである。それから、純色を互いに類似したものを次々に並べると色相環ができるが、この色相環を眺めれば、紫は赤と青との間、どちらからも等距離の間に位置するのと同じように、今度は、紫と青との間に青紫を見いだすことができる。そして赤と青の絵の具から紫色をパレットに出現させた後に、あるいは紫色の絵の具があったとしてその絵の具をパレットに絞り出したものの色に、青い絵の具を少し混ぜると青紫ができるが、このような事情を考えると、原色の概念は純色の概念を前提していると思われる。

29　もちろん光に触れることはできない。触覚は、知覚というものが一般に体を尺度にしていることを反映し、体と張り合うようなものの発見のためのものであるからである。このことや、何かを見させてくれる光と見えるものとしての光線（実態は光を反射する埃のようなものの集合の見え）との関係、光源の見え、眩しい光などの有りよう等も含め、知覚的質と知覚対象と理解されるものとの区別、関係については、特に『経験のエレメント』全般を参照。知覚対象は、知覚的質を通して捉えられ、それらの「質を性質としてもつもの」と理解される。また、物象のさまざまな性質と知覚的質との「質」としての共通点、違う点についても同書の考察を参照。

30　音の分類仕方のさまざまは興味深い話題だが、ここでは主題から外れるので割愛する。しかし、音の表情は、感情の喚起力の点で、検討に値する。音楽がなぜ、聞く人にあれこれの感情を生まれさせるのか、その感情の有りようは、日常生活で私たちが覚える感情とどのように違うか、ということの考察は今後の課題である。若干の関係のことを次のもので述べた。『音の経験』四八—五一頁、二九五—三〇二頁、三八三—八六頁。

31　要求水準のさまざまについては、『経験のエレメント』第1章第3節（1）を参照。

32　この点は私の古くからの関心事で、『知覚する私・理解する私』から近著の『経験のエレメント』に至るまで、折に触れて取り上げた話題である。

33　想像する人にとって何が重要かによる。そもそも人が、或る与えられたものを契機に、それよりは重要なものに気づくときに、前者が意味の担い手ないし意味を指し示すもの、重要なものが意味内容、という構造が生まれる。そこで、何かが多面的なものであればあるほど他の多くの事柄との関係があるということであり、従って、その何かは、この諸々の関係を利用してさまざまな意味内容をもとうとすることになる。

34　体の外の物的事柄は体ではないが、それらから成る物的環境は体が存在するのに不可欠である。そこで、或る人の特定は体の特定としてなされるのだが、人の存在は体に限定された内容しかもたないのではない。人が有るということは体の外の事柄まで取り込んでいて、その取り込みの一つの形が知覚であり、その内容は体に限定された体の感覚とは性格を異にする。そして、知覚や感覚を言うとき、物的資格での人とは違う、知覚する者、感覚する者としての「私」という存在を言うことになる。しかるに、諸々の知覚内容や感覚内容との関係において内容を得る私が、それらの関係内容を離れてなおそのときどきの己の存在を満たすものとして純粋な質の経験をもつとき、それが感情である。私と体と体の外の物象との関係については、『経験のエレメント』を参照。また、知覚する私と知覚されることどもとの非対称性、知覚内容が私のその都度の内容の一部となる次第については、特に前掲『価値・意味・秩序』第

7章第4節を参照。

35 この例はエクマンの著作から採った。本書「まえがき」の註1での引用文を参照。なお、エクマンは臭い等に対する嫌悪感も挙げているが、臭いなら居合わせた人の誰もが嗅ぐという状況になるので、本文の例とは様子が少し違ってくる。

36 どういう段階か。まず、自分の感情経験を種別化して理解することができていなければならない。それから、特定（種）の感情を想像してみることができる段階。想像は、内語と同じく一種の疑似運動を必要とするが、感情の想像の場合、その運動は現実的で、（特に目、次に口ないし唇、舌の運動による）顔の表情の生成や、呼吸、心臓の鼓動への影響として現われる。（内語については、第1章第4節（2）の註21を参照。）その生成や影響は軽微なものであるにしても、である。そうして、それらの体の変様は感覚として気づくことも屡々なのだが、すると、或る感情の想像を転じて顔に関わる積極的な運動、まさに表情をつくることへと進むことができる。体の或る動かし方を学ぶときに体の或る感覚を頼りにするというのは一般的なことであるから。

37 これは、コーネリアスが多くの研究者たちの立場を大きく四つに色分けしたことを参考にしてなす説明である。四つとは、ダーウィン説（進化説）、ジェームズ説（自律神経の特異説）、認知説（認知プロセス必要説）、社会的構築主義説（感情は文化相対的で社会的機能をもつという説）である。私はそのうち、社会的構築主義の立場から説明されるだろうことについては省いた。男の子の状況の場合にこの立場を取るのには無理があると考えるからである。もちろん、「大きな犬というものを見たら怖がるのが当然である」ような文化の中で男の子が育った、というような説明を試みてもいいかも知れないが、すると、犬を連れた少女についてはどう言うべきか。環境が違って別の文化で育ったとでも言うことになるのか。

ところで、社会を持ち出せば、道徳（的）感情や、利他的感情とかを言い出す人々がいるわけだが、同じような観点は進化論的な感情の説明でも出てくる。ただ、人間関係や社会の維持というものを視野に収めるべきというのは重要な論点であるのは確かだが、私は、感情の「機能」を探すのが当然だという考えを捨てられずにいてそういう論点を扱う態度に対しては懸念を覚える。

38 「潜在的兆候」というのは、第1節（2）で引用した文（註4を付した文）に見える。直ぐその後の引用文は、エルスターがルドゥーの文章そのものを紹介しているものだが（だから私は孫引きしている）、そこでは「潜在的に危険な出来事」という言葉が用いられている。しかるに、以下の本文で示すように、危険とは潜在的であることを含意している概念なのであり、「潜在的」という語は念を押すためだけのものであることに注意すべきである。

39 何かの「性質」というものは関係的なもので、何かとの関係が生じて初めて出現する事柄であり、従って可能的なものなのである。このことを、私は『知覚する私・理解する私』という著作のときから度々論じてきている。近著では特に『経験のエレメント』第1章第1節（4）～（7）を参照。

40　人が、生きている体として物的環境を生きるだけでなく、意味世界を生きるということは、私はさまざまな著作で述べてきた。特に『価値・意味・秩序』第3章、第4章、第5章（初出、東京大学人文社会系研究科哲学研究室編『論集』18、二〇〇〇年）、第7章を参照。本書の第3章も参照。

41　このリストは幾つかの著作から、比較的に多く論じられているものからピックアップしたものである。更に挙げてゆくことができるが、限《き》りがない。

42　意味と価値との重なりについても、私はさまざまな著作で繰り返し述べてきた。本書では第4章が、意味をもつものの代表としての言葉に限定して、扱っている。最も詳しくは、『音の経験』を参照。

43　エルスター、前掲書三八頁。

44　同書三九頁。なお、この文意を理解するには、「視床経路は……目の前で起こっていることを扁桃体に正確に伝えることはできないが、目の前に何らかの危険があるという信号を素速く生み出すことができる」ということを押さえておく必要がある。ルドゥーの業績を紹介している著作は沢山あるが、コーネリアスが「感情の神経生理学」の基本知識の一つとして紹介しているものが、多くの図も含めて、とても詳しい（前掲書二七八―二八四頁）。

また、ルドゥーが見いだした扁桃体の機能に基づいて、ＰＴＳＤ（心的外傷ストレス障害）に対する認知療法が開発されているそうである。つまり、①扁桃体は情動（感情）反応を引き起こすが、②扁桃体の作動は大脳皮質からのインプットによって抑制することができるのなら、その作動をコントロールできるだろう、という発想である。

> 患者に扁桃核の機能の仕方についての知識を与え、自身の恐怖反応を客観視させるのである。このようにして、不安のもとで認知や記憶がゆがめられていることを理解し、トラウマとなった記憶を消せないにしても見方が変わることを体験させるという。このような治療に対して、患者は、自身の不安の障害について、理解が深まり、それが安心をもたらしたし、治療の効果が具体的な脳機能の変化として自覚できた。（小川豊昭「不安の生物学（田島論文）に対する精神病理学、精神分析学的観点からのコメント」、前掲『精神医学対話』七三二頁。）

この認知療法は、「感情を理性でおさえる」という昔からのやり方をシステマティックに行うことだと、小川氏は言っている。

45　「感覚信号」というものは「刺激」の概念で押さえるべきではないのだろうか。生理学において、感覚の概念と刺激の概念とがセットになっていること等については、『経験のエレメント』第2章第1節および第3章第3節を参照。

46 脳の機能に関して、情報の概念を多用した説明や擬人的理解が入り込むこと等については、『経験のエレメント』第2章第2節、第3節を参照。

47 因みに、分類は理解の事柄だと決めつけてはいけない。何かを或る仕方で分類することは、そのように分類した相手に関わってどのような行動をするのか、できるのか、ということと連動している。分類の粗密は行動のレパートリーの多様さと相関している。理解そのことも、行動の可能性と結びつくことで生きたものになる。

48 これらの事柄については、前掲『言葉の力』を参照。語のレベルだけで考え、更に、文のレベルで考えねばならない。動物の言語についての研究は盛んだが、人間の言語の決定的な特徴は、言葉で言葉について語れるということである。

49 もっと強く、お喋りに空疎なものなどない、と考える人もいるだろう。第5章の註32を参照。(ただ、会議の場面などで空疎な口上を述べる人はいる。これは日常的なお喋りとは違うけれども。或る明確な目的をもって発言すべきなのに、その目的に届かないゆえに空疎と判断される。)

50 ジェームズと並んで古典的なものだが、マクドゥーガルは、直接に読んでいなくて幾つかの文献から知ったことでしかないが、本能心理学を提唱し、本能を機能的観点から上位一四種(一二、一三、一六と記した文献もある)の上位本能に分類し、それを動物の心に生じる情緒的な興奮と関連づけたとのことだ。そのうち、はっきりした情動を伴うのは七種だと言う。東洋大他編『心理学の基礎知識』有斐閣、一九七〇年(七八頁)、その他の文献。なお、ケンリックによれば、「マクドゥーガルの本能についての見方は、現在の情動という概念により似ている」とある。ただ、本能の定義に相当することを述べているマクドゥーガルの文章の引用を読むと、或る部類の対象を知覚するとその対象の特定の性質に対して「情動的な興奮をもつこと」と「特定の遣り方で行動すること(少なくとも行動の衝動を経験すること)」とはセットだと考えられていると思われ、何より重要なのは、この情動や行動の生成は遺伝的に受け継いで生まれつきのこととして決定されていて選択の余地がないことだと考えられていることである。ケンリック「愛についてのダイナミックな「進化論的見方」、スタンバーグヴァイス編『愛の心理学』和田実・増田匡裕訳、北大路書房、二〇〇九年(原著、二〇〇六年)、一七頁。

コーネリアスは、プラチックの学説に関する考察の中で、プラチックが提唱した、あらゆる生物に見いだせる八つの基本の「原型的行動パターン」を紹介している。

また、アージ理論で有名な戸田正直の理論は、感情が「外部状況に応じて適応的な行動を選択し実行する」(前掲『感情』二五頁)ことを促すというもので、行動に感情理解の鍵を求めていることは明白である。

一般に、感情の機能を探すという研究の方向では、自ずと行動をクローズアップすることになる。しかし私は、機能を気に懸け過ぎることは、私たちの生活における感情の位置というものを見失わせると考えている。

51　これはマクドゥーガルの本能論での考えから取ったものである。

あとがき

まえがきで述べたように、本書の骨格をなす第1、第2、第6章は、ここ半年の間に、一体感をもたせて書いたものであるが、それらのうちの二つの論稿は、本書に若干先行して発表された、もしくは発表されることになっている。そこで、第3、第4、第5章とともに、それぞれの初出を以下に掲げる。本書に収録するにあたって幾らかの推敲を加えているものもある。

第1章　『立正大学文学部研究紀要』第三十二号、立正大学文学部、二〇一六年
第2章　『立正大学人文学研究所年報』第五十三号、立正大学人文学研究所、二〇一六年刊行予定（二〇一五年一一月入稿、二〇一六年四月時点で未発行）
第3章　原題「意味世界を生きる」、立正大学文学部哲学研究科編『哲学　はじめの一歩』第2分冊『〈私〉であること』春風社、二〇一五年
第4章　原題「意味世界は価値世界である」、松永澄夫編『言葉の働く場所』東信堂、二〇〇八年
第5章　松永澄夫編『言葉の歓び・哀しみ』東信堂、二〇一一年
第6章　未公刊

まえがきで述べたように、本書の第1章となる論稿を書いたことが、この本の成立につながった。その論稿執筆の切っ掛けをいただいたのは、京都の桂病院の村上晶郎医師からである。お礼を申し上げる。それから、出版社に入稿する前に、渡辺誠（渡辺由文）、大西克智、伊東俊彦の三氏に草稿を読んでいただきコメントを頂戴した。お陰で、よりよい文章に手直しすることができた。感謝申し上げる。

なお、次の仕事だが、前著『経験のエレメント――体の感覚と物象の知覚・質と空間規定――』の「はしがきに代えて」で記した積年の宿題、『方法という問題群』を恐らく簡略版として仕上げることと、古くからの構想だが未だ冒頭部分を少ししか書いていない『想像のさまざま』の執筆とを、平行してやってゆきたい。

著者紹介

松永澄夫（まつなが　すみお）立正大学教授、東京大学名誉教授

1947年生まれ。東京大学大学院人文科学研究科中退。
人が関わるあらゆる事柄の基本的筋道について、言葉による地図を作成することを目指す。そのために、自然の一員としての生命体、動物である人間における自己性の問題をはじめ、知覚世界、意味の世界、社会の諸秩序などがどのようにして成立し、互いにどのような関係にあるのか、その順序に注意を払って考察している。伝統的哲学が育んできた諸概念や言葉から自由になって、日常の言葉で一つ一つの語にあらためて適切な内容を盛り込みながら叙述してゆくことを心がけている。食に関する文章が高校の教科書『国語総合』に掲載。

[単著]
『経験のエレメント―体の感覚と物象の知覚・質と空間規定―』東信堂　2015年
『価値・意味・秩序―もう一つの哲学概論：哲学が考えるべきこと―』東信堂　2014年
『風の想い―奈津―』春風社　2013年
『哲学史を読む Ⅰ』東信堂　2008年
『哲学史を読む Ⅱ』東信堂　2008年
『音の経験―言葉はどのようにして可能となるのか』東信堂　2006年
『言葉の力』東信堂　2005年
『食を料理する―哲学的考察―』東信堂　2003年
『知覚する私・理解する私』勁草書房　1993年

[編著]
『言葉の歓び・哀しみ』東信堂　2011年
『哲学への誘い　Ⅰ　哲学の立ち位置』東信堂　2010年
『哲学への誘い　Ⅱ　哲学の振る舞い』東信堂　2010年
『哲学への誘い　Ⅲ　社会の中の哲学』東信堂　2010年
『哲学への誘い　Ⅳ　世界経験の枠組み』東信堂　2010年
『哲学への誘い　Ⅴ　自己』東信堂　2010年
『言葉は社会を動かすか』東信堂　2010年
『言葉の働く場所』東信堂　2008年
『哲学の歴史』全12巻、別冊1巻　中央公論新社　2007～2008年　編集委員
　第6巻（19世紀英仏）責任編集　2007年　別冊「インタビュー」　2008年　（編集委員として、
　第62回毎日出版文化賞特別賞受賞）
『環境―文化と政策』東信堂　2008年
『環境―設計の思想』東信堂　2007年
『環境―安全という価値は…』東信堂　2005年
『フランス哲学・思想事典』弘文堂　1999年
『私というものの成立』勁草書房　1994年

[共著]
『哲学　はじめの一歩』春風社　2015年
『文化としての二〇世紀』東京大学出版会　1997年
『死』岩波書店　1991年
『テキストブック西洋哲学史』有斐閣　1984年
『行為の構造』勁草書房　1983年

感情と意味世界

2016年7月15日　　初　版第1刷発行　　〔検印省略〕

定価はカバーに表示してあります。

著者©松永澄夫／発行者 下田勝司　　印刷・製本／中央精版印刷

東京都文京区向丘1-20-6　郵便振替00110-6-37828
〒113-0023　TEL (03) 3818-5521　FAX (03) 3818-5514

発行所
株式会社 東信堂

Published by TOSHINDO PUBLISHING CO., LTD.
1-20-6, Mukougaoka, Bunkyo-ku, Tokyo, 113-0023, Japan
E-mail : tk203444@fsinet.or.jp　http://www.toshindo-pub.com

ISBN978-4-7989-1370-4　C3010

東信堂

オックスフォード キリスト教美術・建築事典	P&L・マレー著 中森義宗監訳	三〇〇〇〇円
イタリア・ルネサンス事典	J・R・ヘイル編 中森義宗監訳	七八〇〇〇円
美術史の辞典	P・デューロ他 中森義宗・清水忠訳	三六〇〇〇円
書に想い 時代を読む	河田悌一	一八〇〇〇円
日本人画工 牧野義雄―平治ロンドン日記	ますこひろしげ	五四〇〇〇円

〔芸術学叢書〕

芸術理論の現在―モダニズムから	藤枝晃雄 谷川渥 編著	三八〇〇円
絵画論を超えて	尾崎信一郎	四六〇〇円

美を究め美に遊ぶ―芸術と社会のあわい	江藤光紀 荻野厚志 田中佳 編著	二八〇〇円
バロックの魅力	小穴晶子編	二六〇〇円
新版 ジャクソン・ポロック	藤枝晃雄	二六〇〇円
美学と現代美術の距離―アメリカにおけるその乖離と接近をめぐって	金悠美	三八〇〇円
ロジャー・フライの批評理論―知性と感受性の間で	要真理子	四二〇〇円
レオノール・フィニ―境界を侵犯する新しい種	尾形希和子	二八〇〇円
いま蘇るブリア＝サヴァランの美味学	川端晶子	三八〇〇円

〔世界美術双書〕

バルビゾン派	井出洋一郎	二〇〇〇円
キリスト教シンボル図典	中森義宗	二三〇〇円
パルテノンとギリシア陶器	関隆志	二三〇〇円
中国の版画―唐代から清代まで	小林宏光	二三〇〇円
象徴主義―モダニズムへの警鐘	中村隆夫	二三〇〇円
中国の仏教美術―後漢代から元代まで	久野美樹	二三〇〇円
セザンヌとその時代	浅野春男	二三〇〇円
日本の南画	武田光一	二三〇〇円
画家とふるさと	小林忠	二三〇〇円
ドイツの国民記念碑―一八一三―一九一三年	大原まゆみ	二三〇〇円
日本・アジア美術探索	永井信一	二三〇〇円
インド、チョーラ朝の美術	袋井由布子	二三〇〇円
古代ギリシアのブロンズ彫刻	羽田康一	二三〇〇円

〒113-0023 東京都文京区向丘 1-20-6 TEL 03-3818-5521 FAX03-3818-5514 振替 00110-6-37828
Email tk203444@fsinet.or.jp URL:http://www.toshindo-pub.com/

※定価：表示価格（本体）＋税

東信堂

溝上慎一監修　アクティブラーニング・シリーズ（全7巻）

①アクティブラーニングの技法・授業デザイン	安永悟・関田一彦・水野正朗 編	一六〇〇円
②アクティブラーニングとしてのPBLと探究的な学習	溝上慎一・成田秀夫 編	一八〇〇円
③アクティブラーニングの評価	松下佳代・石井英真 編	一六〇〇円
④高等学校におけるアクティブラーニング：理論編	溝上慎一 編	一六〇〇円
⑤高等学校におけるアクティブラーニング：事例編	溝上慎一 編	二〇〇〇円
⑥アクティブラーニングをどう始めるか	成田秀夫	一六〇〇円
⑦失敗事例から学ぶ大学でのアクティブラーニング	亀倉正彦	一六〇〇円

アクティブラーニングと教授学習パラダイムの転換	溝上慎一	二四〇〇円
大学生の学習ダイナミクス—授業内外のラーニング・ブリッジング	河井亨	四五〇〇円
「学び」の質を保証するアクティブラーニング—3年間の全国大学調査から	河合塾編著	二〇〇〇円
「深い学び」につながるアクティブラーニング—全国大学の学科調査報告とカリキュラム設計の課題	河合塾編著	二八〇〇円
アクティブラーニングでなぜ学生が成長するのか—経済系・工学系の全国大学調査からみえてきたこと	河合塾編著	二八〇〇円
初年次教育でなぜ学生が成長するのか—全国大学調査からみえてきたこと	河合塾編著	二八〇〇円
主体的学び　創刊号	主体的学び研究所編	一八〇〇円
主体的学び　2号	主体的学び研究所編	一六〇〇円
主体的学び　3号	主体的学び研究所編	一六〇〇円
主体的学び　4号	主体的学び研究所編	二〇〇〇円
「主体的学び」につなげる評価と学習方法—カナダで実践されるICEモデル	S・ヤング&R・ウィルソン著 土持ゲーリー法一監訳	一〇〇〇円
ポートフォリオが日本の大学を変える—ティーチング/ラーニング/アカデミック・ポートフォリオの活用	土持ゲーリー法一	二五〇〇円
ティーチング・ポートフォリオ—授業改善の秘訣	土持ゲーリー法一	二〇〇〇円
ラーニング・ポートフォリオ—学習改善の秘訣	土持ゲーリー法一	二五〇〇円

〒113-0023　東京都文京区向丘 1-20-6　TEL 03-3818-5521　FAX03-3818-5514　振替 00110-6-37828
Email tk203444@fsinet.or.jp　URL:http://www.toshindo-pub.com/

※定価：表示価格（本体）＋税

東信堂

未曾有の国難に教育は応えられるか—「じひょう」と教育研究六〇年　新堀通也　三二〇〇円

新堀通也、その仕事　新堀通也先生追悼集刊行委員会編　三六〇〇円

ポストドクター—若手研究者養成の現状と課題　北野秋男　三六〇〇円

日本のティーチング・アシスタント制度—大学教育の改善と人的資源の活用　北野秋男編著　二八〇〇円

「再」取得学歴を問う—専門職大学院の教育と学習　吉田文編著　二八〇〇円

航行を始めた専門職大学院　吉田文・橋本鉱市　二六〇〇円

学級規模と指導方法の社会学—実態と教育効果　山崎博敏　二二〇〇円

夢追い形進路形成の功罪—高校改革の社会学　荒川葉　二八〇〇円

進路形成に対する「在り方生き方指導」の功罪—高校進路指導の社会学　望月由起　三六〇〇円

教育から職業へのトランジション—若者の就労と進路職業選択の社会学　山内乾史編著　二六〇〇円

教育と不平等の社会理論—再生産論をこえて　小内透　三二〇〇円

〈シリーズ　日本の教育を問いなおす〉

拡大する社会格差に挑む教育　西村和雄・大森不二雄・倉元直樹・木村拓也編　二四〇〇円

混迷する評価の時代—教育評価を根底から問う　西村和雄・大森不二雄・倉元直樹・木村拓也編　二四〇〇円

教育における評価とモラル　戸瀬信之・西村和雄編　二四〇〇円

〈大転換期と教育社会構造：地域社会変革の社会論的考察〉

第1巻　教育社会史—日本とイタリアと　小林甫　七八〇〇円

第2巻　現代的教養Ⅰ—生活者生涯学習の地域的展開　小林甫　六八〇〇円

第2巻　現代的教養Ⅱ—技術者生涯学習の生成と展望　小林甫　六八〇〇円

第3巻　学習力変革—地域自治と社会構築　小林甫　近刊

第4巻　社会共生力—東アジアと成人学習　小林甫　近刊

〒113-0023　東京都文京区向丘1-20-6　TEL 03-3818-5521　FAX03-3818-5514　振替 00110-6-37828
Email tk203444@fsinet.or.jp　URL:http://www.toshindo-pub.com/

※定価：表示価格（本体）＋税